建构与思辨：艺术博物馆陈列方法论研究

Construction & Speculation: Research on Art Museum Collection Display Methodology

刘希言 著

ΛAMS
新美术馆学研究丛书
王璜生 主编

GUANGXI NORMAL UNIVERSITY PRESS
广西师范大学出版社
·桂林·

目录

丛书总序

在很长一段时间内，中国的美术馆行业不得不在其普遍薄弱的社会基础与文化基础的夹缝中寻求出路，以至业内对美术馆的关注通常更偏向于其实际操作与运营，进而美术馆在维系生存、行政管理、展览策划以及公共活动的组织中耗费了较多的精力。然而，对于渴望审美经验、渴望知识的大众来说，美术馆不仅是艺术作品的展示之所，也是其接受艺术思想的殿堂。美术馆应该在社会中扮演什么样的角色，又应该以何种方式定位自身、促进知识生产，这同样是值得耗费精力去思考与实现的关键问题。

美术馆在寻找当代意义的过程中，自身方法与理论需要更新。国内的美术馆学虽然还没有形成相对系统、有理论深度的研究方法，但是我们应该看到，在这样一个多元交织的时代，传统美术馆学和"新美术馆学"交织在一起，美术馆和当代文化交织在一起，时下已经进入到美术馆和文化界需要对当代前沿文化进行思考的阶段。尽管解决操作层面的问题依然是必要的，但我们同时也需要大胆地提出关于美术馆理论层面的更进一步的，甚至是超越当下的思考，回应一些更具有挑战性的问题，生发出与跨文化理论互动互为的新观点。这些具有前瞻性的思考或者反思，即便不会立即对具体问题提供指导性的意见，却可能为未来的美术馆事业和美术馆学的发展提供有益养分。

在当代文化与艺术现场，美术馆是首要的研究对象，也是众多文化生产、体制机制、思想学术、公众社会等当代问题的交汇点。我们对美术馆的理解可以分为美术馆管理和美术馆学研究两类，美术馆学研究是对美术馆实践与管理的生发与升华。在美术馆体系化与规范化运作的今天，美术馆学也经历了从砥砺前行到系统化、学科化的艰辛过程，在当下也面临着由业已成熟的体系到自我反观与批判怀疑的转变。这带出美术馆学对自身观念的边界拓展，也激励着新一代学者以对话者、行动者的身份去构建新的美术馆学研究方法和研究理论。

在这样的背景下，"新美术馆学"的提出，既是一种理想，也是理论建构和实践实验的动力与方向。"新美术馆学"所直面的是当下美术馆行业重实际运营而轻学术研究、重惯性实践而少观念更新、重修补缺失而弱开阔视野的现状。同时，"新美术馆学"也有意识地寄希望于美术馆的管理者和研究者朝着与国际博物馆界及当代文化理论领域同步的方向努力，提出中国式的美术馆学的前沿理论。

虽然从研究领域上讲，"新美术馆学"可以说是"博物馆学"的一个分支，属于"艺术博物馆"的分类范畴。但在西方传统意义上，"博物馆"（Museum）的词根与古希腊语境中主管文艺的缪斯（Muses）女神有直接关联，其本意是以文艺为主导的神庙与殿堂。因此，艺术史研究与视觉研究是西方传统意义上的"博物馆"的主要工作。但是，我们为什么要独立提出"新美术馆学"，并对"新美术馆学"的研究方向有着自身专业范畴的当代表述？这里有两个方面的问题值得关注。其一，在中国特殊的美术馆文化历史与现实的语境中，以现当代艺术为主要研究、收藏、展览对象的美术馆，其与以历史文物收藏、陈列为主体的博物馆还是有不少方面的差异的，更何况国内的美术馆与博物馆是分列在艺术部门与文物部门不同的管理系统中的。它们的职责范畴与工作方向有所不同，行业及社会对其认知也并不相同。因此，从这样的角度考察，美术馆、美术馆学到"新美术馆学"，这从现实的关系上讲，与博物馆、博物馆学到"新博物馆学"就有分列而论不同的关注、论述对象与范畴了。其二，西方 20 世纪六七十年代"新博物馆学"的出现，很大程度上是在当代文化理论及思潮影响下，对传统意义上的博物馆的一种反思、反叛、拓展与延伸。而恰恰发生在西方当代艺术博物馆及博物馆理论间的转型，甚至挑战性现象，其思想及理论的根源往往与当代艺术及当代文化的观念转变与对体制的挑战有关。而在中国的博物馆、美术馆的文化现实中，美术馆作为一种偏重现当代文化呈现与触发思想激荡的空间，更可能在文化观念变革的大潮中，以更开放式的思维、更尖锐的实验，以及跨学科的方式，对其"物与人""空间""权力""制度"等议题，以视觉呈现、作品实验及开放论坛等方式展开公共讨论。因此，在中国，"新美术馆学"也就有了不完全相同于"博物馆学"的相对独立与富于挑战性的学科方向与特点。尽管"新美术馆学"与"博物馆学"的历史背景和针对对象有一定的差异，中国的美术馆对文化的思考及其现实也远远没有进入到学科化与系统化的层面，美术馆也有其偏向于当代文化实验的不确定性特点，但这也不会抹杀"新美术馆学"与"博物馆学"之间的关系。"新美术馆学"会自然地衔接"博物馆学"及"新博物馆学"中的一些观点和理论，比如社区理论、生态理论、公众理论、多元文化理论，等等。而同时，"新美术馆学"也将突出美术馆的自身特点，针对美术馆与当代艺术及当代文化观念的转型、实验等问题，结合当代文化的相关理论来做出新的思考与实践实验。

"新美术馆学"的"新"，其实是一个相对的"新"。它一方面指当下的、跨学科的知识，另一方面指一种新型的研究方法。但更关键的是，它是一个研究维度、角度的"新"，在面对美术馆和美术馆学的各种问题时，从一个新的角度、一个新的维度切入，去提出问题、思考问题，不直接套用理论，不囿于问题表面。"新美术馆学"的研究对象也包括历史上的展览和机构，但强调要以一个新的角度和方法去重新审视它们。最后，为了适应公众对艺术需求的转变，适应创新性的艺术展示方式和艺术实践，"新美术馆学"的研究工作也势在必行。

我们对"新美术馆学"的理解主要表现在三个方面。一、"新美术馆学"是对传统美术馆学的一种新的思考、推进与拓宽。它并非是对传统美术馆学的否定和批判，而是意味着边界突破，从自省反思中延伸出新的可能性。二、"新美术馆学"是开放的。它的反身性观察激发了许多未知领域，它们促进形成了相较以往更开放的思维、更综合的方法和跨学科的视野。三、"新美术馆学"尤其强调理论与实践的结合。新的理论与研究方法需要现实和实践的检验，"新美术馆学"并非闭门造车，反而极为希望能够在美术馆实践中得以验证、得以应用。

我们注意到，这些年来，一些美术馆学研究者及文化学者对美术馆的相关问题及理论有不同角度的介入与研究，一些研究也从理论架构到研究方法等方面，突破了原有美术馆理论的表述体系与话语方式，以开放的思维、综合的方法和跨学科的视野，探讨美术馆与当代文化及理论之间的问题，结合具体的美术馆文化实践，展开反思与建构，为国内美术馆的理论研究提供了新的视角与成果。基于此，我们希望通过编辑出版《新美术馆学研究》丛书，以汇集与呈现"新美术馆学"视野下的学术思考与理论建树，探寻与检验"新美术馆学"发展的多元可能性及意义所在，引介国际先行的"新博物馆学"及美术馆文化理论。同时，我们也意在鼓励新一代的美术馆研究者与践行者开拓美术馆理论建构与实践实验的新路径。我们对此充满信心与期待！

王璜生

（广州美术学院美术馆总馆长、新美术馆学研究中心主任，
中央美术学院教授，《新美术馆学研究》丛书主编）

分卷序

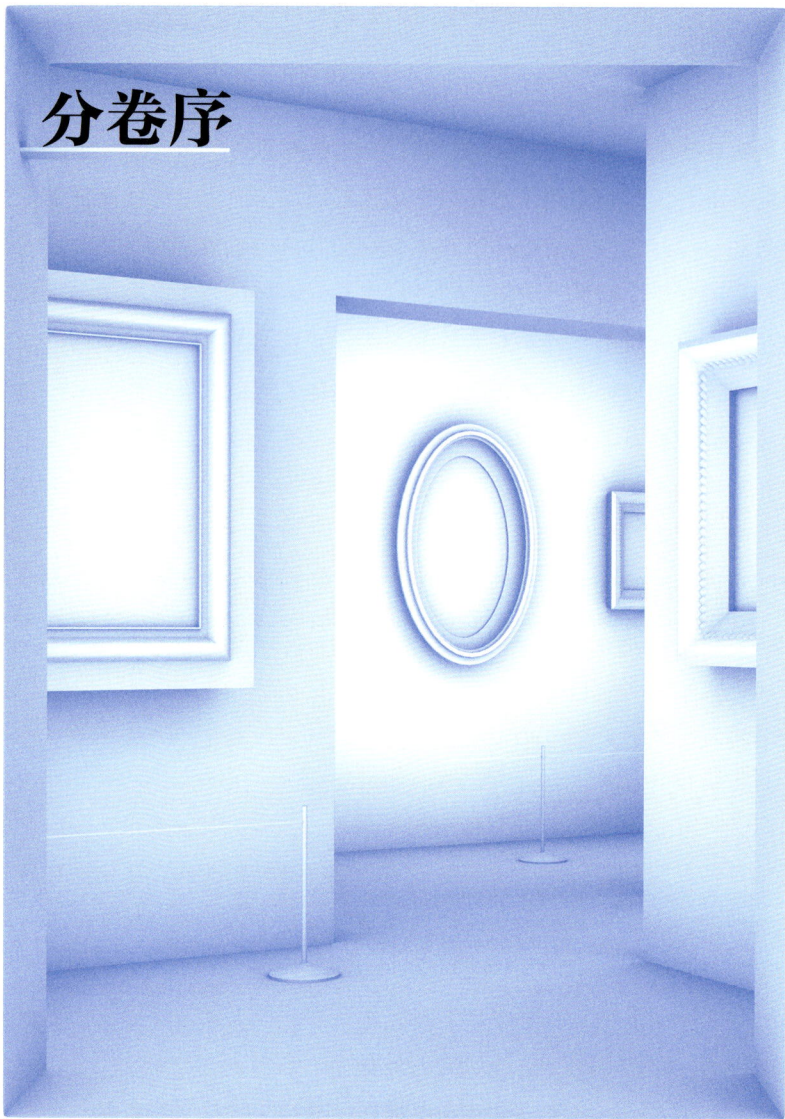

在中国，就博物馆的藏品陈列做相关研究，应该还是有不少的。这是因为，博物馆的陈列，一直以来都是博物馆工作及理论研究中的重中之重。博物馆以历史的叙说、藏品的呈现、知识的建构为重，自然，长期陈列也就是它们最主要倚重的方法与形式了。在欧美，"博物馆"（Museum）的指称多用于那些以艺术的形态与历史为主线处理艺术收藏的博物馆，而其他分类的博物馆则一般会冠以特指分类的名称，如"历史博物馆""自然博物馆""科技博物馆""战争博物馆"等，并且即便在分类博物馆中，以视觉为主导的艺术方式也往往会伴随而行，涉及物品的选择、陈列的形态及空间的呈现等各方面。不过，在中国，其情况与欧美有显著不同："博物馆"首先是一个大类型，涵盖历史、科技、自然等，而艺术，更确切地讲是美术，则被冠以"美术馆"的统称，多与"博物馆"分列而论。在现实中，国内的博物馆与美术馆分别由不同的主管机构——文物部门与艺术部门来区分管理，在国家政策方面也有很大差异，这就致使在艺术界及大众认知里，中国的美术馆与博物馆仿佛是两回事。在中国的美术馆历史和现实中，艺术史的"陈列"几乎没有较稳定地实现与存在过，更毋宁谈"长期陈列"及其模式与相关方法论的建构和衍变了。因此，我们也就很难来对美术馆"陈列""长期陈列"做深入研究。而刘希言博士的《建构与思辨：艺术博物馆陈列方法论研究》课题，专题性地针对国内外艺术博物馆的陈列方法论展开历史追溯、理论思辨及现实思考，可以说是为该领域的研究提供了更为具体的切入口与路径。

刘希言的研究来自她长期对博物馆，具体一点是对艺术博物馆陈列问题的关注、考察与思考。她在中央美术学院硕士研读期间，得到博物馆学专家与艺术史家李军教授的指导，对北京地区的艺术博物馆陈列现状展开过大量调研，以此形成了她的硕士学位论文。之后，她进入美术馆工作，持续性地参与收藏与陈列、藏品与研展等议题的写作。在她攻读"美术馆学研究"博士学位时，提出对艺术博物馆陈列的方法论进行系统研究，我作为导师，深知她具有推进这一课题的能力：一则因为长时段的调研准备、一手材料和工作经验使她积累了大量素材；二则在于多年美术馆学理论的浸润也为她奠定了厚实的知识基础与开阔的学术视野。我深感，这一针对艺术博物馆陈列模式及方法论的研究，将可能对中国的新美术馆发展与新美术馆学研究产生实践和学术上的双重意义，值得期待。

那么，刘希言的这一研究课题，究竟在哪些方面具有突出意义？我认为，其一，从方法论层面入手，她对艺术博物馆陈列可能具有的模式以及这一模式如何促成方法论形成，进行了较为全面的梳理、分析、论述，甚至质疑，这本身就很具有建设性。我们之前一般会更多地关注艺术博物馆陈列中的具体问题，譬如收藏的类别与陈列的样式、陈列的历史溯源、陈列的艺术史意义与社会性功能等，然而，对于收藏与陈列如何形成这样的历史，其背后的观念、逻辑是什么，这样的观念经历了怎样的衍变历程，如何生成出历史与当下同一又多元的陈列方式等问题，我们探讨得相对较少。刘希言在这一研究中，采用了新博物馆学、新美术馆学的方法，突破了常规研究多就特定时期具体案例展开的方式，打破时间发展和地域分布的一般框架，将陈列并置在了一个跨越时间和地域的范围内，从陈列目的、策划理念、展示形式、空间安排等角度对其进行重新审视，将不同时期、国家、机构的陈列实践从趋同性角度归类，提炼出其内在的方法论，并进一步探讨这一方法论建立的历史诉求、文化背景和实践指导意义。可以说，是为常规的陈列纵向史研究提供了横向的理论扩展。

其二，刘希言将陈列方法论的研究落在了陈列模式上，她颇有见地地总结了这一模式的建构基石主要来自三个方面：艺术史正典、意识形态与空间权力。在历史发展过程中，艺术博物馆的藏品陈列不断地做出一种颇具一致性的选择：既对艺术史正典有选择与守护，也对反艺术史有包容与实践；既对意识形态有维护与警惕，也表现出对多元文化的接纳与推动；既有对空间的仪式化与权力化的热衷，也反思着去权威化、去中心化的必要性与可能性。借由这三方面论述的展开，她以如何建构陈列模式与如何思辨陈列模式为线索，分析了陈列的发展脉络和其对不同问题的处理方式，以及以此形成的模式又是如何在处理"普遍性"的过程中最终形成"方法论"的。刘希言在文尾对此总结为："陈列可以作为探索艺术博物馆立场、动机和空间意义的一个线索，藏品陈列的呈现与陈列模式的生成，并不是简单地对艺术史进行视觉呈现，其背后裹挟着复杂的社会文化历史环境和不同立场对话语权的争夺。但这也不意味着陈列由此被简化为一种政治工具或是权力产物，从它自身的逻辑来看，陈列有来源于物品陈列史丰富的思想积淀，有环环相扣的方法推演过程，有能够自省和在自省中进步的能力，这些支撑了它自身形成了一种方法论的可能性。"

其三，比较与反思中国的艺术博物馆陈列历史与状态。刘希言一方面敏锐地指出由于中国的艺术博物馆历史较短、制度方式相对滞后、复杂多变的政治和历史环境，以及陈列所依托的相关学科建制不尽完善等原因，导致中国的美术馆文化，包括基本准则、学术化标准、陈列模式构架等，在不到百年的历程中经历了一次次的断裂与修复，极大地影响了其前进的步伐，使中国的美术馆发展道路颇为坎坷。她对中国20世纪早期的陈列曾评论道："在理念尚不明晰、中国的'美术史叙事'还没有建立起来的时候，陈列的叙事性和审美性都不会尽如人意。"其实，何止陈列的叙事性和审美性不尽如人意，更主要的还在于美术馆陈列的长期缺失，使得我们无从在学术性、专业性的层面与社会文化认知及教育的层面，来完善中国艺术史的建构、反思与普及。另一方面，刘希言也努力地在中国这一美术馆理论和系列实践与国际行业存在相当差距的历史及现实下，从"思想基础、建构模式、思辨模式"这一国际艺术博物馆陈列方法论的推演过程着手，勾勒出具有特殊性的中国艺术博物馆陈列方法论的雏形，并且这其中不仅有与国际陈列模式在方法上的一致，还有一些关键话语上的关联。该研究或将为当下反思如何借鉴国际陈列经验，如何将中国的美术馆实践与艺术史、文化史建构有效结合等问题提供新的角度。

在重读刘希言这一书稿的过程中，再次引发了我对中国艺术博物馆现实与未来的颇多感触与思考。期望年轻的学人以新的思想、观念、学识、视野及践行能力，为中国的艺术博物馆事业做更多的具体工作。

王璜生

2021 年 4 月 23 日于北京北郊

绪论

人们时常提出这样的命题：我们所做和所遭遇的一切都是一个固定模式的一部分，拉普拉斯（Pierre-Simon Laplace）的信徒们能在历史时间内任何一个时刻准确地描述过去和未来的每一件大事，并从这个命题中引出各种各样的含义。相信它是真理的人，有的感到沮丧，有的受到启示……归根结底，全部历史的公正有赖于这种能力，唯有如此，才谈得到批判、赞扬与责备，才谈得到公正、应当、荒谬或不正直。[1]

——以赛亚·伯林（Isaiah Berlin）

---

1 [英] 以赛亚·伯林：《决定论、相对主义和历史的判断》。参见 [英] 汤因比等：《历史的话语：现代西方历史哲学译文集》，张文杰编，桂林：广西师范大学出版社，2002，第 234~235 页。伯林是英国历史学家和哲学家，这篇文章是对历史决定论和自由论的讨论。在他看来，自由论不管做出什么选择都受到决定论已经存在的思维模式的影响。

一、研究缘起

在今天的艺术博物馆学界和大众认知中，对藏品陈列的理解都较为一致：它是艺术史的视觉呈现[2]，承担着营造美感体验和传播美育的职能，是博物馆的基本要素和灵魂所在[3]。

但这个定论是否可靠呢？

怀疑论者在 18 世纪就提出：如果没有建立任何推理和理解的过程就得出结果，那么多少会存在经验主义的风险[4]。为了避免主观臆测和断言，并能够持续地给以陈列为基础的相关研究提供合理性的保障，学界至少要对这些问题给予回答：这种艺术史的陈列是怎么建立起来的，它和艺术史和谐关系的背后是否存在过博弈和失衡，它所输出的知识是否是正确和公正的，它如何构成这种"美感"的空间，假如确实存在一个陈列的固定模式，又是什么维持了它的稳定性。如果罔谈这些问题而继续徘徊在重申陈列的重要性等话题上，可能会陷入"教条主义的迷梦"[5]；或者也表现出分析问题的热情，就陈列当下遇到的一些新情况（公众需求转变、新技术冲击、资金筹措方式转型以及国家政策扶持等[6]）讨论应对办法，那么也有可能成为失去历史维度的孔德追随者[7]。在艺术博物馆的物理空间里，在对陈列进行调整、重置的同时，艺术博物馆学的理论研究层面亦应回到对陈列的基本问题的回答，带着质疑精神重审其背后的思想来源、艺术史方法和意识形态的复杂关系，以及是否存在一个能普遍适用于大部分艺术博物馆的陈列"固定模式"和"通用理论"。

另一方面，当下的博物馆学正在转向新博物馆学的研究方法。传统的博物馆学研究偏重于遵循线性历史的研究和书写系统；新博物馆学继承了法国哲学家米歇尔·福柯（Michel Foucault）的博物馆学史观，推

2　19 世纪初的卢浮宫馆长德农（Baron de Denon）在描述卢浮宫的陈列时使用过"绘画艺术构成的历史课"这样的说法。参见 Andrew McClellan, *Inventing the Louvre: Art, Politics, and the Origins of the Modern Museum in Eighteenth-Century Paris*, Cambridge: Cambridge University Press, 1994, p.140.

3　耶鲁大学艺术学院院长罗伯特·斯托（Robert Storr）认为"长期陈列是博物馆的灵魂"。Robin Pogrebin, "Money Tight, Museums Mine Their own Collections", *The New York Times* (2011.4.12).
中国美术史学者水天中认为"长期陈列和收藏为艺术博物馆存在的理由"。参见瑞子：《中国美术馆专家委员会成立会议暨研讨会综述》，

《中国美术馆》2005 年第 2 期，第 119 页。

4　这是哲学界著名的休谟问题（the problem of induction），休谟在 18 世纪质疑当时在科学界和哲学界普遍使用的"归纳法"的合理性。参见 [英] 大卫·休谟：《人类理智研究》，吕大吉译，北京：商务印书馆，1999，第 26 页。这一问题在接下来的二百年间引发了哲学界广泛的回应，虽然至今没有一个普遍的答案，但这些讨论不断拓宽了认知的边界。对本书来说也是如此，它一定程度上启发了本书对"陈列普遍认知"的怀疑，这种怀疑并不是要推翻结果，而是希望可以通过对怀疑的论证来说明造成结果的原因所在。

5　这是康德在谈论休谟问题时的看法，他认为正是休谟的问题让他从教

崇一种"有效史"的观念，即"将连续发展的历史还原成为在不同的情境下发挥功能的多个片段，分别予以阐释"，通过甄别线性历史编纂背后的选择和取舍等活动，研究者转向对各个断裂片段的情境主义分析，进而能够更为有效地接近特定的时刻和情境中的思想与观念[8]。这也是博物馆学学科发展的根本所在，即"对研究对象认识的不断更新和为此而进行的研究方法与范式的不断变革"[9]。新博物馆学的方法目前在博物馆历史研究中被尝试使用，这也为当下的陈列研究提供了研究范式的参考和引导。

　　基于此，本书旨在回顾陈列历史的基础上，使用新博物馆学和文化研究等跨学科的方法，突破常规的针对具体某个时期、某个艺术博物馆陈列的研究，将陈列并置在一个跨越时间、地域的范畴中，尝试打破时间发展和地域分布的一般框架，从陈列目的、策划理念、展示形式、空间安排等角度对其进行重新审视，将呈现趋同性的不同时期、国家的陈列归类，通过梳理陈列建立起"固定模式"的过程，尝试分析这一模式的方法步骤和理论逻辑，从而提炼出艺术博物馆陈列的方法论所在。其中，模式基石、建构模式、思辨模式以圆环嵌套的形式构成了全书结构：第一章将从艺术博物馆诞生前的物品陈列方式中为艺术作品陈列找到其继承的理念，为艺术博物馆的陈列方法论找到思想来源；第二章从艺术博物馆正式成立后的陈列安排方式推演出陈列方法论的第一步——建构一个普遍通用的"艺术史、意识形态与空间权力构成的三位一体"的模式；第三至五章分别从对陈列模式的三个组成部分的批判入手，思辨陈列模式如何在这一过程中应对和完善，至此完成方法论的第二步——思辨模式；第六章将着眼于中国艺术博物馆和陈列发展的特殊情况，并进一步分析前五章得出的方法论如何应用于中国。

条主义的迷梦中醒来。参见 [德] 康德：《未来形而上学导论》，庞景仁译，北京：商务印书馆，1978，第 9 页。

6　公众需求转变：公众对艺术博物馆的需求从单向转为双向，不再单向地接受博物馆的知识，对博物馆的知识内容和陈列体验提出更多要求；新技术冲击：新的科技手段为陈列的内容和展示带来了新的可能性，譬如藏品的数字化为陈列中不完整的作品序列提供了虚拟化的补足方法；资金筹措方式转型：一些艺术博物馆从政府拨款转型为自筹资金，并根据实际情况引入赞助模式；国家政策扶持：这里特别指国内近年来对藏品研究和展示的系列政策扶持。

这些问题将给陈列带来机遇与危机并存的生存环境，本书在具体论述

中也包含了陈列应如何应对。但在本书看来，这些情况并不是孤立于陈列历史和陈列理论存在的，对它们的讨论不能就问题谈问题，而是要注意到它们的历史根源，以及它们同样作为陈列方法论一环中的功能和意义。

7　这是马克思（Karl Heinrich Marx）、雷蒙 · 阿隆（Raymond Aron）等哲学家对孔德（Auguste Comte）的实证哲学的批判观点。在马克思看来，孔德及其学派在分析问题时没有对制度、历史等有全面的理解，因此会得出偏颇的答案。参见中共中央马克思恩格斯列宁斯大林著作编译局：《马克思恩格斯选集》第三卷，北京：人民出版社，1995，第 114 页。

二、文献综述

据目前的文献整理，从陈列的策划及其与艺术博物馆的关系等角度出发，国内外对陈列的研究大致可分为五种类型[10]：

第一种类型为对陈列与收藏之间关系的研究。收藏作为陈列中的一个重要的前期行为，很大程度上决定了陈列的内容、目的，是陈列研究中不能绕开的部分。英语学界对陈列与收藏关系的研究通常将其纳入文化历史研究中，可以借此分析当时的社会政治情况、私人收藏历史、经济贸易水平等，甚至也作为对人类一种心理类型——收集的欲望——研究的有力参考。英国艺术史学者约翰·埃尔斯纳（John Elsner）和艺术批评家罗杰·卡迪纳尔（Roger Cardinal）主编的《收藏的文化》（*The Cultures of Collecting*）[11] 从收藏家个案、心理学、政治学、博物馆学等角度分析了人类对物品收藏和展示的复杂心理；在苏格兰考古学家大卫·默里（David Murray）的著作《博物馆，他们的历史和用途》（*Museums, Their History and Their Use*）[12] 和美国博物馆学者苏珊·皮尔斯（Susan M. Pearce）的《博物馆、物、收藏》（*Museums, Objects, and Collections*）[13] 等论述博物馆史的著作中，通常会有部分章节追溯博物馆陈列的诞生和收藏的关系；除此之外，国际上还有一些相关研讨会、论坛定期举办，如伦敦大学每年会举办"收藏与陈列"（Collection and Display）国际研讨会，讨论关于收藏史、博物馆史、自然科学史、宫廷文化等相关领域研究的新成果，2019 年的会议主题为讨论收藏品的可见性和不可见性，以及收藏家通过何种方式增加对藏品的兴趣[14]。国内学界对该领域的讨论有一定局限性，这与中国历史上重藏轻用、秘而不宣的收藏观念和中国的展示收藏起步较晚有关。目前暂未看到关于中国收藏和陈列相关的

雷蒙·阿隆对孔德没有考虑历史和历史中人的能动性而直接将自然规律应用到社会科学中的方式存疑。参考雷蒙·阿隆的《科学和历史哲学》和余有辉、黄河的《实证主义如何失去其历史性维度——再认识孔德的实证主义》（参见《前沿》2012 第 21 期，第 47 页）。

8　对新博物馆学使用有效史的论述，参见徐坚：《走出收藏史，走向思想史》，《中国博物馆》2015 年第 4 期。

9　张斌贤：《全面危机中的外国教育史学科研究》，《高等师范教育研究》2000 年第 4 期。

10　下文所列举的陈列类型研究偏重于陈列策划、博物馆陈列发展、陈列涉及的思想理论等与本书讨论观点相关的部分。事实上，在陈列的研究中，还有许多其他类型，如针对陈列的视觉传达、展柜及展示设计等也是一个主要分支，但此类研究更着眼于从视觉设计、展厅功能使用等角度来研究陈列，偏重于陈列的实操研究，与本书所探讨的陈列策划、陈列思想有角度上的差异，因此在文献整理部分没有收录此类研究类型。

11　John Elsner and Roger Cardinal (eds.), *The Cultures of Collecting*, London: Reaktion Books L.t.d Press, 1997.

12　David Murray, *Museums, Their History and Their Use* (Published by James Maclehose and Sons, Glasgow, 1904), Lexington: Ulan Press, 2012.

13　Susan M. Pearce, *Museums, Objects, and Collections*, London: Leicester Univer-

论著，在个别讨论中国博物馆发展史论著的开篇会对这一阶段略有提及，如中山大学历史系教授徐坚在著作《名山：作为思想史的早期中国博物馆史》[15] 第一章第一节梳理中国博物馆概念形成的过程时，首先介绍了中国前博物馆时代的公私收藏情况。还有一些散见在历史学、图书馆学、文献学期刊上的学术论文，有针对中国早期收藏与朝代文化价值观之间的关系、中国早期博物文献收藏、收藏为不同政权服务的历史等相关话题的分散讨论，如上海美术学院朱燕楠的文章《北宋宫廷书画收藏与流转机制考察》[16] 回溯了北宋的收藏机构三馆秘阁、太清楼的运转流程；中国美术学院教授孔令伟的文章《博物学与博物馆在中国的源起》[17] 梳理了中国博物学的一些重要文献以及他们与西方博物学的关系；河北大学崔国芳的文章《中国古代文献收藏活动与文化价值观的关系分析》[18] 和刘丽斌、杜玉荣的文章《文化价值观影响下的中国古代文献收藏活动》[19] 探讨了中国收藏观念背后隐藏的政治、思想理念；等等。

第二种类型为对阶段性陈列历史的研究。该类型研究通常采用历史主义为主的方法，对某个阶段、某个时期的一类陈列进行整体研究。具体的研究方法会考证其产生和发展的社会历史背景，以及在当时和未来对社会历史产生了哪些影响等。比较有代表性的是对西方 15—18 世纪珍奇屋[20] 的研究。国际学界对珍奇屋的研究非常广泛，像英国博物学家、阿什莫林博物馆策展人奥利弗·英庇（Oliver Impey）和英国博物馆学家阿瑟·麦格雷戈（Arthur Macgregor，现任英国自然历史学会主席）主编的关于珍奇屋研究的经典论文集《博物馆的起源：16、17 世纪欧洲的珍奇屋》（*The Origins of Museums: The Cabinet of Curiosities in Sixteenth and Seventeenth Century Europe*）[21] 和法国评论家、收藏家帕特里克·莫耶斯（Patrick Mauriès）的著作《想象的博物馆》（*Cabinets of Curiosities*）[22] 都

sity Press, 1992.

14 关于 "收藏与陈列" 国际研讨会的资料和 2019 年的议题，参考其官方网站：http://www.collectinganddisplay.com/seminar_programme.html.

15 徐坚：《名山：作为思想史的早期中国博物馆史》，北京：科学出版社，2016 年。

16 朱燕楠：《北宋宫廷书画收藏与流转机制考察》，《美术学报》2016 年第 3 期。

17 孔令伟：《博物学与博物馆在中国的源起》，《新美术》2008 年第 1 期。

18 崔国芳：《中国古代文献收藏活动与文化价值观的关系分析》，《江西图书馆学刊》2009 年第 4 期。

19 刘丽斌、杜玉荣：《文化价值观影响下的中国古代文献收藏活动》，《兰台世界》2009 年第 15 期。

20 这里指的是：cabinet curiosity、cabinets of wonder（英语）、estudes（法语）、studiolo（意大利语）、kunstkammrer、wunderkammer、kunst und wunderkammer（德语）。在国内还没有固定的翻译术语，奇珍室、珍宝室、珍奇室、奇珍柜都被使用过，在 2017 年三联出版社出版的法国阿基坦大学师范学院造型艺术副教授克里斯蒂娜·达韦纳（Christine Davenne）的 *Cabinets of Wonder* 一书时，译者使用了珍奇屋的译法，本书沿用该译法。

21 Oliver Impey and Arthur Macgregor, *The Origins of Museums: The Cabinet of*

是代表。国内对阶段性陈列的研究多聚焦在中国博物馆的初创时期（19
世纪末—20 世纪上半叶），较少有专门针对陈列的文章，多是在对该时
期博物馆研究中有涉及陈列的部分，具体包括：探讨博物馆如何通过它
的陈列来展示特殊时期对中国的认识、全国美术展览会和博览会对艺术
博物馆策划陈列的影响等，如深圳博物馆李军在文章《晚清时期教育博
物馆的开设》[23] 中梳理了在日本影响下的早期博物馆如何通过陈列来辅
助民众教育这一问题，其核心是"癸卯学制"颁布后从国家到地方对教
育的重视；上海美术学院教授张长虹在文章《近代上海美术展览与"美
术馆"观念的兴起——以 1929 年"第一次全国美术展览会"为中心》[24]
中列举了在博览会影响下的美术作品陈列的早期案例；华南师范大学文
嘉琳的硕士论文《中国近现代美术展览会研究》[25] 中的最后一章强调了
美术展览会对美术馆产生、举办具有美育功能的作品陈列的影响，总结
了中国早期陈列的探索。并且，对陈列历史的研究也可以被纳入该范围
内，它们可以被认为是多个阶段性研究的组合。国内的一些研究中国
博物馆陈列史的论著展示了学者的基础性工作——中国国家博物馆李
万万在著作《美术馆的历史：中国近现代美术馆发展之研究（1840—
1949）》中以展览制度为线索，从国际展览体制的影响、近现代展览制
度的创建、中国美术展览会的发展、中国近代美术馆的制度等阶段来论
述中国的美术展览的发展史 [26]；复旦大学周进的博士论文《我国博物馆
陈列设计思想发展研究》[27] 以时间分期，从近代、中华人民共和国成
立初期、改革开放后、新世纪四个阶段来论述中国陈列的发展史。

　　第三种类型为针对某一个陈列案例的研究。该类型研究通常与具体
的艺术博物馆结合起来，将陈列置于该馆自身的发展史中来展示它的陈
列内容、分析它的策划理念以及它陈列内容变化背后的博物馆观念变化

Curiosities in Sixteenth and Seventeenth Century Europe, Oxford: Ashmolean Museum Reprint, 2018.

22 Patrick Mauriès, *Cabinets of Curiosities,* London: Thames & Hudson, 2011.

23 李军：《晚清时期教育博物馆的开设》，《东南文化》2017 年第 5 期。

24 张长虹：《近代上海美术展览与"美术馆"观念的兴起——以 1929 年
"第一次全国美术展览会"为中心》，《美术学报》2012 年第 5 期。

25 文嘉琳：《中国近现代美术展览会研究》，华南师范大学硕士学位论
文，2007。

26 李万万：《美术馆的历史：中国近现代美术馆发展之研究（1840—
1949）》，南昌：江西美术出版社，2016。李万万的著作中聚焦的
展览类型以临时展览、全国性展览、美术博览会为主。中国早期陈
列的发展与这些临时展览有复杂的联系。

27 周进：《我国博物馆陈列设计思想发展研究》，复旦大学博士学位论
文，2013。

等问题。常见的国际博物馆书籍中都有对本馆的馆藏和陈列的介绍，如"伟大的博物馆"系列丛书[28]。在基础介绍之上，国内外学者对一些重点艺术博物馆的代表性陈列也进行了深入研究，如苏格兰国家美术馆保管和收藏部的杰奎琳·里奇（Jacqueline Ridge）在论文《泰特的品牌：对泰特收藏的保护与展示》（*The Tate Brand: Its Consequences for the Care and Presentation of Tate Collections*）[29]中分析了英国泰特现代美术馆如何通过对收藏的陈列树立起其在现代艺术中的品牌；英国阿什莫林博物馆策展人凯瑟琳·沃德豪斯（Katherine Wodehouse）在著作《阿什莫林博物馆：跨越文化，跨越时间》（*The Ashmolean Museum: Crossing Cultures, Crossing Time*）[30]中对阿什莫林博物馆历史的撰写就是一部它如何建立起它的陈列的历史；天津市历史学学会艺术史专业委员会执行会长齐珏在《丹青碎影：严智开与天津市立美术馆》[31]一书中对天津美术馆的筹办始末和历届展览会做了整理；中央美术学院艺术史学家李军在文章《地域的中心化：卢浮宫与普世性博物馆的生成》[32]中梳理了卢浮宫艺术博物馆通过陈列来呈现可视的艺术史的历史过程；中国美术史论学家刘曦林的著作《文案追溯——中国美术馆40年学术研究记叙》[33]、中央美术学院张英剑的硕士论文《个案研究——中国美术馆收藏与管理》[34]均对中国美术馆从筹备到建馆至今的陈列历史进行了文献汇编和问题分析。

第四种类型为对当代展览与文化研究之间关系的研究。该类型研究的兴起与文化研究在近几十年间的迅速崛起以及世界范围对多元文化和跨文化诉求的研究转向密不可分，它主要是对"展示"这一汇集各种文化符号并可能引发文化冲突的行为背后的政治、权力、空间及其与人类学、民族学、传播学、阐释学等学科之间的关系进行分析，一定程度上也是对大众媒介搭建的展示社会的反思。展览，只是展示行为中的某一

28 该丛书原名 *Great Museums of the World*，由美国 Newsweek 出版社出版，中译版由译林出版社出版。

29 Jacqueline Ridge, "The Tate Brand: Its Consequences for the Care and Presentation of Tate Collections", *Studies in Conservation*, Vol. 51 (2006).

30 Katherine Wodehouse, *The Ashmolean Museum: Crossing Cultures, Crossing Time*, Oxford: Ashmolean Museum Press, 2015.

31 齐珏编著：《丹青碎影：严智开与天津市立美术馆》，天津：天津古籍出版社，2015。

32 李军：《地域的中心化：卢浮宫与普世性博物馆的生成》，《文艺研究》2008年第7期。

33 刘曦林：《文案追溯——中国美术馆40年学术研究记叙》，未发表，转引自张英剑：《个案研究——中国美术馆收藏与管理》，中央美术学院硕士学位论文，2007。

34 张英剑：《个案研究——中国美术馆收藏与管理》。

类型。从这一点出发的展览研究以当代展览为主要目标，不特别针对艺术博物馆的长期陈列或是临时展览，包括博览会的展览也往往被一视同仁，着重探讨不同的展览策略和这些策略如何重新对当代和古代的艺术作品进行阐释。英国文化研究学者斯图尔特·霍尔（Stuart Hall）较早使用了展览政治（politics of exhibition）的概念，他认为博物馆的展览有特定的政治考量，旨在展示特定文化给公众[35]。国际上的此类著作较多，如英国社会人类学家麦夏兰（Sharon Macdonald）的著作《展示的政治：博物馆、科学、文化》（The Politics of Display: Museums, Science, Culture）[36]，以博物馆和科学为例，在探讨他们各自的政治和文化运作的基础上进一步分析二者之间的内在关系以及这一关系的连续性在近代发生转移的原因；美国艺术评论家伊万·卡普（Ivan Karp）和曾任加州艺术学院院长的史蒂文·拉文（Steven D. Lavine）主编的《展示的文化：博物馆展示中的诗学与政治》（Exhibiting Cultures: The Poetics and Politics of Museum Display）[37]一书中探讨了博物馆的展览和多元文化之间的复杂关系，在宣称为多元文化负责的同时，博物馆也被迫陷入了失去公正的争议之中；美国艺术史学家艾玛·巴克（Emma Barker）主编的《当代展示文化》（Contemporary Culture of Display）[38]一书中使用了居伊·德波（Guy-Ernest Debord）和皮埃尔·布尔迪厄（Pierre Bourdieu）等文化研究的理论，分析当代装置艺术的展示心理以及当下对经典艺术的展示趋于景观化的倾向等问题；美国女权主义学者珍妮弗·泰伯希（Jennifer Tyburczy）在著作《博物馆的性：展示的政治与表现》（Sex Museums: The Politics and Performance of Display）[39]中提出博物馆通过陈列将异性恋的性别概念反向植入西方现代文化的道德困境。国内对该领域的研究目前还较少，同济大学哲学系副教授陆兴华 2019 年出版的《艺术

[35] ［英］斯图尔特·霍尔编：《表征：文化表征与意指实践》，徐亮、陆兴华译，北京：商务印书馆，2013，第 291 页。

[36] Sharon Macdonald (ed.), The Politics of Display: Museums, Science, Culture, Oxon: Routledge, 1998.

[37] Ivan Karp and Steven D. Lavine (eds.), Exhibiting Cultures: The Poetics and Politics of Museum Display, Washington: Smithsonian Books, 1991.

[38] Emma Barker (ed.), Contemporary Culture of Display, Yale: Yale University Press, 1999.

[39] Jennifer Tyburczy, Sex Museums: The Politics and Performance of Display, Chicago: University of Chicago Press, 2016.

展示导论》[40] 是近期讨论当代展览的理论并对其进行反思的著作；台北艺术大学博物馆研究所教授王嵩山在《文化传译：博物馆与人类学想象》[41]《想象与知识的道路：博物馆、族群与文化资产的人类学书写》[42] 等著作中，从人类学的角度探讨人造物在博物馆中的文化再现；台湾艺术大学艺术管理与文化政策研究所张婉真在著作《当代博物馆展览的叙事转向》[43] 中借用结构主义和叙事学的理论探讨了 20 世纪 80 年代以来的展览呈现出叙事性的特征以及造成这一现象背后的文化成因。

第五种类型是对现有陈列的评论和建议。虽然所处的文化环境不同，但不可否认的是，国内外的陈列都面临着一定问题，像陈列如何满足当下公众的教育需求、陈列如何在传统方式中求变求新、中国的一些美术馆还没有长期陈列等。艺术博物馆学界和社会评论界从各自的角度对这些问题有或浅或深的评论文章。这些文章远有鲁迅在《拟播布美术意见书》中对中国陈列的规划展望"陈列物品为中国旧时国有之美术品"[44]，20 世纪 20 年代的《建筑美术馆》中提出应在陈列中"汇集世界艺术家的结晶，通普及艺术的先锋"[45]；近有美国评论家朱莉娅·霍尔玻林（Julia Halperin）和夏洛特·伯恩斯（Charlotte Burns）的文章《非洲裔美国艺术家比以往任何时候都可见。那么，为什么艺术博物馆要让它们显得那么刻板？》（*African American Artists are More Visible than Ever. So Why are Museums Giving Them Short Shrift?*）[46]、美国艺术评论家兰迪·肯尼迪（Randy Kennedy）的文章《黑人艺术家和游行进入博物馆》（*Black Artists and the March into the Museum*）[47] 提醒人们关注艺术博物馆收藏和陈列中黑人艺术家作品的比重问题；美国艺术评论家金伯利·布拉德利（Kimberly Bradley）的文章《为何博物馆要隐藏杰作》（*Why Museums Hide Masterpieces Away*）指出艺术博物馆的非名作和名家的小众作品常因为不符合该机构

40 陆兴华：《艺术展示导论》，北京：商务印书馆，2019。

41 王嵩山：《文化传译：博物馆与人类学想象》，台北：稻香出版社，1992。

42 王嵩山：《想象与知识的道路：博物馆、族群与文化资产的人类学书写》，台北：稻香出版社，2005。

43 张婉真：《当代博物馆展览的叙事转向》，台北：远流出版公司，2014。

44 鲁迅：《拟播布美术意见书》，《教育部编纂处月刊》第 1 卷第 1 册，1913 年 2 月。转引自孔令伟、吕澎主编：《中国现当代美术史文献》，北京：中国青年出版社，2013，第 12~13 页。

45 《建筑美术馆》，《时报图画周刊》1923 年 4 月 2 日。

46 Julia Halperin and Charlotte Burns, "African American Artists are More Visible than Ever. So Why are Museums Giving Them Short Shrift?", *artnet* (2018.9.20).

47 Randy Kennedy, "Black Artists and the March into the Museum", *The New York Times* (2015.11).

的策展任务而遭遇坐冷板凳的局面[48]；艺术史论家马鸿增在文章《我国美术馆事业面临的难题与展望》[49]中对大部分中国公立美术馆没有长期陈列的现状表示痛心；伦敦大学李舒桐在文章《新时代博物馆陈列设计发展趋势研究》[50]中分析了陈列设计与空间、思想脱轨的现实问题，并提出参考对策；等等。

以上五种研究类型为陈列的研究提供了丰富的资料和开阔的视野，本书的部分材料来源于他们，具体为：第一种研究类型为第一章的研究前艺术博物馆时期的收藏与陈列的关系奠定了基础；本书涉及的艺术博物馆和陈列案例的内容部分来源于第二、第三种研究类型；第四种研究类型结合具体案例分析陈列展示与文化研究、展示政治之间关系的方法对本书尝试使用跨学科和文化研究的方法有较多启发；最后对一些近年陈列案例的分析参考了包括《艺术论坛》（*Artfroum*）、《纽约时报》（*The New York Times*）、《artnet 新闻》（*Artnet News*）、《BBC 文化》（*BBC Culture*）、《辩论》（*Le Débat*）、《新观察家》（*L' Obs*）、《美术》、《美术观察》、《大学与美术馆》等刊物和网站的短篇评论。

三、概念界定

本书涉及艺术博物馆、陈列、方法论、建构与思辨的概念，对这些概念的使用，既有普遍性也有特殊性，在此进行一些具体说明。

（一）艺术博物馆

从普遍意义上来说，艺术博物馆（Art Museum）是收藏艺术作品

[48] Kimberly Bradley, "Why Museums Hide Masterpieces Away", *BBC Culture Website* (2015.1.23).

[49] 马鸿增：《我国美术馆事业面临的难题与展望》，《美术观察》2000 年第 2 期。

[50] 李舒桐：《新时代博物馆陈列设计发展趋势研究》，《广西师范学院学报（哲学社会科学版）》2018 年第 5 期。

的博物馆。虽然也有从观众类型、管理方式、社会发展史来分类博物馆的做法，但国际上较为通行以收藏内容为划分博物馆性质的方式。国际博物馆协会（ICOM）推行的《博物馆基础》（*Museum Basic*）一书将艺术博物馆作为按收藏分类的十一种博物馆类型中的一种[51]。《博物馆学——德语系世界观点》（*Handbuch der Allgemeinen Museologie*）一书也从收藏内容出发将艺术博物馆作为七种博物馆类型中的一种[52]。在中国的情况是，接受西方博物馆学界指导的同时又结合了中国实际对艺术博物馆进行了本土化界定，国内通行的《博物馆的理论与实践》[53]和《中国大百科全书：文物、博物馆》中遵循了国际上以藏品内容划定艺术博物馆的方式，《北京博物馆年鉴》将艺术类博物馆放在了社会历史博物馆中[54]。近年来，一些新的艺术博物馆学专著也对它的性质和功能进行了研究，除了收藏艺术作品，也考虑将推动社区、国家精神等功能扩充进艺术博物馆[55]，并进一步认为艺术博物馆不只要收藏艺术品，还要以此形成艺术史的意识[56]。

作为本书研究对象的"艺术博物馆"的范围为：首先是以收藏艺术作品和展示艺术作品为主的博物馆，不包含以科技或自然为对象的其他类型博物馆，但包含一些以艺术作品为主要展示对象的综合型博物馆，比如波兰华沙国家博物馆（The National Museum in Warsaw）。其次，本书对博物馆这个概念的使用是指现代以来具有公共性的博物馆，因此主要以具有公共性、向公众开放的公立博物馆为主。再次，虽然本书一再强调藏品长期陈列在艺术博物馆中的重要性，但并没有将一定要有长期陈列和有艺术史视野的长期陈列作为划分艺术博物馆的绝对标准。在现实环境中，有一些机构因为地点、藏品的特殊性暂时无法安排固定的长期陈列，但鉴于他们定期对艺术藏品进行展示和策划，为思考艺术博物馆

51 [英]蒂莫西·阿姆布罗斯、克里斯平·佩恩：《博物馆基础》，郭卉译，南京：译林出版社，2016，第9页。其他十种类型为：综合博物馆、考古博物馆、历史博物馆、民族博物馆、自然历史博物馆、科学博物馆、地质博物馆、工业博物馆、军事博物馆、非物质遗产博物馆。

52 [德]弗德利希·瓦达荷西：《博物馆学：德语系世界观点》，曾于珍等译，台北：五观艺术管理有限公司，2005，第44~45页。其他六种类型为：自然博物馆、历史博物馆、文化史博物馆、科技—科学博物馆、集合博物馆、特殊形式。

53 严建强：《博物馆的理论与实践》，杭州：浙江教育出版社，1998，第56页。该书将博物馆类型分为历史、艺术、自然科学和综合类。

54 王宏钧：《中国博物馆学基础》，上海：上海古籍出版社，2001，第55页。

55 张子康、罗怡：《艺术博物馆——理论与实务》，北京：文化艺术出版社，2017，第40~49页。

56 李军：《佛罗伦萨"乌菲奇画廊"与美术博物馆生成考》（一、二），《美术研究》2008年第2、3期。

如何重新进行藏品叙事提供了多重角度，因此本书的研究对象也将这些博物馆包含了进来，如法国红屋基金会美术馆（La Maison Rouge）、美国巴尔的摩当代艺术博物馆（Contemporary Museum Baltimore, MaryLand）、中国美术馆、中央美术学院美术馆等。

（二）陈列

从普遍意义上来说，陈列一般相较于临时展览，指以藏品为主要内容的博物馆的长期展览。国际上对陈列的描述包括："Permanent Collection Display，Display of the Permanent Collection，Collection Display，Collection Gallery，Collection Room， Collection Exhibition，Permanent Collections"，从中也可以看出藏品"collection"这个词在陈列中的重要性；国内对陈列的描述包括：陈列、藏品陈列、长期陈列、常设展、永久性展览。对艺术博物馆陈列的认知和定义也沿用了博物馆学界的观点。国际博物馆学基础读物《博物馆变迁：博物馆历史与功能读本》（Museum in Motion: An Introduction to the History and Functions of Museums）对博物馆内的两类展览进行了明确：永久性展览和临时展览——前者的目的在于展示博物馆的藏品[57]；《博物馆学基础》中对陈列的定义是呈现现有的部分收藏、田野调查收集的成果、新征集的藏品[58]。中国的博物馆学也沿用了这样的展览类型分类和对陈列的定义：《中国大百科全书：文物、博物馆》中指出，陈列和展览是博物馆的两种信息传播形式，"陈列具有长久性、体现藏品质量与研究水平的功能，并承载着博物馆的学术声誉和业务声誉"[59]；《中国博物馆学基础》对陈列的定位为："在一定空间内以文物标本为基础，配合适当辅助展品，按照一定的主题、序列和艺术形式组合成的，进行直观教育、传播文化

[57] [美] 爱德华·P. 亚历山大、玛丽·亚历山大：《博物馆变迁：博物馆历史与功能读本》，陈双双译，南京：译林出版社，2014，第 261 页。

[58] [英] 蒂莫西·阿姆布罗斯、克里斯平·佩恩：《博物馆学基础》，郭卉译，南京：译林出版社，2016，第 141 页。

[59] 中国大百科全书总编辑委员会《文物·博物馆》编辑委员会：《中国大百科全书：文物、博物馆》，北京：中国大百科全书出版社，1993，第 21~22 页。

科学信息和提供审美欣赏的展品群体，陈列是博物馆实现社会功能的主要方式。"[60] 艺术博物馆的陈列作为博物馆陈列的一个分支，也具有以上的特点。《艺术博物馆——理论与实务》一书中对陈列的定义为："把收藏的艺术品有计划、有步骤地向公众做长期的相对固定的展示，传播一个地区、一个民族、一个国家美术发展的最高水平，传承和发扬人类优秀文化，使公众得到美的感染与教育。"[61] 近年来随着新博物馆学的研究转向，对陈列的一些定义也进行了扩充，比如从教育到交流系统的转变[62] 等。

作为本书研究对象的"陈列"的范围为：首先是针对藏品的展示，与藏品没有关系的临时展览不包含其中，但包含一些以藏品为主的邀请展，即通过临时借藏展品与本馆藏品展开对话，如中央美术学院美术馆的"自我画像"展览、上海美术馆的"上海与巴黎之间"展览。这源于：一是此类展览的核心仍然是对本馆藏品的研究；二是在全球史视野下的新的藏品研究和展示中，为了能将更为真实和丰富的信息传递给观众，新世纪以来的博物馆学鼓励将本馆藏品与他馆藏品进行对话、互动和交流[63]。其次，本书对陈列的特点之一"长期性"进行了一定程度上的规避，"长期性"更偏重指其他类型博物馆的陈列特征，它们在空间、内容上能够更为良好地保障长期性，而艺术博物馆的情况较为特殊，一些艺术博物馆的展示空间狭小，还有一些空间装置作品、纸本作品因为材质的特殊性不适宜长期陈列，但这些艺术博物馆也积极尝试用短期陈列的方式来促进藏品研究和展示，并因为灵活机动性更强，不必太考虑全面和完整性，反而将一些实验性较强的策划思路融入其中，为本书的一些论述提供了更为广袤的视野。因此本书所指的陈列包括：藏品长期陈列、藏品短期陈列、藏品特展。并且本书考察的对象虽然包括国际和国

60 王宏钧：《中国博物馆学基础》，上海：上海古籍出版社，2001，第246页。

61 张子康、罗怡：《艺术博物馆——理论与实务》，北京：文化艺术出版社，2017，第139页。

62 2009年的ICOFOM（国际博物馆协会博物馆学委员会）重新对博物馆的一些基本概念进行了讨论，其中对展览的部分提出了它是一个特殊的交流系统的说法。（ICOFOM, *Museology: Back to Basics*, Published on behalf of the ICOM's International Committee for Museology, 2009, p.66）

63 杨瑾：《新全球史观下的博物馆藏品研究》，《自然科学博物馆研究》2019年第4期，第8~9页。

64 黑格尔（Georg Wilhelm Friedrich Hegel）在《逻辑学》上卷（*The Science of Logic*，杨一之译，北京：商务印书馆，1982）中的序言和导论中对内容和方法进行了区分，他指出哲学的实现就是方法的认知（第4、6页）。在对数学家约瑟夫·拉格朗日（Joseph-Louis Lagrange）通过动力学方程推论出最小作用量原理的过程论述后，他认为拉格朗日最终开创真正科学的道路正是通过"方法"来理解问题（第311~312页），而不是像过去那样从形而上学的角度来认识最小作用量。

内的陈列，但鉴于中国的特殊情况（艺术博物馆和陈列的起步较晚，文化制度与发展历程有自己的特点），在行文中进行了章节区分，第一至五章的陈列主要指国际陈列，第六章的陈列指中国陈列。

（三）方法论

从普遍意义上来说，方法论（Methodology）是一个哲学和科学领域的概念，是关于方法的理论，而方法是探索认知（道路）的工具[64]，具有普遍性、内在性的特点。研究方法的方法论就是要找到方法的理论基础、规律和局限等，通过对这些进行概括和分析，进一步将其提炼成具有规范意义（普遍适用性）的"方法论"[65]。《韦氏词典》（*Webster's Dictionary*）[66] 对方法论的定义为："它是对一门学科采用的方法、规则和假设原则的分析。"无论是中国还是西方，从古代哲学到近代的社会科学，都有方法论的身影，它既包括唯物主义、辩证法这些相对抽象的认知世界的哲学方法论，也包括勒内·笛卡尔（Rene Descartes）在《谈谈方法》（*Discours de la méthode*）中确定知识基础的四原则[67] 和巴甫洛夫（Ivan Petrovich Pavlov）的实验法可以作为指导科学、数学等学科发展的方法论。演绎法、归纳法、实证法也都可以看作是某种方法论。

事实上，方法论是一个非常大的概念，笔者没有能力也不旨在文中讨论方法论本体，对艺术博物馆陈列的方法论的分析也不一定能像演绎法那样相对完全地使其具有普遍指导意义。对"方法论"这个词的使用，更多的是借助其概念内涵作为一种研究理想，以方法论为导向，希望能够通过一系列的分析，总结出艺术博物藏品馆陈列方法的理论。具体也将按照理论基础、规律、局限和突破这样的分析步骤来进行：首先在陈列史中梳理艺术博物馆陈列方法的理论基础，然后在具体的艺术博物馆

---

65 韦诚：《方法论系统引论》，合肥：安徽大学出版社，1999，第 5 页。

66 "A body of methods, rules, and postulates employed by a discipline: a particular procedure or set of procedures." 《韦氏字典》是国际上权威的英语字典之一，对该词的释义来自《韦氏字典》官网查询系统：https://www.merriam-webster.com/dictionary/methodology#synonyms.

67 [法] 笛卡尔：《谈谈方法》，王太庆译，北京：商务印书馆，2000，第 16 页。

68 "构建：建立（多用于抽象事物）"，参见《新华字典》官网查询系统：http://xh.5156edu.com/html5/268810.html.

69 [德] 康德：《康德历史哲学文集》（注释版），李秋零译，北京：中

国人民大学出版社，2016。

70 康德的三大批判，其实是思辨哲学。参见 [德] 康德：《纯粹理性批判》，邓晓芒译，北京：人民出版社，2004。

71 《中庸》中有对思辨的描述，原文为："博学之，审问之，慎思之，明辨之，笃行之。有弗学，学之弗能，弗措也；有弗问，问之弗知，弗措也；有弗思，思之弗得，弗措也；有弗辨，辨之弗明，弗措也；有弗行，行之弗笃，弗措也。人一能之，己百之，人十能之，己千之。果能此道矣，虽愚必明，虽柔必强。"其内容和译注，参见王国轩译注：《大学 中庸》，北京：中华书局，2006，第 101 页。

72 本书最终没有选用"批判"作为标题的原因在于：虽然批判一词在

陈列案例中总结出一个陈列模式和模式依托的理论，继而对模式进行批判性分析，最终得出关于陈列方法的理论。

（四）建构、思辨

从普遍意义上来说，"建构"来源于建筑术语，表意指建立起一种建筑结构。《新华字典》中的释义指出该词多用于抽象事物的建立[68]，建构常出现在文化研究、社会科学的分析中，与解构相对，意指通过分析找到对象背后的系统生成过程。"思辨"为哲学术语，我国研究西方哲学史的哲学史家、翻译家苗力田认为古希腊哲学和德国古典哲学都是思辨型哲学（古希腊哲学的思辨一词为 theooreetikee，德国古典哲学的思辨一词为 spekulativ），他认为"思辨型的哲学是运用理论思维，探索理论思维，以理论思维为主体的哲学，它以理性为中心"[69]。也有学者指出在国内的翻译中常将思辨与批判（critique）联系在一起[70]，批判本身也是思辨哲学的一部分。在汉语语言历史中，思辨一词的含义包括思考和辨析，具体为审慎地探问和清晰地分辨，是认知过程的步骤[71]。

作为本书研究方法的建构与思辨，首先接受了这两个词的普遍含义，并根据论证需要进行了含义的取舍。"建构"主要指陈列建立起一种抽象模式和系统的过程及分析，本书第二章和第六章第四节即主要围绕"建构"展开。本书对思辨的使用没有完全取其哲学含义（即纯理论概念的思考），而是着眼于思辨与批判的关联[72]，将思辨理解成为一种有洞察力的判断和具有批判性的思维方式，它包括提问质疑、主动思考和自我校准的判断[73]。本书的第三、四、五章和第六章第五节围绕"思辨"展开，在分析陈列模式的建构过程之后以进一步的思考、辨析、批判和判断来获悉陈列方法论的面貌，并有可能形成解决陈列问题的锁钥。

西语中与思辨的含义相似，并且都是中性含义，但汉语中的批判多指对错误的思想言行进行分析（参见《新华字典》官网查询系统：http://xh.5156edu.com/html5/346633.html.），带有一定的立场。而本书被"批判"的对象并不是完全错误的，批判只是认识过程中的一环，所以最终采用了中性意味更明确的"思辨"作为标题和思考所指（本书标题的英文翻译，也没有使用较多意指批判的"critique"一词，而是使用了来源于德国古典哲学的"speculation"一词）。

73 学界关于批判性思维的综述为："有目的的、自我调节的判断，它导致的结果是诠释、分析、评估和推论，以及该判断所基于的证据的、概念上的、方法的、标准的解释或语境考虑。批判性思维本质上是一种

探究工具。同样，批判性思维是教育中的一股解放力量，在个人和公民生活中，它是一种强大的资源。尽管批判性思维不等同于好思维，但它是无处不在的、自我矫正的人类现象。"参见 [美] 彼得·费希万、诺琳·费希万、爱格尼丝·蒂瓦里、费利克斯·尤恩：《作为普遍人类现象的批判性思维——中国和美国的视角》，《北京大学学报（哲学社会科学版）》2009年1月，第46卷第1期，第58页。
对批判性思维的内容和步骤，参见何云峰：《论批判性思维》，《社会科学辑刊》2000年第6期。在这篇文章中作者指出批判性思维是一个提问和主动思考的过程，要从不同视角去考察、列出不同观点成立的理由。

第一章

陈列：
珍奇屋的"财富"

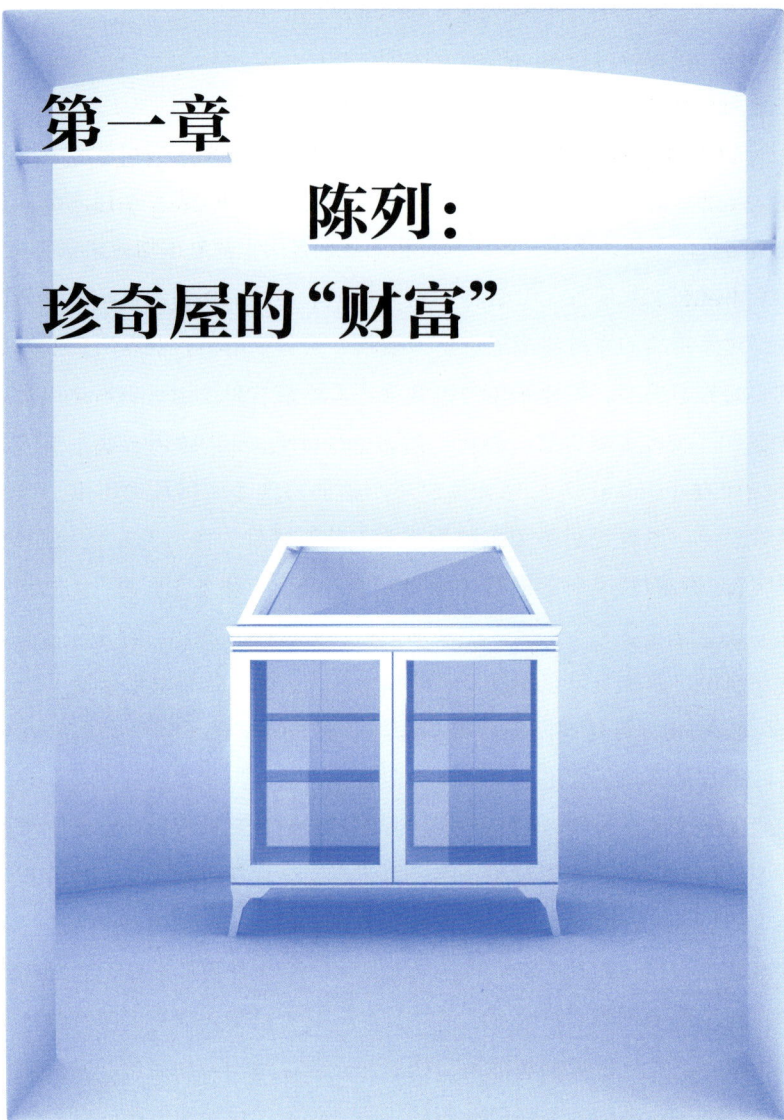

今天，将艺术博物馆的陈列与艺术史联系在一起似乎理所应当，本书也将在第二章探讨这种理所应当是怎样建立起来的。但值得注意的是，艺术博物馆的艺术藏品陈列是漫长的物品陈列史的一个分支。在 18 世纪末，随着艺术博物馆的建立而逐步在独立中建构起适用于自己的方法论之前，艺术作品曾是卢森堡丁普费尔家族（Family Dimpfel）珍奇屋中构建世界的一分子[74]，是意大利美蒂奇家族珍奇屋（Francesco I de'Medici Studiolo）独特收藏趣味的象征[75]。作为被收藏的物品之一，艺术作品一定程度上继承了早期陈列赋予它们构建世界、彰显品位、传递知识的意义。与此同时，前艺术博物馆时代[76]对物品陈列的方式，像是科学分类、实证等自然哲学的理论也根植于陈列思想深处，为日后陈列中物的有序和独立的叙事奠定了基础。如果以一个人的成长过程来比喻，艺术博物馆陈列是他在知识体系成熟后对世界的认识方法，而前艺术博物馆时代的陈列在幼年阶段赋予了他语言和基本知识。本章将通过对前艺术博物馆时代的珍奇屋的陈列方法的综合分析，提炼出它留给艺术作品陈列方法论的几个基本理念。

---

[74] 此处指的是约瑟夫·阿诺德（Joseph Arnold）1668 年的绘画作品《丁普费尔家族珍奇屋》（*Cabinet of Art and Rarities of the Regensburg Iron Dealer and Mining Family Dimpfel*）。这件作品收藏于乌尔姆博物馆（Ulmer Museum, Ulm, Germany）。转引自 *Max Placnk Institute for the History of Science Research Report 2010-2012*, p.87.

[75] 此处指的是位于佛洛伦萨旧宫（Palazzo Vecchio）的 16 世纪的弗朗切斯科一世·德·美蒂奇（Francesco I de' Medici）的珍奇屋（studiolo）。Patrick Mauriès, *Cabinets of Curiosities*, London: Thames & Hudson, 2011, p.12.

[76] 前艺术博物馆时代的提法主要指 15 世纪至 18 世纪末的珍奇屋时代。

事实上，弗德利希·瓦达荷西看来，这也是博物馆的"原始期"，它包括贵族收藏、自然物收藏、艺术与珍奇收藏（参见 [德] 弗德利希·瓦达荷西：《博物馆学：德语系世界观点》，曾于珍等译，台北：五观艺术管理有限公司，2005，第 100~107 页），本章在描述前艺术博物馆的叙述中综合了"博物馆原始期"的一些特点，并着重将有收藏、分类和空间的珍奇屋单独拿了出来，珍奇屋也一定程度上综合了贵族收藏、自然物收藏、艺术与珍奇收藏。

第一节　建构与认识世界的知识体系

"整个宇宙最精密的复制品"[77]，这是被认为是博物馆学创始人的萨缪尔·奎切伯格（Samuel Quiccheberg，比利时）在16世纪60年代对理想珍奇屋的设想之一。复制宇宙的意思可以理解为，在认识世界的基础上建立世界的雄心。

这样的雄心从有"收藏"这个概念开始就存在了，约翰·埃尔斯纳提出《圣经》中诺亚（Noah）在方舟中对植物和动物的收集是对"世界"最早的建构[78]。后来的收藏家也化身为神谕的接受者，像诺亚那样广泛地收集各种"物"以构建一个尽可能完整的世界。意大利收藏家奥多利科·奥利龙（Odorico Oillone）的珍奇屋（Villa of Odorico Oillone）在当地被称为方舟[79]，甚至英国古物学家伊莱亚斯·阿什莫尔（Elias Ashmole）直接将自己的珍奇屋命名为方舟（Tradescants's Ark）[80]。这样的珍奇屋在16、17世纪比比皆是，从流传下来的珍奇屋出版物的插图、封面和订制绘画中可见一斑，比如意大利药剂师、植物学家弗朗切斯科·卡尔佐拉里（Francesco Calzolari）的珍奇屋（*Calceolarium*，1622年）[81]就显示了一个自然物和人工物共同营构的世界（图1-1），包括各种鸟和鱼在内的动物置于天花板和架子顶层，架子和抽屉里堆积了各式各样的标本和器物。而这个世界也如方舟一样，被他们寄希望可以超越时间和现实存在——陈列的物品中因此包含一些象征生命永恒或是思考时间流逝的物品：珊瑚、贝壳、头骨、蜡烛和钟表等。在德国艺术家乔纳·海因茨（Johann Hinz）1664年描述珍奇柜物品的绘画中（图1-2）就出现了钟表、头骨（二层）以及珊瑚和贝壳（四、五层）[82]。为了能够像方舟那样具备抵挡可能到来的破坏性灾难的能力，还要考虑加入不在

[77] Mark Meadow and Bruce Robertson (eds.), *The First Treatise on Museums: Samuel Quiccheberg's Inscriptiones, 1565*, Los Angeles: Getty Research Institute, 2013, p.1.
这本书的原本之一收藏于慕尼黑巴伐利亚国立图书馆（Bavarian State Library, Munich），原书信息为：*Samuel Quiccheberg's Inscriptiones vel Tituli Theatri Amplissimi*, Munich: Adam Berg, 1565.

[78] John Elsner and Roger Cardinal, *The Cultures of Collecting*, London: Reaktion Books L.t.d Press, 1997, p.1.

[79] Patrick Mauriès, *Cabinets of Curiosities*, London: Thames & Hudson, 2011, p.42.

[80] Katherine Wodehouse, *The Ashmolean Museum: Crossing Cultures, Crossing Time*, Oxford: Ashmolean Museum Press, 2015, p.12.

[81] 此处指的是这本书的封面：Ceruto Benedicto, *Musaeum Franc. Calceolari iun. Veronensis*, Veronae: Apud Angelum Tamum, 1622。（卡尔佐拉里也写作 Calceolari、Calceolarius）

[82] 此处指的是乔纳·海因茨1644年的绘画《一个收藏家的珍奇柜》（*A Collecor's Cabinet*），收藏于英国皇家收藏信托（Royal Collection Trust）。

西方世界和常规认知里的如独角兽、美人鱼等稀有物的收藏，这不仅仅是对奇异和异国情调的趣味追求，还是尽可能地让这个世界完整的手段之一。德国博物学家阿塔纳斯 · 基歇尔（Athanasius Kircher）的收藏中就包括了中国、日本、印度、非洲和美洲等各地的物品[83]。就像当时的英国哲学家弗朗西斯 · 培根（Francis Bacon）的观点那样，所有对神秘的收藏的最终目的是为了让收藏得以完整[84]。

在构建世界的基础上，珍奇屋也反映出通过这个世界来认识世界的

图 1-1 ▶
弗朗切斯科·卡尔佐拉里的
珍奇屋图录封面

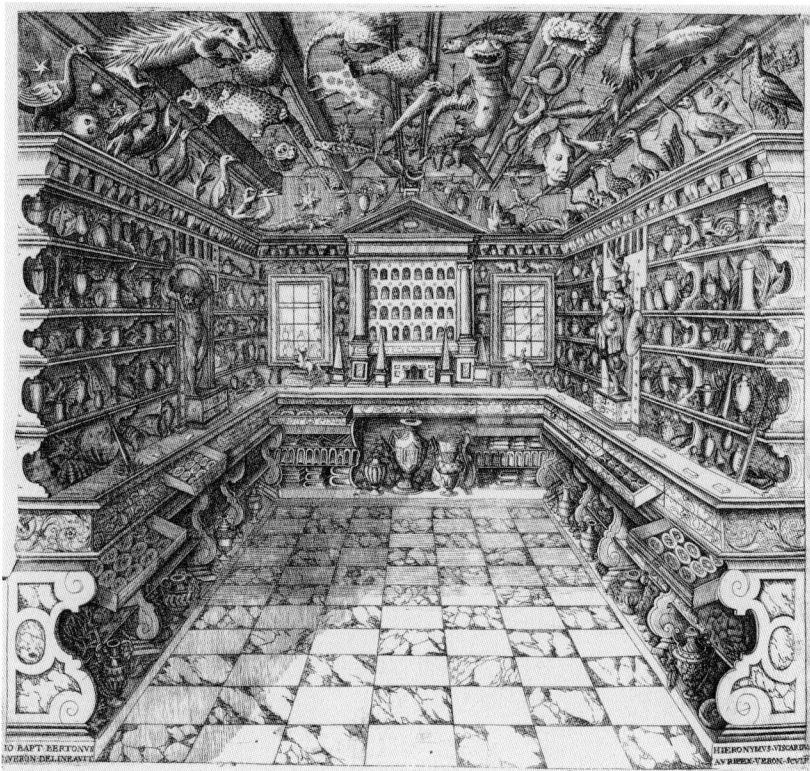

83　Patrick Mauriès, *Cabinets of Curiosities,* London: Thames & Hudson, 2011, p.162.

84　Francis Bacon, "A Device for the GrayGray's Inn Revels", *Francis Bacon: The Major Works,* Brian Vickers (ed.), Oxford: Oxford University Press, 2002, p.55.

图 1-2
乔纳·海因茨、《一个收藏
家的珍奇柜》

愿望。萨缪尔·奎切伯格谈到珍奇屋的目标是实用性，能使其中的物发挥最大作用[85]。这个过程也体现了在科学成为说明事物运行原理的规则之前，自然哲学如何引导人们进步性地认识世界。植物学、动物学、地理学、药剂学、矿物学、贝类学、神学等广泛的博物学方法都在这一过程中提供了知识和依据，从珍奇屋陈列的样貌、目录指南中可以看到它们之间的联系。

　　早期的珍奇屋向往对世界全知，其面貌也呈现出一种百科全书式，意大利博物学家乌利塞·阿尔德罗万迪（Ulisse Aldrovandi）就表示"没有什么比能够知道所有的事情更加幸福"[86]。当时的一些珍奇屋建造者依赖百科全书，也致力于成为百科全书的书写者。阿尔德罗万迪就是之一，他一生的工作都在编写一部百科全书。另一位珍奇屋的建造者费兰特·因佩拉托（Ferrante Imperato）也编写过《自然简史》（Dell' historia naturale）[87]。在百科全书的基础上，随着植物学、药剂学的发展，17世纪的珍奇屋进一步为这部书找到一种新的认知方式，可以简单总结为"世界由自然物和人造物组成"。在英国植物学家小约翰·特雷德斯坎特（John Tradescant the Younger）编写的关于其父亲珍奇屋的出版物中（1656年出版），扉页里就首先将收藏范围总结为这样的两类：arte[88] 和 natura[89]。目录中具体的十四种物品类型：前七种为自然物，依次为鸟、四足兽、鱼、贝壳、昆虫、矿物质、风干的果实；后七种为人造物，依次为人工制品（工艺品）、其他珍奇物品、仪器、装饰品、工具、古代钱币、金银器[90]（图1-3）。当时一些重要珍奇屋的收藏家身份也多是药剂学家和植物学家，譬如巴西利乌斯·贝斯莱尔（Basilius Besler，德国）、费兰特·因佩拉托有药剂学背景，贝斯莱尔管理过主教格明根（Johann Konrad von Gemmingen，德国）的花园。二分法的

85　Mark Meadow and Bruce Robertson (eds.), *The First Treatise on Museums: Samuel Quiccheberg's Inscriptiones, 1565*, Los Angeles: Getty Research Institute, 2013, p. x.

86　Patrick Mauriès, *Cabinets of Curiosities*, London: Thames & Hudson, 2011, p.155.

87　[法] 克里斯蒂娜·达韦纳：《珍奇屋：收藏的激情》，董莹译，北京：生活·读书·新知三联书店，2017，第102页。

88　arte 在拉丁语中指的是艺术。事实上，当时还没有严格区分艺术作品与人工制品，艺术作品可看作是人工制品。英语中的人工制品"artificial"的词源也是 art。

89　John Tradescant the Younger, *Museum Tradescant Anum: Or, A Collection of Rarities Preserved at South-Lambeth neer London*, London: John Grismond, 1656, p.A3.

90　John Tradescant the Younger, *Museum Tradescant Anum: Or, A Collection of Rarities Preserved at South-Lambeth neer London*, London: John Grismond, 1656, pp.13-14.

珍奇屋体现了自然科学提出的，通过实物展示来突破陷于古代文献中拉丁语晦涩注释的努力[91]，以及当时人们通过动植物入手以相对科学的方式来认识世界的方法。

随着各个学科的发展，譬如地理学带来了更多可供研究的样本、植物学对一些相关学科的整合以及艺术家地位的提高和对艺术认知的转变（大量艺术家传记的出现和艺术史学科的萌芽[92]），自然和人造的二分法被不断细化，也出现了物与物之间可能有联系并且每一个门类都可能构成自己的世界观的新的思考方式。18世纪的珍奇屋开始注意物体之间的关系并进一步分化出专门陈列的单元，并且当时的珍奇屋中尽量规避用神秘学、神秘物来作为解释。1797年，法国博物学家乔治·居维叶（Georges Cuvier）在自己珍奇屋的规划中就体现了这样的思想：一、描述生物体可以感知的特性及所有部分；二、这些部分之间的关系以及它们在产生关系时发生的变化；三、单个有机体与其他有机体主动和被动的关系；四、解释这些现象[93]。艺术作品的审美价值也被逐渐重视起来，它们不仅仅是作为珍奇屋里的描述性辅助品，还在18世纪出现了单独展示艺术作品并对艺术作品进行分类陈列的珍奇屋。法国园艺家德扎耶尔德·阿尔让维尔（Dezallier d'Argenville）在《关于珍奇屋的选择与

---

[91] [法] 克里斯蒂娜·达韦纳：《珍奇屋：收藏的激情》，董莹译，
       北京：生活·读书·新知三联书店，2017年，第108页。

[92] 在本书第二章第一节展开。

[93] Simon J. Knell, Suzanne Macleod and Sheila Watson (eds.), *Museum Revolu-
       tions: How Museums Change and are Changed*, London: Routledge, 2007, p.4.

布局的一封信》（*Letter sur choix et L'arrangement d'un cabinet curieux, 1727*）[94] 中建议要在珍奇屋中陈列弗拉芒、意大利、法国的绘画，并提到了以时间顺序排列，区分肖像、风景、历史画等类型[95]。这些都为未来的博物馆分类的出现奠定了基础。

在博物馆出现之前，基于个人收藏建立的珍奇屋反映出人们建构世界和认识世界秩序的努力，而这样的"世界"观在艺术博物馆的陈列中也可见踪影，一些珍奇屋的理念被后来的艺术博物馆继承了，譬如后来担任法国卢浮宫艺术博物馆（Musée du Louvre）馆长的德农在任职前就有自己的珍奇屋（位于 Quai Voltaire 的个人宅邸），任职期间和之后他都不断为其扩藏。德农的珍奇屋显露出他对古代文明的热情，也一定程度上传递到了以古典艺术为核心的卢浮宫陈列中。更广阔地看，艺术博物馆陈列对于艺术史的讲述和呈现也可以被看作是在构建一个艺术世界的努力，在时代变化中，艺术理论和相关学科的发展对陈列产生的或推进或冲击的影响，其实也是艺术陈列在不断吸收新的知识以调整自己阐释艺术世界的种种表现。并且这种为人类保存艺术遗产的目的，也反映了艺术博物馆及它的陈列，试图将艺术作品汇集到一起以抵挡它们可能遭受的各种风险的"保存世界观"，它希望人们可以在此通过视觉上对美与奇迹的占有，暂时性地获得对其背后所象征的更大世界的掌控。最为重要的是，这个世界的塑造，无论是一个宏观概念还是具体的艺术世界的概念，始终带有强烈的主观色彩，这是由于它的收藏对象的主观选择造成的，而这个"世界"也不可避免地要传递和保护与他利益相关的种种诉求。尽管收藏家不断地根据最新的学科成果来调整自己的珍奇屋，但其实各种图录、目录的竞相出版暗示了他们同时在争夺位于珍奇屋这个大世界中的权威位置，谁的目录更丰富、更科学才能获得更广泛

94　Paul Lacroix, *Revue universelle des arts*, Vol. 18, Pairs: Veuve Jules Renouard and Bruxelles: A. mertens ET fils, 1863, pp.163-178.
英文版全文见：https://curiositas.org/lettre-sur-le-choix-larrangement-dun-cabinet-curieux-ecrite-par-m-dezallier-dargenville-secretaire-du-roy-en-la-grande-chancellerie.

95　不过，这种建议还不能和后来对艺术博物馆进行流派分类展示的建议相提并论。在当时，艺术作品的增加和展示的一个主要目的仍然是上流社会品味的象征。

的传播力、被更多人效仿，也就成功传递了收藏家的世界理念——事实上一个并不可能完全客观和正确的世界。

第二节　"科学"分类和实证

上一节分析了珍奇屋在建构世界、保存文明、彰显趣味基础上的一个重要的目的，即对世界秩序和真理的认识。从珍奇屋的发展过程来看，这一认知的过程表现为不断地对分类进行细化，尽管这里的分类和今天意义上博物馆的物品分类有很大不同；美国艺术史学家道格拉斯·克林普（Douglas Crimp）就认为不可能从过去的分类中找到今天的博物馆起源[96]。诚然，在自然科学发展还较为落后的阶段，珍奇屋的分类毋庸置疑也是错漏百出的，但是它留给今天博物馆的并不是分类的具体内容，而是关于"科学分类"的概念。事实上，"科学"在当时还不是现代意义上的科学，它更近似于自然哲学（Natural Philosophy），所谓的"科学分类"是希望突破更古老的自然志（Natural History）的进步。科学分类在这里指的不是各成一家之言的分类，而是有逻辑、能够被证明和传播的，并且要包含一定分析的分类。它反映了人类在认识世界中的一种努力方向，即通过不断的分类、归纳、总结，进而得出结论。虽然这个方法在今天的博物馆中看起来较为普遍：自然科学博物馆按照纲目对动物的陈列是一种生物科学分类，历史博物馆按照历史文献对时代区域的陈列是一种历史科学分类，艺术博物馆从美学出发对流派、风格的划分当然也是一种艺术史科学分类，但假设放弃科学分类，也不是没有别的方法可以去处理物与物之间的关系，譬如可以去追寻苏格拉底的

96　Douglas Crimp, *On the Museum's Ruins*, Boston: The MIT Press, 1995, p. 225.

97　[古希腊] 柏拉图：《斐多：柏拉图对话录之一》，杨绛译，沈阳：辽宁人民出版社，2000，第70~71页。

98　[古希腊] 亚里士多德：《形而上学》，吴寿彭译，北京：商务印书馆，2017，第14~15页。

99　19世纪末，哈佛大学比较动物学博物馆员赫尔曼·奥古斯特·哈根（Hermann August Hagen）认为：在基督教盛行的时期，对自然科学的研究被视为对教会的背叛，而造成这种情况的原因可以归结为信徒和神职人员缺乏教育，信念统治着一切。当时亚里士多德等人的重要著作在欧洲几乎失传，这些著作要到15世纪才经过多番转译

成原文，而其他的神学著作里也基本没有关于自然历史的描述。参见 [美] 休·吉诺韦斯、玛丽·安妮·安德列编：《博物馆起源：早期博物馆史和博物馆理念读本》，路旦俊译，南京：译林出版社，2014，第32~35页。

100　Sharon Macdonald (ed.), *The Politics of Display: Museums, Science, Culture*, Oxon: Routledge, 1998, p.7.

101　[法] 米歇尔·福柯：《词与物：人文科学考古》，莫伟民译，上海：上海三联书店，2001，第1页。

102　[法] 克里斯蒂娜·达韦纳：《珍奇屋：收藏的激情》，董莹译，北京：生活·读书·新知三联书店，2017，第102页。

秩序或是毕达哥拉斯的方法（苏格拉底认为世界秩序主要包含气、以太、水以及其他稀奇古怪的东西[97]，毕达哥拉斯学派认为万物用数来组成[98]），而人们将"科学分类"作为首选的方法应该要与前博物馆时代对科学分类和实证这份财富的继承联系起来。

　　在经过了整个中世纪神学对认知的垄断后，15世纪中叶起，人们在数学、物理学以及地理大发现、纸张和印刷术等发展的鼓励下重新开启了认识世界的篇章[99]。机械论启发人们将"认识世界中的各种物"作为方法，这与广泛收集物的珍奇屋在这一时期的出现并不是一种巧合。珍奇屋首先对物进行平等并置，一定程度上尝试通过一种新的叙述方式对其进行去神性的处理，然后进一步探寻它们之间如何构成世界规则。当然这种规则从早期的珍奇屋面貌来看是"混杂"的，福柯对此解释为：这是由16世纪的知识型决定的。虽然接受了科学的引导，但并没有完全剔除对神的崇拜，当时还是普遍认为事物和话语都是上帝所造，它们身上有上帝隐而不见的签名，而可以基于对这些相似之处的发现来认识上帝所造的世界[100]。这也让人联想到福柯在《词与物：人文科学考古》（ *Les mots et les choses: une archéologie des sciences humaines* ）的开篇提到的那部不规则排序的百科全书[101]。直到16世纪晚期，这种"随意性"仍然是表现世界的主要方法，上文提及的阿尔德罗万迪的百科全书也遵循了这样的办法[102]；萨缪尔·奎切伯格在1565年提出的在珍奇屋和未来的博物馆学界影响深远的理想分类，在今天看起来也有些不可思议，它们是"历史学家神圣的片剂、技艺精湛的木工、令人难以置信的动植物、人工工具、世界著名家谱"[103]；在因佩拉托的珍奇屋插图中[104]，可以看到爬行动物和犬类放在一起（画面左侧，图1-4），天花板两侧的海洋生物呈现一种奇异的对称而不是进化发展和纲目的细分，右侧一只海星和

103 此处的分类原文是拉丁文，并且是一段描述，而不是概括性的类目，对每种分类名称总结后的翻译，引用和参考了以下两个研究。第一个是：Stephanie Jane Bowry, *Re-thinking the Curiosity Cabinet: A Study of Visual Representation in Early and Post Modernity* (University of Leicester MA paper, pp.97-117)，在这篇博士论文中，作者邀请了译者 Antonio Leonardis 首先将其译成英文，然后在译文基础上将此总结为：Of sacred tablets of historians, Skillfully-made carpentry, Incredible Animals, Instruments of the office, The Most famous genealogies from everywhere。第二个是 "Samuel á Quiccheberg's 'classes': The First Modern Museological Text" [Susan Pearce and Kenneth Arnold (eds.), *The Collector's Voice: Early Voice*, Vol.2, Aldershot: Ashgate, 2000, from google books, Unmarked page number]，在这篇文章中作者翻译了分类中的第三和第四部分，第三部分包括 Marvellous and rather rare animals 等自然物品，第四部分包括 Muscial instruments、Mathematical instruments 等人工制品。

104 Ferrante Imperato, *Dell' historia naturale*, Napoli: Nella stamparia à Porta Reale per Costantino Vitale,1599.

◀ 图 1-4
《自然简史》中的珍奇屋
插图及局部

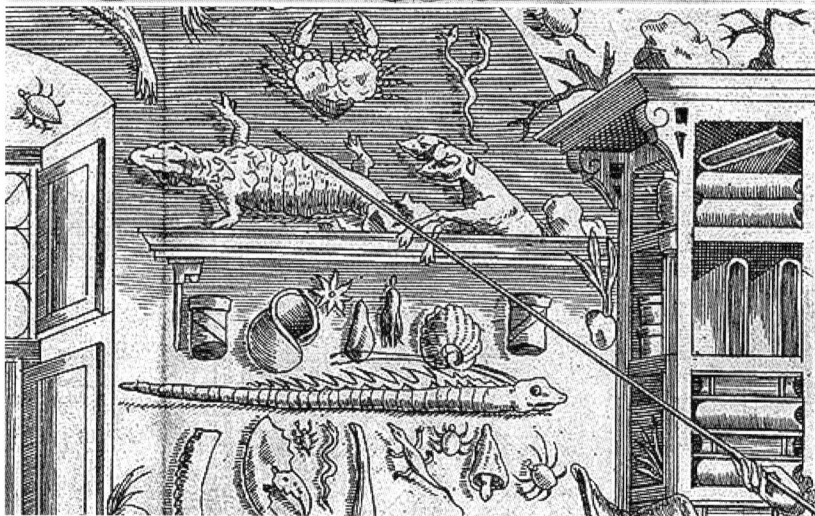

图 1-5 ▶
《自然简史》中的珍奇屋
插图局部

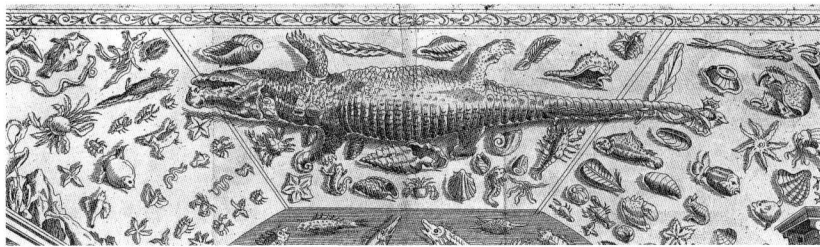

左侧一只螃蟹基于它们可能在形式上的相似而被分置在设计好的对称位置（图 1-5）。但是这其中并不是没有分类，就像阿尔德罗万迪的百科全书首先采用了字母排序的方法，同时期的《动物图谱》（*Icones animalium*, 1553）《自然简史》（1599）也都采用了字母顺序，体现出一种秩序；在《自然简史》中的珍奇屋插图上，海洋类的生物也被尽可能地都放置在一起。不过，这些分类在今天看来仍是有问题的，比如一些具体的物种分类显得有些随意，存在传说和虚构部分，尽管如此，仍可从中窥见其向更科学分类靠拢的探索倾向。

　　珍奇屋真正开始有序、科学地分类，还要等待植物学、生物学、人类学等学科的进一步发展，以提供更为有科学价值的参考。而这些学科的发展也一定程度上基于珍奇屋提供的样本。福柯进一步指出，17 世纪，人们用"比较"来代替相似性的寻找，通过观察和比较，能够寻找到世界的同一性和多样性。珍奇屋和它的广泛收藏成了一个可以提供观察的场所，科学分类的萌芽建立在二者的互动之中。上文提到的居维叶的珍奇屋就参考了瑞典植物学家和动物学家卡尔 · 冯 · 林奈（Carl von Linné）的生物分类方法、德国博物学家克里斯蒂安 · 斯托尔（Christian Storr）的人类学研究成果、法国博物学家玛利 · 道本顿（Marie Daubenton）的解剖学等学科知识[105]。基于这些建立起的珍奇屋为检验这些知识提供

---

105 Simon J. Knell, Suzanne Macleod and Sheila Watson (eds.), *Museum Revolutions: How Museums Change and are Changed*, London: Routledge, 2007, p.3.

了实物样本。像当时的数学、物理等学科用实验来论证假设一样，珍奇屋成了自然相关学科的实验场，物品的有序陈列成了一个实证的步骤。

依据科学的分类和实证似乎看起来对后来的自然科学博物馆的影响更大。事实上则不然，分类走向科学反映了这一时期人们在认识世界过程中逐步形成一种科学的思维方式。利用材料进行分类、分析和归纳等具有逻辑思维的思想并不是仅仅指导了自然科学的发展，科学分类成为新的理性主义哲学的一部分，也指导了人文科学的发展。以艺术史学科来说，《大艺术家传》（*Le vite de' più eccellenti architetti, pittori, et scultori italiani, da Cimabue insino a' tempi nostri*, 1550）这样的传记研究法逐渐被一种新的方法取代，这种方法不再强调天才、个体，而是试图通过分类和分析来验证一种艺术和美的生成过程，整理出一个关于艺术的"体系"或者"系统"[106]。艺术史方面出现了《古代艺术史》（*Geschichte der kunst des Altertums*, 1764）这样的体系研究著作（这也成为后来艺术博物馆建立陈列模式的依据之一），而作者温克尔曼（Johann Joachim Winckelmann，德国）还对实证的重要性进行了强调。在另一篇《论在艺术中感受美的能力》（*Treatise on the Capacity for the Feeling of Beauty*）的文章中，他提出要加强对实物和原作的观看才能进行完整研究[107]。像约翰·埃尔斯纳总结的那样，分类科学是人类感知历史的最终指南[108]。对 18 世纪末即将敞开大门的艺术博物馆来说，这份财富来得刚刚好，这样进步、科学的方法将与它代表的新的文化形象相宜。依照一种科学分类的办法排列艺术作品，进而在叙事的基础上形成新的历史观，也将指导艺术博物馆接下来走过漫长岁月。而作为艺术史实证的陈列也接受着公众和知识体系的检验，这也从某种层面上解释了艺术博物馆需要不断调整它的陈列以对学科知识进行回应。

106 美国艺术史学家乔治·库布勒（George Kubler）认为艺术传记具有局限性，传记的目标是重构个人的艺术演进，它在教学方面有一定实用性，但是传记容易让人们忽略艺术的连续性的本质。库布勒认为传记只是"浏览艺术实质的临时方式"。参见 [美] 乔治·库布勒：《时间的形状：造物史研究简论》，郭伟其译，北京：商务印书馆，2019，第 8~9 页。

107 [德] 温克尔曼：《希腊人的艺术》，邵大箴译，桂林：广西师范大学出版社，2001，第 91、106 页。

108 John Elsner and Roger Cardinal, *The Cultures of Collecting*, London: Reaktion Books L.t.d Press, 1997, p.2.

第三节　空间的仪式化、权力化雏形

在今天的艺术博物馆讨论中，空间权力是不可回避的话题之一。博物馆学者普遍认为物品在博物馆的陈列和公众在博物馆的参观都受到了空间的规训，这种规训包括剥离了陈列中展示物的原有位置后，公众在建筑空间和陈列共同营造的仪式空间中感受到一种超越现实的神圣感等。这一方面可以用艺术博物馆多是从一些有仪式性质的建筑转用过来的这个背景来解释。但如果向前回溯，其实通过陈列物品营造出一个超现实的功能性空间的做法在珍奇屋时代就已经开始了，甚至从某种意义上来说，这可能也是从珍奇屋那里继承来的做法。

除了建构世界、认识世界，珍奇屋还承担了一些其他功能，而这些功能主要通过它塑造的空间表现出来。

首先是神圣与冥想的空间。早期大部分珍奇屋多是封闭的，甚少有窗户，面积不是特别大，不免让人联想到航行在大洪水中幸存下来的"小"方舟。15 世纪晚期在意大利出现的珍奇屋多是六七平方米，具有较强的私密性（图 1-6），比如意大利费拉拉（Ferrara）侯爵莱奥内洛·埃斯特（Leonello d'Este）的贝尔菲奥里宫珍奇屋（Studiolo of the Palazzo Belfiore）。而进入这个私密空间的不仅是主人优渥的珍藏，也是收藏家与神灵对话的桥梁。珍奇屋中要么有对诸神活动的描绘，提示这是诸神所在之地（贝尔菲奥里宫的珍奇屋就绘有缪斯女神像[109]）；要么是对上帝造世的回应，虔诚的教徒通过模仿上帝的方式构建一个世界，以期获得神圣之光的沐浴；一些圣物也随之出现在收藏清单中。在 18 世纪记录维也纳帝国收藏的珍奇柜的绘画中就出现了耶稣像（图 1-7）[110]，而这种具有仪式性意味的行为也让珍奇屋具有特定的参观日和参观资格

Keith Christiansen, *The Renaissance Portrait: From Donatello to Bellini*, New York: Metropolitan Museum of Art, 2011, p.207.

[110] 此处指的是：费迪南德·斯托弗（Ferdinand Storffer）的绘画《维也纳帝国收藏中的黑色珍奇柜》（*The Black Cabinet from the painted inventory of the Imperial Collections in Vienna*），约 1730 年，维也纳艺术史博物馆（Kunsthistorisches Museum）收藏。
事实上早期的珍奇屋出现圣物的案例目前看起来并不多，这可能是两个原因造成的：一是圣物当时多保存在职能更明确的教堂；二是珍奇屋在当时是作为与神权分离的新的知识空间属性定义的。但即便如此，信仰并没有随着自然科学的发展而消失，珍奇屋一定程度上还保留了

当时人们对上帝和神灵的信仰，只是更为隐蔽一些，在笔者目前所见资料中，圣物的出现不会特别明显。

图 1-6
弗朗切斯科一世的珍奇屋

图 1-7 ▶

费迪南德·斯托弗的《维也纳帝国收藏中的黑色珍奇柜》

的规定[111]。在这个上帝让他们得以幸存的方舟中，珍奇屋还因此增加了一些能够维系个体存在的疗愈功能。这些物品不仅仅是世界的组成部分，它们也常常被认为带有治疗功能，尤其是那些奇异物品，譬如独角兽角被认为可以解毒，一本关于弗朗切斯科·卡尔佐拉里珍奇屋的书中就记载了他讨论此物是否有效果[112]。瑞典瓦萨王朝国王古斯塔夫·阿道夫（Gustavus Adolphus）的珍奇柜（The Augsburg Art Cabinet，1625—1631，图 1-8）里的牛黄、木樨草等也被认为有治疗勃起障碍的功效[113]。克里斯蒂娜·达韦纳从词源上进一步解释了法语中的奇珍一词——"curiosité"的来源是拉丁语意为"照顾"的单词"cura"[114]。在珍奇屋特别的参观日，被选中的人可以在此思考世界、与上帝对话并最终疗愈自身，珍奇屋也完成了它的第一重空间功能：通过它的物品和空间的共构提供具有神圣性的冥想空间。

珍奇屋作为认知世界的宏图和实证，它也承担着知识传播的功能，甚至随着珍奇屋图录和目录的印刷传播，知识生产空间的功能已经逐渐

111 Julius von Schlosser, *Die Kunst- und Wunderkammern der Spätrenaissance: ein Beitrag zur Geschichte des Sammelwesens*, Leipzig: Klinkhard & Biermann, 1908.

112 Patrick Mauriès, *Cabinets of Curiositie*, London: Thames & Hudson, 2011, p.156.

此处提到的书为 Ceruto Benedicto, *Musaeum Franc. Calceolari iun. Veronensis*, Veronac: Apud Angelum Tamum, 1622.

113 Oliver Impey and Arthur Macgregor, *The Origins of Museums: The Cabinet of Curiosities in Sixteenth and Seventeenth Century Europe*, Oxford: Ashmolean Museum reprint, 2018, p.93.

114 [法] 克里斯蒂娜·达韦纳：《珍奇屋：收藏的激情》，董莹译，北京：生活·读书·新知三联书店，2017，第 105 页。

图 1-8
古斯塔夫·阿道夫的珍奇柜

超越第一重功能，在新兴知识分子中被广泛接受。虽然部分贵族王室珍奇屋的设置目的在彰显家族荣耀的同时也具备一定的教育职能，但家族教育还排在首位。意大利美蒂奇家族弗朗切斯科一世的珍奇屋（Studiolo di Francesco I）中将上方位置留给了父母像，便表达了这样的传承意味。而由药剂师、植物学家等博物学家规划的另一种珍奇屋，表达出建造一个能够与神学空间对抗的新空间的愿望。萨缪尔·奎切伯格认为，珍奇屋的收藏不仅仅是贵族和政客的一种自娱工具，它同时是一种获取知识的手段[115]。在这个空间里，物体通过平置而被建造者赋予一种新的平等的关系，知识是与时俱进的，欢迎人们来这里获取和验证。在1677年表现意大利贵族费迪南多·科斯皮（Ferdinando Cospi）珍奇屋的插图[116]中的右下角，有一个矮人和戴帽男士正面向观看者介绍墙上陈列的物品（图1-9），这可以与1657年科斯皮将个人珍奇屋捐赠给博洛

图1-9 ▶
费迪南多·科斯皮的珍奇屋
出版物插图

115 Mark Meadow and Bruce Robertson (eds.), *The First Treatise on Museums: Samuel Quiccheberg's Inscriptiones, 1565*, Los Angeles: Getty Research Institute, 2013, p. 8.

116 Ferdinando Cospi and Lorenzo Legati, *Museo Cospiano annesso a quello del famoso Ulisse Aldrovandi e donato alla sua patria*, Bologna: Per Giacomo Monti Publish, 1677.

图 1-10
罗马学院珍奇屋出版物插图

尼亚市，允许市民来参观的历史联系起来，表达了将珍奇屋作为一个开放的知识空间的实验性做法。这样的情况在很多记录珍奇屋的版画中被记载了下来，在《自然简史》一书中的珍奇屋右侧，正在向人们讲解物品的人员可能是作者因佩拉托本人；在另一本介绍罗马学院珍奇屋 [此珍奇屋被认为是早期博物馆，由阿塔纳斯·基歇尔在接收意大利收藏家阿方索·唐尼尼（Alfonso Donnini）的珍奇收藏基础上建立] 的书（1678）[117] 中扉页插图里，几位身着不同阶层服饰的人正在前厅讨论（图1-10），反映了珍奇屋受众群体的多样化以及参与知识建构的人群类型的多样化。为了发挥这一传播知识和验证知识的功能，珍奇屋逐步将空间面积增大、分割空间并增加窗户，使它看起来明亮宽敞。在意大利医学世家赛塔拉父子（Lodovico Settala, Manfredo Settala）的珍奇屋中出现了空间分割 [118]，注意美感和形式感的营造 [赛塔拉的珍奇屋后来也被部分捐赠给米兰图书馆（Biblioteca Ambrosiana）并允许市民参观]。在生产知识的同时，珍奇屋还成为一定意义上早期的知识殿堂，赋予了人们进入此地可以获得知识的新体验。

从某种程度上来说，珍奇屋是一种新产物，它将教堂中的神圣空间和图书馆、私人学院的知识空间在 16 世纪进行了一种大胆的合并，这一方面与当时的科学进步和宗教信仰的对立发展使人们需要一个新的空间来缓解时代焦虑有关，另一方面也彰显了一个空间（公共空间）在新的知识和权力生成过程中的绝佳作用。这样就不难理解当代表新知识和新制度的博物馆在成立之初就将空间缔造一并考虑的做法，尽管这可能是无意识的行为，在他们看来也可能只是对珍奇屋的进一步改造 [比如英国牛津阿什莫林博物馆（Ashmolean Museum）就是在接受伊莱亚斯·阿什莫尔的珍奇屋基础上改造而来 [119]]。不仅是在艺术博物馆，神圣和

117 Athanasius Kircher, etc. , *Romani Collegii Societatis Jesu Musaeum celeberrimum*, Amstelodami: Ex Officina Janssonio-Waesbergiana, 1678.

118 Paolo Maria Terzago, etc. , *Museo, ò Galeria, adunata dal sapere e dallo studio del sig. canonico Manfredo Settala nobile Milanese*, In Tortona: Per li figliuoli del qd. Eliseo Viola, 1666.

119 Katherine Wodehouse, *The Ashmolean Museum: Crossing Cultures, Crossing Time*, Oxford: Ashmolean Museum Press, 2015. p.12.

知识空间的属性几乎被所有的博物馆继承了，博物馆从它的建筑外型到空间塑造，再到陈列位置都进行了一种特别的规划，为作品增添了一层光晕，使得死去的作品以一种时代新神的面貌复活在人们的眼前，并让公众在面对原作的过程中获得了对知识的新理解。虽然艺术博物馆学者在20世纪下半叶才开始严肃讨论博物馆的空间权力，但其实在每一次艺术博物馆进行反思的时候，空间总是它做出反应的一部分。

小结与思考

本章总结了前艺术博物馆时代，也就是珍奇屋时代，为艺术博物馆留下的三份宝贵财富：建构与认识世界的知识体系的理念、科学分类的具体方法以及已经出现用空间生成仪式和知识的权力的可能性。其实在珍奇屋从15世纪晚期到博物馆出现（最早的博物馆在17世纪末出现，艺术博物馆在18世纪下半叶出现）前的发展过程中留下的远不止这几份财富，它自己的历史更是足以构成另一部百科全书般的巨著。本章没有展开那些私人化、神秘化的部分，而是着眼于珍奇屋中的"什么"与后来的艺术博物馆发生了联系。这三份财富在后来的艺术博物馆陈列中被从各种意义上继承和发展，譬如艺术博物馆陈列对艺术史的运用、对意识形态的辩护、注重和空间的统一都可以从中找到来源。可以说，它们提供了艺术博物馆陈列建构自身方法论的思想基础，艺术陈列对此进行进一步细化、调序和变化，最终构成了一种可以较为普遍地适用于艺术博物馆的陈列模式。

不过，珍奇屋并不是随着博物馆的出现就退出了历史舞台。在博物馆刚刚涌现的 18、19 世纪还有大量珍奇屋存在，英国艺术史学家霍勒斯·沃波尔（Horace Walpole）的草莓岭（Strawberry Hill）和英国艺术收藏家威廉·托马斯·贝克福德（William Thomas Beckford）的丰特希尔修道院（Fonthill Abbey）里都有珍奇屋，但随着这些收藏物品被不断地拆分到各种类型的博物馆［比如奥地利哈布斯堡（House of Habsburg）收藏中的绘画和雕塑被送往维也纳艺术史博物馆[120]］，以及科学发展让人们对珍奇、神秘的迷信不断减弱，珍奇屋作为知识生产空间的功能逐步让位于博物馆，尤其是具有公共性的博物馆，而珍奇屋则退回到保留各种趣味的个人收藏世界中。后来的珍奇屋多是一些和博物馆不太发生交织的收藏家个案，像是《珍奇屋：收藏的激情》一书中介绍的仍保留随心所欲的排列方式的英国马尔普拉凯之家（Malplaquet House，图 1-11）。从这个角度来说，它的三份财富也可以看作一种遗产，曾经代表进步的珍奇屋与博物馆在知识、公共性的竞争中走向了另一种意义上的"终结"。

但有趣的是，近年来，珍奇屋和它具有代表性的全铺、混杂的陈列方式在当下的艺术博物馆中屡屡重现，不仅是一些艺术家在自己的作品中尝试，比如美国当代艺术家罗莎蒙德·珀塞尔（Rosamond Purcell）复制了一个 16 世纪丹麦自然历史学家奥勒·沃姆（Ole Worm）的珍奇屋（图 1-12）[121] 在美国圣莫妮卡艺术博物馆（Santa Monica Museum of Art）展出（图 1-13）[122]，法国艺术家杜尚（Marcel Duchamp）的《旅行箱中的盒子》（*Box in a Valise*）系列作品也让人联想到珍奇屋中的珍奇柜的样式。艺术博物馆在对艺术作品的排列上也采用了一些相似的做法：法国奥赛艺术博物馆（Musée d'Orsay）将摄影、家具与绘画并置展出；美国波士顿艺术博物馆（Museum of Fine Arts, Boston）在 2012

120 Patrick Mauriès, *Cabinets of Curiosities*, London: Thames & Hudson, 2011, p.190.

121 关于沃姆的珍奇屋出版物的插图，参见：Ole Worm, etc., *Museum Wormianum, seu, Historia rerum rariorum: tam naturalium, quam artificialium, tam domesticarum, quam exoticarum, quae Hafniae Danorum in aedibus authoris servantur*, Leiden: Lugduni Batavorum, 1655.

122 当时的展览名为"罗莎蒙德·珀塞尔：两个房间"（Rosamond Purcell: Two Rooms, 2003）。圣莫妮卡艺术博物馆 2016 年更名为洛杉矶当代艺术机构（Institute of Contemporary Art, Los Angeles）。

◀ 图 1-11
马尔普拉凯之家

◀ 图 1-12
奥勒·沃姆的珍奇屋
出版物插图

年重新对 1550—1700 年间的绘画作品和银器进行陈列时，仿效了他们曾在欧洲宫殿的布置方式进行层叠式陈列（图 1-14）[123]；德国莫伊兰德城堡艺术博物馆（Museum Schloss Moyland）在陈列博伊斯（Joseph Beuys）藏品时将作品铺满了展厅（图 1-15）[124]。这样的方式首先让人联想到珍奇屋的复兴。不过要注意到，这种复兴其实可能是作为艺术创作和艺术博物馆回应时代的一种手段。奥赛艺术博物馆的首任馆长弗朗索瓦丝 · 加香（Françoise Cachin）就表示这样的做法是跨学科的尝试，属于将社会学、历史学纳入陈列中来[125]。与其说这种陈列像珍奇屋，不如说它参考了包括人类学、社会学在内的一些跨学科研究方法，譬如仿效人类学通过多样化素材的叠加和分析来重新观察社会和秩序。波士顿艺术博物馆和莫伊兰德城堡艺术博物馆的陈列方法可以看作是民族学研究中比较常用的复原理念，二者都趋向原址复原的做法。尽管这样的做法很容易在常规的艺术博物馆陈列中造成一种视觉上的刺激，但事实

图 1-13 ▶
罗莎蒙德 · 珀塞尔，
《Wormianum 的珍奇屋》

123 这一说法来源于波士顿艺术博物馆官方网站介绍：https://www.mfa.org/collections/featured-galleries/european-painting-1550-1700-and-hanoverian-silver?event=23824.

124 这一做法是在 2011 年前，2011 年后该馆调整了陈列方式。参见：https://www.e-flux.com/announcements/35179/museum-schloss-moyland-reopens/.

125 "Orsay as We See it, Krysztof Pomian Interview with Francoise Cachin", *Le Débat*, No.44, March-May (1987): 55-74.

図 1-14
波士顿艺术博物馆的
"1550—1700 年间的绘画和银器"
展厅

图 1-15
莫伊兰德城堡艺术博物馆的博
伊斯作品展厅

上，珍奇屋复兴的说法其实更多的是将它作为一个可以膜拜的古代圣物。在英国文化历史学家罗伯特·休伊森（Robert Hewison）看来，对这种古代遗产的追溯其实是对现实的一种逃避[126]。珍奇屋的躯壳复兴了，但它灵魂中的进步性却是被"遏制"的，人们可能只是借用它表达对过去的一种幻想。

　　而珍奇屋真正的"遗产"（财富）还在艺术博物馆中。

126 Robert Hewison, *The Heritage Industry: Britain in a Climate of Decline*, London: Methuen, 1987, p.47.

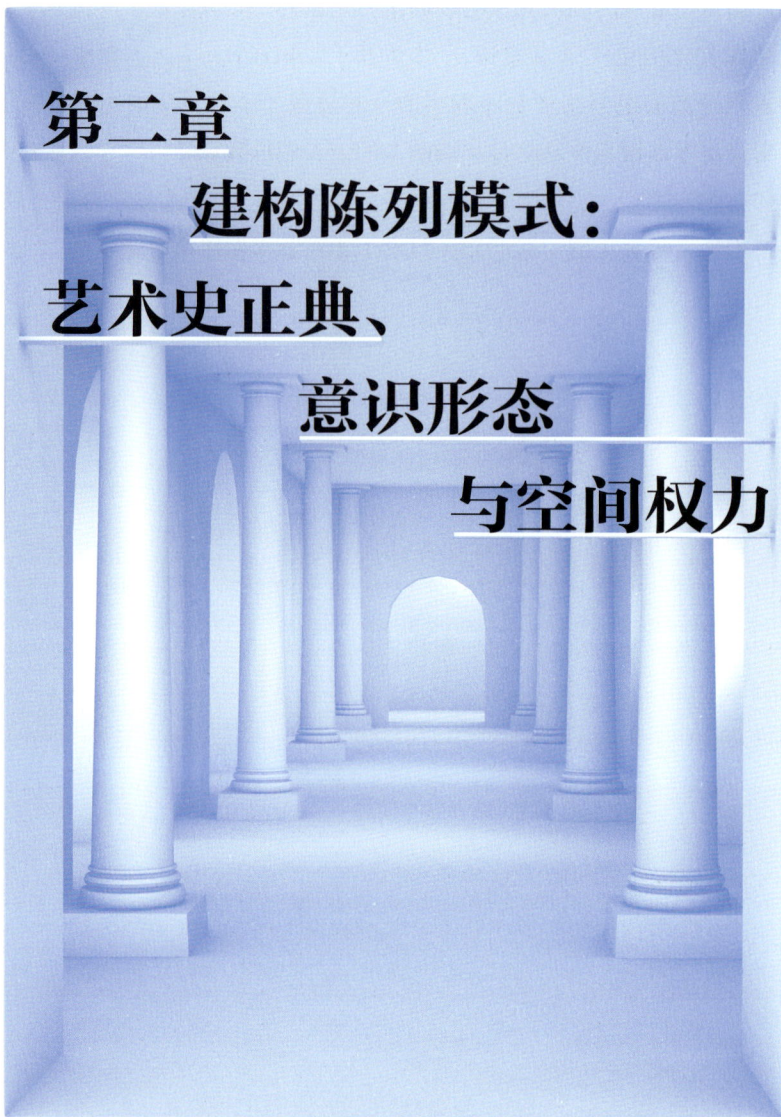

第二章

建构陈列模式：

艺术史正典、

意识形态

与空间权力

在珍奇屋打下的基础上，艺术博物馆在 18 世纪开始了它独立的陈列方法探索。18 世纪下半叶开始，已经有一些以艺术作品为主要收藏对象的机构敞开大门进行艺术博物馆化的试水，先后开放的机构有：美蒂奇家族艺术收藏（Uffize Gallery，1769 年开放 [127]）、罗马教皇收藏（Museo Pio Clementino，1771 年开放 [128]）、维也纳皇家收藏 [位于美景宫上宫（Upper Belvedere），1781 年开放 [129]] 等。但这些机构要么受众主要还是身着礼服的贵族与特定群体，要么收藏对象中的艺术作品仍与自然物品一定程度上交织在一起，直到卢浮宫艺术博物馆宣称艺术作品为主要陈列内容 [130]，并于 1793 年面向"所有人"开放提出另一个关键概念"公共性" [131]，使它因为公共性和艺术性的二元统一而被学界普遍认为是首批公立艺术博物馆之一，这也昭示了以艺术作品作为展示内容的艺术博物馆的发展伊始。卢浮宫的建立和它之后成为各地艺术博物馆效仿典范的原因，不仅仅在于它开放时期较早，更为深刻的原因在于它大胆地尝试了一种针对艺术作品的陈列方法：一方面它得以从内容和空间都创新性地服务于藏品叙事，另一方面又巧妙地使其成为它所坚持的意识形态的有效辩护。而这也使得艺术博物馆的陈列在继承珍奇屋财富的情况下，开始以形成自己的"陈列模式"作为方法论探索的第一步。本章将对这一陈列模式在建立过程中涉及的三个主要方面展开讨论，分析从卢浮宫建构伊始 [132] 到今天的艺术博物馆，艺术史、意识形态和空间如何维持了陈列模式的稳定性和有效性。

[127] 1769 年，托斯卡纳公爵彼得·利奥波德（Peter Leopold）开放历代公爵（Grand Dukes of Tuscany）的艺术收藏，参见该馆网站介绍：https://www.uffizi.it/en/pages/about-us.

[128] 1771 年，克莱门特十四世教皇（Clement XIV）开放其收藏。参见该馆网站介绍：http://www.muscivaticani.va/content/muscivaticani/en.html.

[129] 1781 年，玛丽亚·特蕾莎（Maria Theresa）和其子约瑟夫二世（Emperor Joseph II）国王，决定将收藏搬到美景宫上宫并向公众开放。参见美景宫网站介绍：https://www.belvedere.at/en/museum/history-belvedere.

[130] 当时，法国对百科全书式的博物馆理念进行了一种广义上的继承，国民议会在 1792 年做出了依据学科分类分设专题收藏陈列馆的决定，

自然历史博物馆（Muséum National d'Histoire Naturelle）陈列科学主题藏品、卢浮宫陈列艺术藏品、亚历山大·勒努瓦的博物馆（Alexandre Lenoir, Musée des Monuments Français）陈列建筑主题藏品。[法] 克里斯蒂娜·达卡纳：《珍奇屋：收藏的激情》，董莹译，北京：生活·读书·新知三联书店，2017，第 20 页。

[131] Carol Duncan and Alan Wallach, "The Universal Survey Museum", *Art History*, Vol. 3, No.4, Dec. (1980): 455.

[132] 事实上，卢浮宫在后来的发展中也发生了许多变故，与其初始意图有一定偏移，但并没有弱化其早期建立的陈列模式在世界范围内的影响，后来的情况与陈列模式建构伊始的历史背景关联也较弱，因此本章对

第一节　艺术史正典与陈列模式

一、艺术博物馆对艺术史的选择

当面对卢浮宫里的封建王朝遗存艺术作品时，学界和博物馆的管理层首先面临向公众展示时应如何避免让作品再次成为"贵族的豪华公寓或是业余人士的珍奇柜"[133] 的棘手问题。法国艺术家雅克·大卫（Jean-Jacques David）认为卢浮宫的作品不应该展示它们的浮华奢侈以满足人们的好奇心[134]。并且，一些艺术作品中所包含的宗教或旧意识形态的信息在新的国家标准中被认为存在反动或是落后的风险。卢浮宫曾尝试去掉一些有"过去"痕迹的作品，譬如鲁本斯（Peter Paul Rubens）表现法国王后玛丽·德·美蒂奇（Marrie de Medici）一生重要事件的24 幅油画（1622—1625 年）在 1794 年的展示中只谨慎地保留了两幅，并且去掉了上面的皇室标志[135]。于是人们不禁探讨是否可以寻找一种新的解读方式来克服这一问题，最终选中以研究艺术作品为核心的纯粹美学和艺术史去接受这个挑战。

艺术史学科从 16 世纪开始摸索发展，到 18 世纪已经初具规模，并出现了一些重要的著作和美学思想供陈列参考，其中比较重要的包括：意大利艺术家和建筑师乔尔乔·瓦萨里（Giorgio Vasari）的《大艺术家传》、温克尔曼的《古代艺术史》[136]、英国艺术家威廉·荷加斯（William Hogarth）的《美的分析》（The Analysis of Beauty）等[137]。并且，18 世纪欧洲学界已经开始提出用艺术史的方法来展示作品的设想，先于卢浮宫进行了试水。1781 年，瑞士艺术品贸易商克里斯蒂安·冯·麦歇尔（Christian von Mechel）在维也纳美景宫皇家收藏的藏品目录中提出，根据年代或大师传承以及画派对藏品进行分类[138]（他在该书的

卢浮宫的分析主要聚焦 18 世纪末开放后的几十年间，旨在探究其在艺术博物馆发展早期建构起陈列模式的过程。

[133] 这个说法是当时的剧作家加布里埃尔·布基尔（Gabriel Bouquier）对卢浮宫的担忧。Andrew McClellan, *Inventing the Louvre: Art, Politics, and the Origins of the Modern Museum in Eighteenth-Century Paris*, Cambridge: Cambridge University Press, 1994, p.108.

[134] Andrew McClellan, *Inventing the Louvre: Art, Politics, and the Origins of the Modern Museum in Eighteenth-Century Paris*, Cambridge: Cambridge University Press, 1994, p.106.

[135] Karsten Schubert, *The Curator's Egg: The Evolution of the Museum Concept from the French Revolution to the Present Day*, London: Ridinghouse, 2009, p.19.

[136] Johann Joachim Winckelamann, *History of the Art of Antiquity*, Harry F. Mallgrave (trans.), Los Angeles: Getty Research Institute, 2006.

[137] Ronald Paulson (ed.), *William Hogarth, The Analysis of Beauty* (1753), Yale: Yale University Press, 1997.

[138] Christian von Mechel, *Catalogue des tableaux de la Galerie impériele et royale de vienne*, Basle: Chez L'Autcur, 1781, pp. xv-xxx.

图 2-1 ▶
《维也纳帝国皇家美术馆
目录》中的画派分类

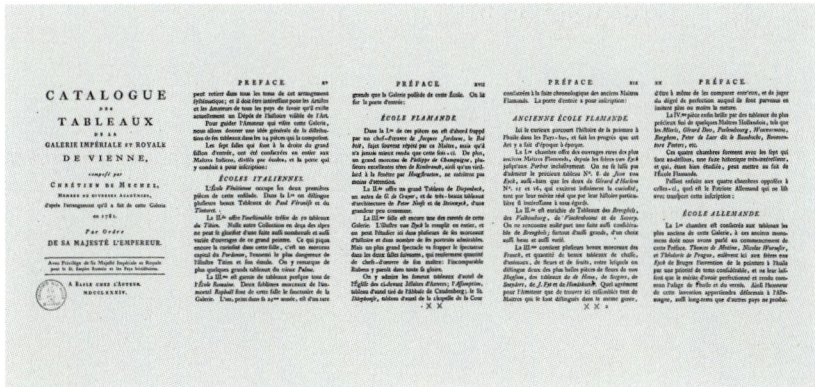

前言中分为了意大利画派、弗拉芒画派、老弗拉芒画派、德国画派等，见图 2-1）。这些都给法国政界和卢浮宫的管理层提供了信心。法国内政部部长罗兰·普拉提埃（Roland de la Platière）在 18 世纪末提出以"形式感"为原则来排列藏品[139]，这可以看作是纯粹美学的尝试。1795年，法国鉴赏家皮埃尔·勒·布朗（Jean-Baptiste Pierre Le Brun）进入卢浮宫中央艺术博物馆行政委员会（le Conseil d'administration du musée central）后，对罗兰的提议进行了进一步的阐释，他提出卢浮宫应该"按照画派来分门别类的展示，呈现出艺术诞生、发展、达到完美，最后趋于衰落的不同阶段"[140]，这一提议可以看作是美学基础上的艺术史叙事的方式。

选择将艺术史作为核心的指导方法后，从卢浮宫的具体实践来看，它并不是对某一本具体著作进行视觉化呈现，而是根据收藏特色和话语权建立的需求对当时的艺术史思想进行了"汇编"，从陈列特征中可以出它对艺术史选择的三个方面：

第一是对古希腊、文艺复兴作为古典核心位置的强调。这也是当时

[139] Édourd Pommier, *L'art de la liberté: Doctrines et débats de la Révolution Française*, Paris: Gallimard, 1991, p.113.

[140] Émile-Mâle, Gilberte, "Jean-Baptiste Pierre Lebrun (1748–1813). Son rôle dans l'histoire de la restauration des tableaux du Louvre.", *Mémoires de la Fédération des sociétés historiques et archéologiques de Paris et de l'Île-de-France*, No. VIII, 1956, p.372.

图 2-2
本杰明·奇克斯，《国王和皇后在晚间参观卢浮宫》（*Visite aux flambeaux faite par l'Empereur et l'Impératrice*），1810 年，卢浮宫收藏

图 2-3
于贝尔·罗贝尔，《卢浮宫四季展厅》（*La Salle des Saisons au Louvre*），约 1802—1803 年，卢浮宫收藏

图 2-4
本杰明·奇克斯，《拿破仑一世和玛丽·路易丝穿过卢浮宫举行婚礼》（局部），约 1810—1811 年，卢浮宫收藏

艺术史研究的主流观点。瓦萨里提出了古希腊、古罗马和意大利文艺复兴的典范地位，温克尔曼和荷加斯进一步提炼了古典的概念，他们都认为古典艺术的巅峰是古希腊艺术，温克尔曼对古希腊、古罗马的大理石雕塑给予了"崇高"的评价。事实上，18世纪的崇古风气也与古希腊思想中对古代的推崇有关，在两种制度发生碰撞的当时，人们用回到古典来作为一种应对方式[141]。在当时的卢浮宫陈列中，古代作品构成了一个古典典范，作为博物馆的基础放置在卢浮宫底层，形成了一个单独的陈列序列。在法国画家本杰明·奇克斯（Benjamin Zix）和于贝尔·罗贝尔（Hubert Robert）半记录半想象的笔下，当时卢浮宫雕塑系列展厅中［包括四季展厅（Salle des Saisons）和罗马展厅（Salle des Romains）等］，核心是古希腊作品《拉奥孔》（*The Laocoön*），狩猎女神戴安娜（Diane Chasseresse）、美神维纳斯（Vénus Genitrix）、太阳神阿波罗（Apollo）等希腊时代的诸神雕塑在两侧展开（图2-2、2-3）。绘画部分则以文艺复兴作为高潮，在19世纪初的卢浮宫馆长德农对绘画展厅的规划中，九个篇章的终点是意大利的文艺复兴杰作，暗示着绘画发展的巅峰[142]。这一规划在本杰明·奇克斯1810年左右的绘画《拿破仑一世和玛丽·路易丝穿过卢浮宫举行婚礼》（*Cortège nuptial de Napoléon Ier et de Marie-Louise d'Autriche à travers la Grande Galerie du Louvre, le 2 avril 1810*，图2-4）中得到了体现：画中的主体部分是意大利和北方的文艺复兴杰作，最右侧是以拉斐尔的《耶稣变容》（*Transfiguration*）为中心展开的意大利文艺复兴绘画篇章，该区域还包括《福利尼奥的圣母》（*Madonna of Foligno*）和佩鲁吉诺（Pietro Perugino）的"圣母子与圣徒"主题绘画；然后是北方地区文艺复兴晚期的弗拉芒画派，以鲁本斯的三联画《下十字架》（*La Descente de Croix*）为中心。而古典典范和法国本

---

141 在古希腊人看来，崇古是一种理想，他们认为古代曾是人类被神眷顾的理想时代，当旧法与新法冲突时，旧法要高于新法。[古希腊] 赫西俄德：《工作与时日、神谱》，张竹明、蒋平译，北京：商务印书馆，2009。

142 Andrew McClellan, *Inventing the Louvre: Art, Politics, and the Origins of the Modern Museum in Eighteenth-Century Paris*, Cambridge: Cambridge University Press, 1994, p.140.

土之外的艺术，如工艺美术、埃及和西班牙的作品，当时并不在陈列序列中[143]。

第二是对杰出艺术家的凸显。这与当时的艺术史研究方式有紧密关联，虽然18世纪人文科学的发展推动了研究方法的革新，但16世纪以来的艺术家传记研究法仍然对理解艺术有着巨大的影响。以16世纪瓦萨里的《大艺术家传》为代表的传记研究，在很长一段时间中是艺术史的主流研究方法。16、17世纪有大量的传记研究流传，如荷兰艺术史家卡列里·曼德（Karel van Mander）的《尼德兰和德国的杰出画家传记》（*The Lives of the Illustrious Netherlandish and German Painters*, 1603—1604）、意大利收藏家朱利奥·曼奇尼（Giulio Mancinin）的《对绘画的思考》（*Considerazioni sulla pittura*, 1617—1621）和意大利传记作家乔万尼·皮耶特罗·贝洛里（Giovanni Pietro Cellori）的《现代画家、雕塑家和建筑师列传》（*The Lives of Modern Painters, Sculptors and Architects*, 1672）等；甚至还出现了艺术家的自传，较早的自传是意大利雕塑家本韦努托·切列尼（Benvenuto Celline）的《自传》（*The Autobiography of Benvenuto Celline*, 1558）。这些传记都强调了地区和风格发展中杰出大师的卓越成就，传记中那些被着重和重复提及的艺术家有更大的概率成为陈列主角，他们中的一些人甚至在陈列中拥有自己单独的展厅。在卢浮宫的展厅传统中始终有以重要大师命名风格展厅的做法，如包括米开朗基罗（Michelangelo di Lodovico Buonarroti Simoni）的《被缚的奴隶》（*The Rebellious Slave*）在内的意大利雕塑展厅"米开朗基罗廊"（现在是Room 403—Michelangelo Gallery）；也有为重要艺术家单独设置同名展厅的做法，如"勒布朗厅"（现在是Room 914—Le Brun）。

第三是年代和风格的贯穿。无论是瓦萨里还是温克尔曼，还是其他

---

143 工艺品展厅于1852年设立，埃及展厅于1826年设立，西班牙艺术展厅于1838年设立。

艺术史学家，前艺术博物馆时代认知世界的陈列方法潜移默化地影响着他们。以时间作为线索，反映了 17 世纪以来的学者们在认知世界的过程中对秩序的重视；而风格、画派、地区的划分是对珍奇屋科学分类学方法的不断探索，尤其注重画派的传承关系、画派与画派之间的同异。在卢浮宫 1794 年的装修报告中，提及要通过为展厅增设立柱来区隔艺术作品和艺术流派[144]。李军在《可视的艺术史》一书中，分析了于贝尔·罗贝尔绘于该时期的《卢浮宫大画廊》（La Grande Galerie du Louvre）。作品中，画面右侧被立柱分隔的展区中拉斐尔（Raffaello Santi）、安德烈·德尔·萨托（Andrea del Sarto）的"圣家族"（Holy family）题材作品之间的联系，以及另一件本杰明·奇克斯版画作品中拉斐尔和其老师佩鲁吉诺的位置关联，确认了当时的陈列思路中对题材共时性陈列的考虑及展示单元中的师承关系，并进一步认为这可能是拉斐尔风格单元一角的展示[145]。

　　除了对艺术史主流思想和研究方法的运用，卢浮宫的陈列还吸收了一些其他的学界讨论，譬如在排列同时期作品的顺序时，17 世纪法国皇家绘画和雕塑学院顾问安德烈·费利比安（André Félibien）[146] 的观点可能有一定参考价值。费利比安发展了 15 世纪评论家阿尔贝蒂（Leon Battista Alberti）在《论绘画》（On Painting, 1435）中的观点，他认为表现传奇的历史和寓意活动的绘画应被置于更高的位置，然后是肖像，而风景和静物画的位置在更下层一些。卢浮宫的绘画陈列中也遵循了这样的原则，在《卢浮宫大画廊》中，画面右侧大理石柱分隔开的左侧单元中，黑帽男子向红围巾女子介绍的底层画作依稀可以辨认出是风景或静物绘画，在下数第二层的一件横幅风景绘画之上是肖像绘画，可推测最上面的可能是如费利比安所言的大幅历史画和神话寓意画（图 2-5）。

144　Jean Cailleux and Marianne Roland Mihel, "From the 'Museum' to the Musée du Louvre: Schemes and Transformations in Connexion with Two Paintings by Hubert Robert", *The Burlington Magazine*, Vol. 105, No. 720 (1963): ii.

145　李军：《可视的艺术史：从教堂到博物馆》，北京：北京大学出版社，2016，第 4~8 页。

146　André Félibien des Avaux, "The preface to Conférence de l'Académie Royale de Peinture et de Sculpture (1669)", *The Printed Sources of Western Art*, Vol.8, T. Besterman (ed.), Linda Walsh (trans.), Ljubljana: Collegium Graphicum, 1972, unpaginated.

图 2-5
于贝尔·罗贝尔,《卢浮宫
大画廊》, 约 1801—1805 年,
卢浮宫收藏

二、艺术史正典陈列模式的形成和推广

借助艺术史,卢浮宫在 19 世纪初开始了自己的陈列模式的塑造,
美国美术史学家卡罗尔·邓肯(Carol Duncan)对这一艺术史陈列模
式总结为:在卢浮宫里,艺术起源于古希腊,然后涉及古典时代和古罗
马帝国,随后到文艺复兴[147]。将它再稍微完善一些,那就是:以古希腊、
文艺复兴的古典艺术为起源和典范,在之后得到历时性发展,由杰出艺
术家代表的画派在展示不同风格的过程中不断地对古典进行模仿,直至
意大利文艺复兴达到高潮并创造出一个新的典范。

这一模式随后被欧美许多艺术博物馆完全或局部效仿。英国国家美
术馆(The National Gallery, London)在 19 世纪创办之际对这一模式

---

[147] Carol Duncan, *Civilizing Rituals: Inside Public Art Museums*, London: Rout-
ledge, 1995, p.40.

进行了讨论和部分学习。在提交给国家议会的建议中，英国雕塑家理查德·韦斯特马科特爵士（Sir Richard Westmacott）鼓励要像卢浮宫那样将雕塑和绘画都包含进来 [148]；英国收藏家詹姆斯·丹尼斯通（James Dennistoun）认为对绘画的收藏应该以文艺复兴时期的作品为核心，并以大师杰作为主 [149]；英国艺术评论家约翰·拉斯金（John Ruskin）提出了要给透纳（Joseph Mallord William Turner）、提香（Tiziano Vecelli）这样的大师以单独的房间进行特殊展示，他和丹尼斯通也都认可画派展示具有必要性 [150]。1853 年，当时的馆长洛克·伊斯特莱克（Charles Lock Eastlake）提交了一份理想的收藏展示计划："根据传记和谱系展开，以各时期的关键艺术家和其影响的不同画派的作品来展示以绘画为主的艺术史。"在这份计划书中的第一栏是按照时间列举的著名画派，包括佛罗伦萨画派、威尼斯画派等，以及画派的代表艺术家和师生关系，它强调作者而不是社会背景，强调艺术是以时期和流派历时发展，体现了构建艺术史的希望。在英国艺术家朱塞佩·加布里埃利（Giuseppe Gabrielli）对 1886 年的国家美术馆 32 展厅一角的描绘中（*Room 32 in the National Gallery, London*，图 2-6）可以看出与卢浮宫相似的以画派为依据的分类方法，以及以内容排列同画派作品上下对应的方式。并且，为了这部艺术史的全面性，一些早期的、被认为水平略低的作品也包含了进来，用来作为与杰作的对比 [151]。美国艺术博物馆的榜样大都会艺术博物馆（Metropolitan Museum of Art）的陈列布局是对卢浮宫较为全面的学习：从不朽的入口进入大厅，首先就通向左右两侧的古典艺术（古希腊、古埃及），或是楼上的文艺复兴艺术（图 2-7），一些展厅的名字也保留了卢浮宫大师展厅的做法。邓肯对这个模式评价道，西方艺术的伟大时刻被程序化地强调为现在的遗产 [152]。"程序化"

[148] "Report of the Parliamentary Select Committee on the National Gallery, Evidence of Sir Richard Westmacott (1853)", *Education-Fine Art*, Vol. 4, Shannon: Irish University Press Reprint, 1970, pp.634-639.

[149] "Report of the Parliamentary Select Committee on the National Gallery, Evidence of J. Dennistoun (1853)", *Education-Fine Art*, Vol. 4, Shannon: Irish University Press Reprint, 1970, pp.403-411.

[150] "Parliamentary National Gallery Site Commission, Evidence of J. Ruskin (1857)", *Education, Fine Art*, Vol. 3, Shannon: Irish University Press Reprint, 1970, pp.93-97.

[151] Simon J. Knell, Suzanne Macleod and Sheila Watson (eds.), *Museum Revolu-tions: How Museums Change and are Changed*, London: Routledge, 2007, pp.50-51.

[152] Carol Duncan, "Art museums and the Ritual of Citizenship", *Exhibiting Cultures: The Poetics and Politics of Museum Display*, Ivan Karp and Steven D. Lavine (eds.), Washington: Smithsonian Books, 1991, p.99.

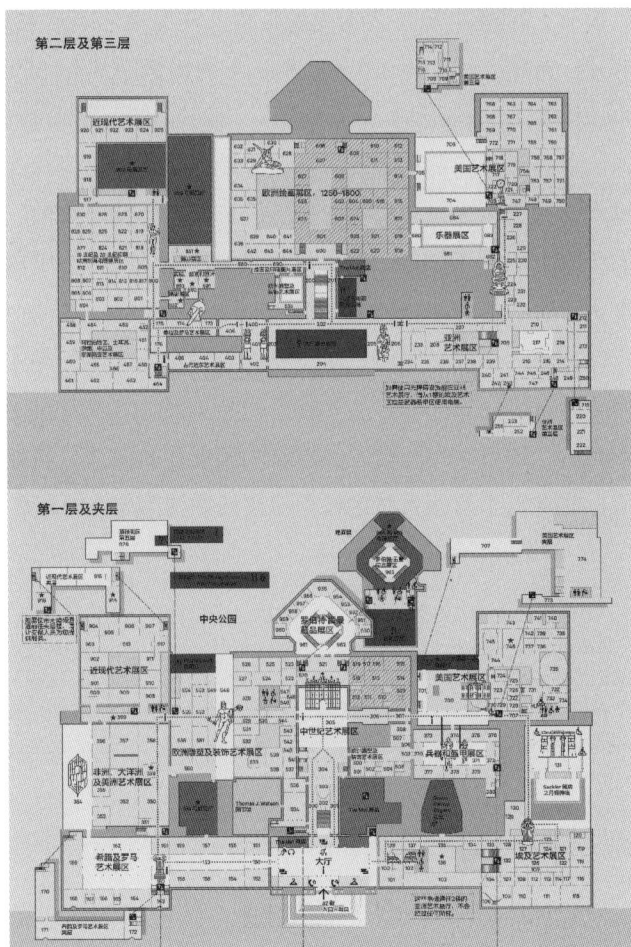

◀ 图 2-7
纽约大都会艺术博物馆平
面图

（programmatically）的说法也反映了这一模式在传播和接受程度上的广泛性。

以古典为基础的艺术史陈列模式直到 20 世纪早期依然是主导力量，英国艺术史学家史蒂夫·爱德华兹（Steve Edwards）曾提出，这与模式对其所依据的艺术史正典（art history canon[153]）的双向强化有关。在他看来，通过艺术博物馆的展示、出版和教育，二者的价值观都被进一步地巩固[154]。可以说这是一个相对封闭的循环：早期的艺术史提出了理论和重点艺术家及代表作品，早期的艺术博物馆基于此策划了陈列，以这样的视知觉模式培养出的第一代观众获得被塑造了的艺术理解，他们中的一些人参与到下一阶段的艺术史研究，他们在某些程度上基于现有展出作品进行深入和扩展，再呼唤艺术博物馆对此作出回应，譬如前文提到卢浮宫后来陆续增加了埃及、西班牙、工艺美术展厅作为扩充，然后循环往复。即便到了聚焦现代艺术的艺术博物馆也是如此，美国纽约现代艺术博物馆（The Museum of Modern Art）遵循了一条以线性时间线索为主导的流派风格展示方法，古典在这里从膜拜对象变为反抗的靶子，却依然隐藏在艺术风格阐明的立场之中。换言之，仍然没有跳出模式。艺术博物馆中最值得看的作品往往是艺术史通史中的彩色配图和黑白配图，而没有图片或者连名字都没有的作品则可能在次级位置甚至不在陈列中，大部分参观者都承认这一模式对他们理解艺术有影响。虽然在 20 世纪 60 年代以后，对这一由艺术史正典主导的陈列模式的批判愈演愈烈（本书第三、四章的论述中将会对此展开详细论述），但值得注意的是，时至当下，这些批判观点虽各有进步，却仍未能拿出一套使人信服的完全替代该模式的新方式。可以预见的是，无论是陈列模式还是其所依据的艺术史正典都将在未来持续一段时间，即便是仅仅作为被

153 canon 的说法在西方艺术史学界非常普遍，从批判 canon 的文章直接在标题中言明其可见一斑。譬如女权主义学者格里尔达·波洛克（Griselda Pollock）的文章 Differecing, Feminism and the Canon。该词最早在文学评论中被使用。它可以理解成正典、典范、正史、法则，指正统主流的艺术史观点和研究重点。正如 canon 这个词从来源上就与古希腊和早期基督教的讨论相关，艺术史的 canon 指的也是与以艺术史陈列模式一样，以古典作为核心建立起来的正典。
2016 年，在江苏凤凰美术出版社出版的波洛克另一部女权主义著作（Differencing the Canon: Feminist Desire and the Writing of Art's Histories）的翻译中，译者使用了"正典"的译法。本书也将沿用该译法。（［英］格

里塞尔达·波洛克：《分殊正典：女性主义欲望与艺术史书写》，胡桥、金影村译，南京：江苏凤凰美术出版社，2016）

154 Steve Edwards (ed.), Art and Its Historys: A Reader, Yale: Yale University Press, 1999, p.4.

批判对象而存在的意义。而对这些批判的包容和促成的新辩论反倒提示人们关注到艺术史陈列模式存在自我反思的进步性。

第二节　陈列模式的隐形支撑：意识形态

一、意识形态的文化象征

陈列模式能够作为一种模式在艺术博物馆漫长的发展过程中屹立不倒和广泛传播，除了与艺术史正典的共生使它在艺术世界具有权威性之外，另一隐形因素也不容忽视：在艺术史的显性表象下其实隐藏着陈列对意识形态的服从，以艺术史的正确身份成为意识形态的文化象征，甚至为不合法的展示提供合法化的辩护，使得它能够在超越艺术史的历史中不断被意识形态选为合法代言人。

第一座公立艺术博物馆卢浮宫建立的主要目的不仅仅是要展示封建王朝的财产，更重要的是成为法国大革命后新的国家政权和国家秩序的文化象征。这些其实在前文中已有暗示，艺术史被选为提供一种"符合新的国家标准"的"新叙事"，陈列中对法国艺术的赞颂暗示法国最终成为艺术典范的新一任继承者。在前文提及的画作《拿破仑一世和玛丽·路易丝穿过卢浮宫举行婚礼》证实了这一理想：按照行走路线，在文艺复兴之后，是法国画家厄斯特什·勒·叙厄尔（Eustache Le Sueur）的《圣热尔韦和圣波蝶》（*Saint Gervais et Saint Protais*）和普桑（Poussin）作品构成的法国艺术篇章，而画中的拿破仑正经过这些法国杰作（图2-8）。再回到卢浮宫的建立之时，路易十四（Louis XIV）在17世纪建造的阿波罗展厅（Galerie d'Apollon）的入口门楣上，重新

图 2-8 ▶
《拿破仑一世和玛丽·路易
丝穿过卢浮宫举行婚礼》，
卢浮宫收藏

刻上了法国大革命关于卢浮宫作为国家的艺术博物馆和以开馆日（1793
年 8 月 10 日）纪念暴政结束的法令（图 2-9）[155]，这明确地表达了卢
浮宫的政治身份诉求：它是新集体的汇集之地，法国人民在此可以获得
对国家、民族的认同感；它还是关于国家和新历史的缔造之地，曾经代
表贵族趣味的作品将被重新编写为人类对美的探求的历史。18 世纪中
叶，当再一次推翻封建专制复辟（奥尔良王朝）而恢复法国国家政权后，
米勒（Charles-Louis Müller）被邀请于 19 世纪 50 年代末、60 年代初
在卢浮宫拿破仑会议厅（Napoleonic Parliament）天花板上绘制主题为
"法兰西帝国保护艺术、工业、科学和宗教"（*Imperial France Protecting the
Arts, Industry, the Sciences, and Religion*）的画作（图 2-10）[156]。法国哲学家
雅克·朗西埃（Jacques Rancière）认为，正是卢浮宫的开放，使艺术
成为一个新共同体的集体感性汇聚的场域，艺术从此与政治并列，成为
人民的事业[157]。

　　卢浮宫在塑造民族身份认同和国家文化象征上的成功，让人们很
快认识到艺术博物馆在这方面蕴含的巨大政治潜力。相较于卢浮宫的艺
术史陈列模式，其实对它政治功能的接受和引用要更为持久和广泛，这
种影响首先表现在各国艺术博物馆初创阶段的陈列中。英国国家美术
馆的建立与新兴资产阶级试图创造一个国家公共空间息息相关：1838
年，美术馆搬至伦敦特拉法加广场（Trafalgar Square），虽然那里是市
中心，但同时也是当时伦敦最为肮脏混乱之地，迁址的主要目的是为了
让在此的工人阶级能够在美术馆获得愉快的体验。时任伦敦高等法院法

155　在这一期间，国民议会也随之进入了卢浮宫。参见 [法] 雅克·朗格：
　　《新卢浮宫之战：卢浮宫浴火重生记》，董强译，北京：中央编译出
　　版社，2014，第 13 页。

156　Andrew Cusack, "Evolution of a Napoleonic Parliament", from his website,
　　2014.3.4.
　　该天顶画于 1866 年完成，其八个人物分别象征与当时国家品质相一
　　致的关键词：发明、纯真、幻想、灵感、思想、品味、学习、观察
　　（Invention, Naivety, Fantasy, Inspiration, Thought, Taste, Study, Observa-
　　tion）。参见卢浮宫官网介绍：http://cartelfr.louvre.fr/cartelfr/visite?s-
　　rv=car_not_frame&idNotice=16337.

157　陆兴华：《艺术展示导论》，北京：商务印书馆，2019，第 134 页。

图 2-9
阿波罗展厅的门楣文字

LE MUSÉE DU LOUVRE
FONDÉ LE 16 SEPTEMBRE 1792
PAR DÉCRET DE L'ASSEMBLÉE LÉGISLATIVE
A ÉTÉ OUVERT LE 10 AOUT 1793
EN EXÉCUTION D'UN DÉCRET RENDU PAR LA CONVENTION NATIONALE

GALERIE D'APOLLON

图 2-10 ▶
19 世纪的拿破仑会议厅

官的科尔里奇（John Taylor Coleridge）为此辩护道，作品的存在不仅仅是为了收藏，而是为了给观众崇高的享受[158]，也就是藏品首先需要为国家利益而存在，然后再去考虑它们是否因囿于展示环境而做出了一定牺牲。在社会主义制度建立之后，苏联的博物馆也对自己的使命进行了更改，"博物馆是文化艺术纪念物的主要贮藏库，保护他们以及那些人们为自己而斗争的纪念物是博物馆的任务"[159]，苏联鼓励人民通过藏品去认识过去的文化遗产和社会主义社会的文化珍品，甚至他们也将一些政治愿景投射到陈列中，希望陈列"可以解决一些建设共产主义的问题"[160]。所以早期的苏联陈列中呈现出对代表资产阶级唯心主义的纯粹美学的摒弃，换而强调个人的主观能动性在历史和艺术发展过程中的作用，相较于技法和风格等一些形而上的美学价值，绘画作品更受到关注的是它们作为历史再现和表现人民抗争的政治价值。

这种影响在当下也比比皆是。惠特尼美国艺术博物馆（Whitney

[158] James Cuno (ed.), *Whose Muse?: Art Museums and the Public Trust*, Princeton: Princeton University Press, 2004, p.42.

[159] [苏] 苏联博物馆学科学研究所编：《苏联博物馆学基础》，博物馆科学工作研究所筹备处编译，北京：文物出版社，1957，第 5 页。

[160] [苏] 苏联博物馆学科学研究所编：《苏联博物馆学基础》，博物馆科学工作研究所筹备处编译，北京：文物出版社，1957，第 11 页。

图 2-11
"我们在哪里"展厅

图 2-12
贾斯培·琼斯，《三面旗帜》（*Three Flags*），1958 年，惠特尼美国艺术博物馆收藏

Museum of American Art）在 2017—2019 年针对藏品策划了陈列"我们在哪里"（*Where We are: Selections from the Whitney's Collection, 1900–1960*，图 2-11）[161]。这个陈列围绕 20 世纪前六十年的作品，针对历史发展的不同阶段，以每个阶段的时代特点作为切入点，强调美国艺术家为他们的生活愿景所做出的努力。

第一单元"无人独自存在"（No One Exists Alone）针对早期移民问题；第二单元"家具"（The Furniture）引导人民重温和反思家庭生活的表象与真相；第三单元"集体人民的力量"（The Strength of Collective Man）是对二战后工人阶级为美国摆脱经济萧条状况而做出的努力的回应；第四单元"愉悦的梦境"（In a Euphoric Dream）表现了艺术家如何利用美国文化象征符号来研究美国的历史与当下；第五单元"爱欲与尘埃"（Of Eros and Dust）保留了艺术家在以上种种时刻中对艺术世界的神秘性的探索。当下，美国的许多艺术博物馆虽然有享誉世界的杰作收藏，这些杰作也在世界艺术史正典中占据重要的位置，而这个陈列着眼于"美国和世界"之外，它聚焦"美国和美国人民的关系"，

---

[161] 关于该陈列的资料来源于笔者实地考察和该馆官方网站：
https://whitney.org/Exhibitions/WhereWeAre#exhibition-artworks.

从单元名字涉及的关键词"家庭、社区、工作、家园、精神、国家"可以看出陈列的愿景：乐观地引导今天的美国人民对过去产生一种理解和认同。因此在陈列中可以看到彰显工人阶级力量的作品，如约翰·斯图尔特·柯里（John Steuart Curry）的《牲畜人》（*The Stockman*）；表现种族平等的作品，如伊丽莎白·卡特莱（Elizabeth Catlett）的《我的权利是与其他美国人平等的未来》（*My Right is a Future of Equality with other Americans*）；更不用提一定会展示的表现美国信仰的作品——各种美国的象征符号在陈列中频繁出现，包括贾斯培·琼斯（Jasper Johns）的"旗帜系列"（图2-12）以及丹尼尔·切斯特·法兰奇（Daniel Chester French）的"林肯像"（*Standing Lincoln*），还有对华盛顿家庭的超现实描绘[小赫尔曼·特伦克（Herman Trunk Jr.）的《芒特弗农》（*Mount Vernon*）]。事实上，经历了20世纪上半叶的战争与和平、经济崩溃与经济复苏以及不同的社会思潮涌现，美国艺术在应对激烈的社会现实时所采用的回应方式是复杂和深刻的，一些艺术家作品中的含义被一定程度的浅化，琼斯的作品元素虽然是美国国旗，但他的创作初衷是挑战陈规的表现形式，寻找真实物品的另一层含义。陈列中虽然也有对流浪人口和LGBTQ群体话题的关照，但这种关照反倒可能是为了更进一步展示美国的包容性。这样的陈列在美学追求的表面下传递了隐藏的政治目的，被挑选的艺术作品在一定程度上剥离了部分属性，成为展示政治诉求的工具。而正是因为它们包裹了艺术史、美学的外衣，使得它们在视觉上首先引起观看者的兴趣，并同时潜移默化地将陈列的价值观进行传递。美国评论家斯蒂芬·格林布拉特（Stephen Greenblatt）指出了这种可能性，"展示会把观众从对单独作品的理解中拉出来，转而让他们去思考隐含的话题，譬如在什么样的文化背景中他们得以成为可

[162] 这两件作品记录了拿破仑时期通过战争掠夺和破坏其他国家艺术的事件。卢浮宫于 2019 年以优先购买权在图卢兹拍卖会 (Toulouse auction) 上购得了这批展示东普鲁士战役期间拿破仑对艺术作品的掠夺和侵占的素描、钢笔画。Anne Crane, "Louvre buys sketches showing Napoleon's seizure of art during Prussian", *Antiques Trade Gazette* (2019.10.8)

能"[163]。这一定程度上默认了陈列所蕴含传递意识形态的绝佳能力。

二、为意识形态合法性辩护

在作为意识形态的文化象征、民族身份的塑造者的功能之外，陈列模式还具备为意识形态的谬误和不公正部分进行辩护的能力，它为意识形态进行美化的同时，也为自己存在的合法性获取有利的支持。

这种情况在卢浮宫就开始发生，卢浮宫中的许多艺术杰作是战争的掠夺物（图 2-13、2-14），包括拉斐尔的《基督变容图》、古希腊雕塑《拉奥孔》、柯勒乔（Correggio）的《圣母子与圣杰罗姆》（*Madonna and Child with Sts Jerome and Mary Magdalen*）等[164]。对这些作品的收藏和展示从一开始就存在争议，它们既不能代表法国艺术发展的成就，又可能被视作战争或殖民的不利证据。艺术博物馆需要对此建立一个新的阐释方式来走出这个困境。1793 年，法国格里高利修道院院长阿贝·格雷瓜尔（Abbé Grégoire）在给国民公会的报告中认为："代表自由的法国才是希腊杰作的最后故乡，它们不应该在美化奴隶的国度（意大利）。"[165]1803 年，法国司法部长在给拿破仑的信中认为"对天才作品的重新利用和在自由之地的保存会提升理性的发展和人民的幸福"[166]。卢浮宫以这种解释首先阐明这一行为对法国人民教育的重要意义，为自己争取了本国人民的支持；进而它宣称艺术博物馆在属于国家的同时也是属于全人类的，艺术作品从国家财产升华成人类文明的结晶；最终它表示自己作为现阶段人类文明共同体中更进步和更自由的国家，本着为人类进步发展的目标，主动承担起保护过去的系列工作。这些美化的解释其实一眼可看穿它们实则是在规避掠夺的指责，但许多作品至今没有归还所属国以及这几百年间人们的默许，可以看作是卢浮宫对从本国人

163 Ivan Karp and Steven D. Lavine (eds.), *Exhibiting Cultures: The Poetics and Politics of Museum Display*, Washington: Smithsonian Books, 1991, p.45.

164 [美] 爱德华·P. 亚历山大、玛丽·亚历山大：《博物馆变迁：博物馆历史与功能读本》，陈双双译，南京：译林出版社，2014，第 35 页。

165 这句话的原文是 "mais les chefs-d'œuvre des républiques grecques doivent-ils décorer le pays des esclaves ? La République française devrait être leur dernier domicile"，参见：Abbé Grégoire, *Rapport sur les destructions opérés par le Vandalisme, et sur les moyens de le réprimer*, Paris: De l'Imprimerie nationale, 1794, pp.27-29.

166 Hooper Greenhill, *Museums and Shaping of Knowledge*, London and New York: Routledge, 1992, p.174.

民到全人类的道德"规训"[167] 的成功：作为法国人民，他首先为国家
的卓越收藏而自豪，继而被国家宣称所做一切皆是为了人民的教育而感
召[168]；作为世界人民，他首先为本国杰作的失去而愤怒，但在人类杰
作的道德规劝下，他又不知所措地为杰作能够进入艺术史正典被全世界
传播而感到莫名其妙的自豪。也许是在这个原因的促使下，人们自然而
然地接受了这个"谎言"，在不戳穿的过程中，也默认成为谎言的支持
者。并且随着这样的处理方式不断被其他艺术博物馆借鉴，而吸纳进了
越来越多的捍卫者。在讨论英国国家美术馆的藏品来源时，英国政治家
奥弗斯通勋爵（Samuel Jones Loyd, Lord Overstone）在 1853 年提交给
国会的文件中就明确道，"要通过杰作的展示提高英国公众的审美趣味，
而为了这一目的，有必要处理所有的（各种来源的）人类杰作"[169]。

这一情况发展到现今，虽然普遍意义的人类遗产的概念已经被较为
广泛地接受，但在面临一些涉及意识形态正确性的相关问题时，艺术博
物馆还要时不时行使它"合法化"的功能。1977 年，伊朗皇后法拉赫·

---

167 这里是一种比喻。

168 1815 年，随着拿破仑战败，法国归还了部分掠夺作品，卢浮宫的《拉
奥孔》《圣母子与圣杰罗姆》等作品也被归还了，而法国人民对他
们离开世界艺术之都的悲剧表示惋惜。这一说法参见《博物馆变迁：
博物馆历史与功能读本》，第 36 页。

169 "Report of the Parliamentary Select Committee on the National Gallery,
Evidence of The Right Hon. Lord Overstone. (1853)", *Education, Fine
Art*, Vol.4, Shannon: Irish University Press Reprint, 1970, pp.367-368.

巴拉维（Farah Pahlavi）基于购买的大量西方艺术作品创办了德黑兰当代艺术博物馆（Tehran Museum of Contemporary Art，图 2-15），这一行为受到了来自伊朗国内外的抨击。法国《世界报》（Le Monde）的评论家安德烈·费米吉耶（Andre Fermigier）对该馆枉顾国内严酷的社会环境而向西方文化致意的行为进行了批评[170]；馆内首席策展人罗伯特·霍布斯（Robert Hobbs）也指责这是伊朗皇室进行政治宣传的又一个工具[171]。而艺术博物馆的创办者和管理者回避了这些问题以及一些更为尖锐的声讨，包括伊朗如何展示与本国宗教文化有冲突的西方现代艺术作品（图 2-16），战火中的伊朗是否有能力保证这些作品的储存安全和不被售卖等。他们进而向那些成功的艺术博物馆学习，用共命运的人类文明来作为回应——帕拉维皇后认为伊朗人民有欣赏现代艺术的权力和能力，该馆馆长哈比布拉·萨德吉（Habibollah Sadeghi）也认为伊朗当代艺术博物馆是在为全人类保存这些作品[172]。当作品在艺术博物馆展出受到争议时，艺术博物馆和它的陈列往往成为意识形态主体维护自身合法性的工具，它从一个更为宏大的角度，为作品剥离原有语境，并形成一套新的阐释系统。或者说，艺术博物馆从根本上来说就是意识形态的执行机构之一，它可以使文化被神圣化[173]。

第三节　空间权力与陈列模式

一、与空间共构的权力与仪式

在陈列中，对藏品排列的方法毋庸置疑是排在首位的问题，人们也一度认为自己是被艺术杰作和陈列讲述的（带有意识形态导向的）艺

170 Roxana Azimi, "Seeing Warhol in Tehran? The Saga of Iran's Modern Art Museum", *Worldcrunch* (2017.3.20).

171 Robert Hobbs, "Museum Under Siege", *Art in America*, No.10 (1981).

172 Robert Tait, "The Art No One Sees: A Basement That Symbolises Cultural Isolation", *The Guardian* (2007.10.29).

173 Pierre Bourdieu and Alain Darbel eith Dominique Schnapper, *The Love of Art: European Art Museums and their Public*, Caroline Beattie and Nick Merriman (trans.), Cambridge: Polity Press, 1991, p.69.

术史故事所吸引。卡罗尔·邓肯和美国艺术史家艾伦·沃勒克（Alan Wallach）在 20 世纪 80 年代的著作《普遍性博物馆》（*The Universal Survey Museum*）中，通过对卢浮宫、英国国家美术馆和大都会艺术博物馆等艺术博物馆的建筑空间和艺术史陈列布局进行综合分析，破除了这一迷信，他们提出建筑空间与艺术史陈列"共同"塑造了艺术博物馆的"仪式"，使意识形态的理念在其中得以体现和被实现[174]。艺术博物馆的建筑对古代仪式空间的模仿是一个鲜明的例证，大量艺术博物馆选择了古典时期的神庙形制作为建筑外立面 [苏格兰国家美术馆（National Galleries of Scotland）、慕尼黑雕塑艺术博物馆（Glyptothek Munich）等]，事实上，这一选择也可以与艺术史陈列模式中对古典核心位置的定位联系起来，艺术博物馆的建筑主体暗示了它从建筑上复兴古典的理想，在这一层面上，和藏品一样亘久存在的建筑和其所营造的空间也成为陈列的一部分。

早期的部分艺术博物馆建筑根据藏品的原有位置改造而来，在收编了现在属于人民的财产的同时，它也将建筑空间一并收编了，像卢浮宫继承了这些藏品曾经的主人路易十四的巴洛克风格的宫殿。这决定了参观者对艺术博物馆的最初印象——它是艺术作品的汇集之地，也是一座宫殿或是其他曾经具有权威或神圣性的空间，这也一定程度上满足了人们渴望将陈列古典时期作品的艺术博物馆与更为古典时期的缪斯神殿建立承袭关系的愿望，西语世界的博物馆"museum"的词源是希腊文中的"mouseion"，该词正是缪斯神殿的意指。英国艺术史学家米夏拉·吉贝尔豪森（Michaela Giebelhausen）在《建筑即博物馆——象征结构，城市文脉》（*The Architecture of the Museum - Symbolic Structures, Urban Contexts*）一文中，将这一时期的博物馆建筑模式总结为"阿卡狄亚式"[175]

174 Carol Duncan and Alan Wallach, "The Universal Survey Museum", *Art History Vol. 3*, No.4, Dec. (1980): 451.

175 Michaela Giebelhause (ed.), *The Architecture of the Museum - Symbolic Structures, Urban Contexts*, Manchester: Manchester University Press, 2003, pp.2-6.

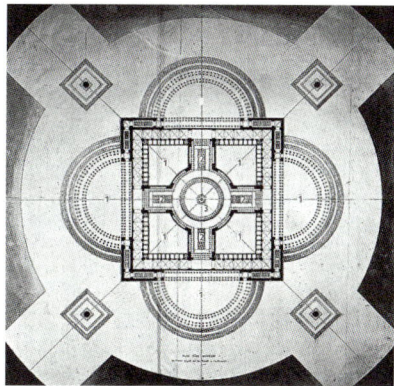

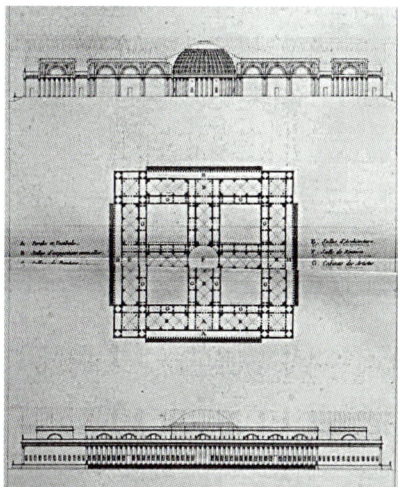

（Arcadian，古代诗歌中的古希腊地区的世外桃源），也就是通过对古典传统与文艺复兴的追溯，在现代城市中添加能够唤起人们对乌托邦想象和共鸣的历史化建筑。在 18 世纪关于理想的艺术博物馆建筑设计[176]规划中法国建筑师艾蒂安 - 路易 · 布雷（Étienne-Louis Boullée）于 1784 年提出了一个卓越方案（Projet pour le Muséum）：博物馆基于希腊十字架（Greek cross）形式向四方等长展开，中心为一个类似罗马万神殿的圆形大厅，四周为方形礼堂与半圆形大厅的组合环绕（图 2-17）。1805 年，在欧洲建筑学界有广泛影响[177]的《课程概要》（Précis des leçons）一书的插图中（图 2-18）[178]，建筑师杜兰德（Jean-Nicolas-

---

176 关于理想博物馆的设计计划是从法国巴黎皇家学院（Académie Royale in Paris, France）的比赛中演变而来，1779 年的第二次比赛明确要求设计目标为艺术博物馆（Muséum des Arts）。

177 Helmut Seling, "The Genesis of the Museum", *The Architectural Review*, No.141 (1967): 110.

178 Jean-Nicolas-Louis Durand, *Précis des leçons d'architecture données à l'École polytechnique*, Paris: Chez l'Auteur, 1805.

◄ 图 2-19
慕尼黑雕塑美术馆

◄ 图 2-20
慕尼黑古物博物馆

◄ 图 2-21
苏格兰国家美术馆

Louis Durand）对理想艺术博物馆的建筑和内部空间的构想延续了前辈对希腊十字架形式的设计理念，"四臂长度相等的十字架被环形展廊包围，十字架的中心为圆形的带有穹顶的空间，整体形成了内向性的连续空间。平面的中央部分在一定程度体现了对希腊十字式教堂平面形制的延续。而在空间形态和建筑语汇上，则兼容了希腊的梁柱式和罗马的拱券式两种形式：建筑的外立面和纵横展廊相交的墙壁门洞采用了希腊的梁柱式形式，结合拱券式的展廊和中央穹窿式大厅，形成了连续且富有节奏变化的仪式性空间"[179]。

在艺术博物馆对古典风格的崇尚风气下，一些新建成的艺术博物馆或多或少参考了这些构想。1830 年开放的德国慕尼黑雕塑美术馆（Glyptothek，图 2-19），正立面的人字形门廊和爱奥尼柱（Ionic）是古希腊神庙的一个缩影，馆内空间风格为古罗马拱券式，其对面的慕尼黑古物博物馆（Staatliche Antikensammlungen，图 2-20）采用了柯林斯柱式（Corinthian）的新古典主义风格。稍晚一些的苏格兰国家美术馆（Scottish National Gallery，1850 年开放，图 2-21）在正立面采用了神庙和柱廊式的组合，其外观效仿了帕特农神庙（Parthenon Temple）使用的矩形。维也纳艺术史博物馆（1891 年开放）的中心拥有一个直径 60 米的圆形穹窿大厅（图 2-22）……这些新建筑让人联想到阿什莫林博物馆在接收伊莱亚斯·阿什莫尔的收藏后为其修建了一座宏伟的新建筑时的愿景："有这样一个建筑才能更加容易、更加成功地促进和继续开展一些非常有用且有意义的学科。"[180]

在陈列建构起模式并被世界范围内效仿的过程中，艺术博物馆的建筑和陈列模式在语汇上形成的统一也被一并推广。他们都表现了对古代作为核心的正典的遵循，新建造的古典风格建筑同时又与陈列中文艺复

179 这段对杜兰德插图中理想艺术博物馆的描述，转引自刘二爽：《公共性观念下西方美术馆空间形态演变研究》，《南方建筑》2018 年第 6 期，第 119 页。

180 [美] 休·吉诺韦斯、玛丽·安妮·安德列编：《博物馆起源：早期博物馆史和博物馆理念读本》，路旦俊译，南京：译林出版社，2014，第 8 页。

图 2-22
罗伯特·拉施卡（Robert Raschka），《1891 年维也纳艺术史博物馆开馆》（*The Opening of the Court Museum of Art History by Emperor Franz Joseph I on 17 October 1891*），1893 年，维也纳艺术史博物馆收藏

兴时期辉煌的艺术实践产生了从二维到三维的呼应，这些建筑指涉自己是另一种意义上的文艺复兴。并且因由这种一致性，建筑和它营造的空间也同样表现了对艺术博物馆背后的意识形态的服从和维护。艺术作品通过视觉指引参观者发现古典与美的意义，而建筑空间通过着眼于参观过程中对全部感官的指引来强化这一意义，共同完成艺术博物馆知识的生产，并以此增强参观者在此获得一种接受知识和艺术洗礼的仪式感。

可以用一种参观陈列的对比感受来理解建筑空间在其中的作用。在德国有两座同样展示古代艺术大师杰作的艺术博物馆——德累斯顿的历代大师美术馆（Gemäldegalerie Alte Meister）和柏林绘画美术馆（Gemäldegalerie），前者位于古典建筑风格的茨温格宫（Der Dresdner Zwinger）中，后者位于战后新建的现代风格的文化广场（Kulturforum）建筑群中。同样观看拉斐尔的作品，在德累斯顿的参观路线是：走入茨温格宫前的广场，穿过柱廊，推开大门，然后在阶梯尽头进入展厅后，接受视觉正中《西斯廷圣母》（Sistine Madonna）的照耀（图 2-23、2-24）；在柏林的参观路线是，走进与隔壁的装饰艺术博物馆（Kunstgewerbe Museum）共用的入口，进入一个伊斯兰风格的圆形大厅，在近五十个方盒子展厅的尾声观看到拉斐尔的圣母题材绘画（图 2-25、2-26）。面临同样的杰作和同样的艺术史陈列法则，参观者所获得的体验却无疑存在较大的差异[181]，这种差异的产生可看作是空间错位的结果，虽然并不存在哪一种参观体验更好的论断，但是这种差异可以解释建筑空间在其中发挥了怎样的作用。

艺术博物馆和其他机构一样，因为持有文化规训的权力而被认为是一种权力机构，在陈列中可以辨认出艺术史正典的权威和它所维护的意识形态的政治诉求。而空间是这个权力生成的重要步骤，它一方面为参

---

181 以上的参观经验基于笔者 2019 年的实地考察经验。

◀ 图 2-23
茨温格宫外景

◀ 图 2-24
茨温格宫的历代大师美术馆，推开大门后在视线中心的《西斯廷圣母》

◀ 图 2-25
文化广场建筑群外景

图 2-26 ▶
该馆安排的参观路线为
右下灰色箭头开始，绕馆
一圈，到达灰圈所标的
意大利绘画厅
（第 29 和 XVII 展厅）

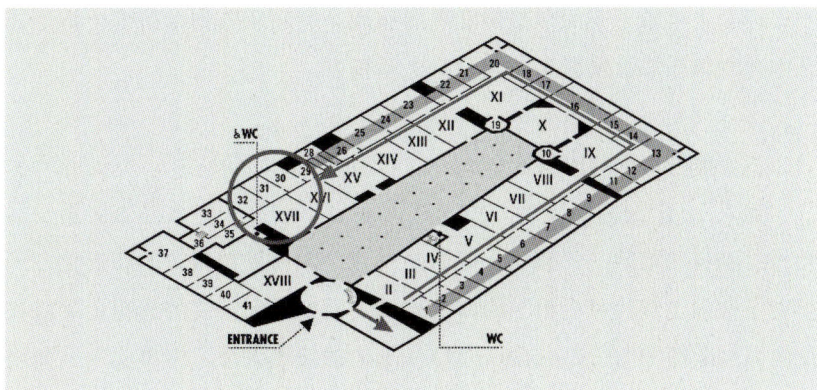

观艺术博物馆精心设计了膜拜的路线和场景，另一方面它加强了陈列及作品在美的基本价值之上的精神属性，帮助参观者在此将个体的精神空间与艺术博物馆的空间话语对接，接受博物馆知识的同时也接受了这个新的权力工具赋予他们对艺术和文化的超越宗教的新的信仰。陈列与空间保持统一的话，将维持这种权力输出的稳定。卢浮宫等从古典建筑中走来的艺术博物馆是代表，20 世纪 90 年代卢浮宫的馆长米歇尔·拉克洛特（Michel Laclotte）认为卢浮宫和维也纳艺术史博物馆等馆的外部建筑和内部空间是这个稳定结构体系的重要组成部分[182]，从而使它们所代表的艺术秩序和文化象征被广泛地接受和推广。而一旦这种统一被打破就可能破坏这种稳定性。再回到上文的对比案例，后者的错位一定程度上消解了拉斐尔作品所代表的文艺复兴在艺术博物馆的中心位置，英国艺术史学家卡斯滕·舒伯特（Kasten Schubert）用疏离感[183]形容它造成的结果，这也引发了人们对柏林绘画美术馆和其背后的德国政府的质疑，他们质疑博物馆成了一个悲惨的政治工具，而人们在这里也不能获得预期的精神需求。总而言之，艺术博物馆作为知识和权力的权威，

---

[182] "The Orsay Project: Interview with Michel Laclotte", *Le Débat*, No.44. March-May (1987): 4-19.

[183] Karsten Schubert, *The Curator's Egg: The Evolution of the Museum Concept from the French Revolution to the Present Day*, London: Ridinghouse, 2009, p.107.

一定程度上来源于空间在其中发挥的作用，空间和陈列维持统一将生成艺术博物馆在知识规训和仪式塑造上的权力。

二、陈列与空间的错位与统一

进入 20 世纪后，陈列一度与空间发生了错位，要么是上文提及的柏林绘画美术馆的"失衡"，要么是现代艺术博物馆建筑的隐形化，还出现了被加上现代风格帽子的古典建筑，譬如卢浮宫前的透明金字塔和德国佩加蒙博物馆（Pergamon Museum）的玻璃大厅。但事实上，如果进一步探究博物馆的用意，这其实是模式中陈列与空间另一层意义上的统一，是应对博物馆革命和现代艺术的一种策略。

第二次世界大战后，世界范围内的文化环境和意识形态都发生了剧烈的变革，60 年代轰轰烈烈的博物馆革命也发生在这一背景下。在争取人民权益、反对主流文化的思潮下，曾在很长一段时间作为古典艺术价值输出者的艺术博物馆成为靶子并不稀奇，它代表了腐朽的、精英的文化坟墓甚至是政治机会主义的堡垒。相较于直接毁坏作为人类文明遗产的艺术作品容易走向新时代的汪达尔主义（Vandalism），博物馆革命者选择首先对维护这一价值观的艺术博物馆建筑和空间进行批判，将他们划归为陈旧的意识形态的象征物，英国考古学家莫蒂默·惠勒（Mortimer Wheeler）就认为欧洲的博物馆从外观到内部空间都显得破旧和邋遢[184]，20 世纪上半叶修建的华盛顿国家美术馆（Washington National Gallery of Art）的古典建筑样式被纽约现代艺术博物馆的建筑师菲利普·古德温（Philip Goodwin）批评为"昂贵的木乃伊"[185]。而艺术博物馆和它背后的意识形态也首先从建筑空间上对此做出回应，以表现自己弥补和改变的决心。1957 年，位于德国科隆、曾经是古典建

---

[184] Marjorie Caygill, *The Story of the British Museum*, London: British Museum Publications, 1981, p.56.

[185] Steven Mcleod Bedford, *John Russell Pope: Architect of Empire*, New York: Rizzoli, 1998, p.200.

筑风格的瓦尔拉夫 - 里夏茨艺术博物馆（Wallraf-Richartz Museum，图 2-27）在战后重建的过程中尝试了一种新的语汇——建筑师鲁道夫·施瓦茨（Rudolf Schwarz）和约瑟夫·贝尔纳德（Josef Bernard）选择了一种大块玻璃幕墙和混凝土组合的现代建筑风格[186]。玻璃幕墙象征了这座艺术博物馆是开放透明的场所，入口和大厅的明亮宽敞消解了参观的仪式感，朴素的混凝土材质表现了一种反装饰的意味，由此形成的朴实外观将艺术博物馆与一般建筑拉近了距离（图 2-28），这些都是瓦尔拉夫 - 里夏茨艺术博物馆表达自己去权威的努力。

与此同时，20 世纪的现代艺术发展和收藏也促使艺术博物馆和陈列迫切找到一种用于平衡的新手段。现代艺术虽然可以作为古典和准则的挑战者在另一层意义上被纳入扩展的艺术史正典中，譬如 20 世纪初位于太子宫（Kronprinzenpalais）的德国柏林国家美术馆（National Gallery），于 1919 年开始将宫殿的一部分开辟为现当代艺术的陈列区

186 这也是德国战后新建的第一座博物馆。参见王路：《德国当代博物馆建筑》，北京：清华大学出版社，2002，第 13 页。

图 2-27 ▶
1861 年的瓦尔拉夫 - 里夏茨艺术博物馆

◄ 图 2-28
1957 年瓦尔拉夫 - 里夏茨艺术
博物馆的新建筑[187]

◄ 图 2-29
纽约现代艺术博物馆举办的
纪念其创办人莉莉·布利斯
（Lillie P. Bliss）的藏品展览，
1931 年[188]

◄ 图 2-30
沙夫豪森当代艺术博物馆展示
博伊斯的装置《资本论》（*Das
Kapital*，1970-1977）[189]

（Galerie der Lebenden）[190]，以此作为国家美术馆建构的艺术史的现代部分。但从现代艺术运动的态度来看，反对过去的艺术倾向和艺术博物馆的陈列模式才是他们的首要任务。发端于意大利的艺术思潮"未来主义"（Futurism）宣言中的第十条就宣称要"摧毁包括博物馆在内的机会主义和功利主义的懦弱"[191]。还有一些艺术家直接在作品中表达了这一想法，比如美国艺术家埃德·鲁沙（Ed Ruscha）的作品《起火的洛杉矶博物馆》（*The Los Angeles County Museum on Fire*, 1965—1968）似乎宣泄了对代表坟墓的博物馆应走向毁灭的情绪。20世纪以后，雨后春笋般地出现了许多致力收藏现当代艺术的艺术博物馆，如纽约的现代艺术博物馆（1929年创办），瑞士的沙夫豪森当代艺术博物馆（Hallen für Neue Kunst Schaffhausen, 1965年创办），它们关注同时代的艺术家的创作理念和作品的多样性，并努力为契合这些作品的新特征寻找合适的陈列方式。

这些现代艺术博物馆像激进的博物馆批判者那样，首先尝试将艺术作品从古典建筑空间对它的展示的束缚与权威压制中解放出来。纽约现代艺术博物馆最初的馆址设立在城市中写字楼(赫克舍大厦)的一层——对现成建筑的选择可以看作是在回应现代艺术对现成品的态度。展厅采用了去空间话语权力的白立方样式，白色的墙面和灰色的地面以及均匀的现代照明将展示空间充分让位给陈列作品（图2-29）。空间的去特征化和中性化，可以看作是艺术博物馆空间权力的弱化。这样的方式很快被其他艺术博物馆借鉴，一些在原有建筑上不能做太大变化的博物馆也尝试学习白立方的样式，利用白色展墙分割展厅，营造出和谐的氛围和平等的体验。沙夫豪森当代艺术博物馆选择了另外一种现成品建筑，它从一个旧纺织厂改造而来（图2-30），内部空间没有分割出一系列小展

187 该建筑现在是德国实用艺术博物馆（Museum für Angewandte Kunst）。以上两张图片都来源于瓦尔拉夫-里夏茨艺术博物馆官网对历史的介绍：https://www.wallraf.museum/en/the-museum/history/.

188 图中圆点为官网标注。此处为亚瑟·戴维斯（Arthur B. Davies）的作品《意大利风景》（*Italian Landscape*,1925）。参见该馆官网介绍：https://www.moma.org/calendar/exhibitions/1707?locale=zh.

189 这件作品曾是沙夫豪森当代艺术博物馆的永久陈列之一，博伊斯为了在该馆展出还去掉了作品中毯子的一部分。2015年，随着该馆关闭，这件作品被德国收藏家埃利克·马克思（Erich Marx）购买，并长期借给柏林国家美术馆（Nationalgalerie Berlin）展出。参考："《Kapital》

von Joseph Beuys verlässt Schaffhausen", *news.ch* (2015.2.20).

190 现代艺术的部分在1937年结束。

191 Filippo Tommaso Marinetti, "Foundation and Manifesto of Futurism (1909)", *Marinetti. Selected Writings*, R. W. Flint (ed.), Arthur A. Coppotelli (trans.), London: Secker and Warburg, 1972, pp.41-43.

厅，在规划上相较于寻常展厅留出了更大的展示面积并营造了更明亮的展示环境，与时代并行的艺术家在没有分割的空间里重叠展示。现代艺术博物馆也因此宣称他们的空间是为艺术家服务，供艺术家在此对话。

尽管看起来是艺术博物馆对博物馆革命和现代艺术表达了尊重和妥协，以及新建造的空间不断去权威化也显示了这一努力。但事实上，现代展示空间仍然在追求与现代陈列形成一种新的统一，也就是对艺术博物馆核心价值观的维持仍然存在。从现代博物馆来看，陈列和空间的统一始终是对意识形态话语权最好的确立和维护。

小结与思考

本章讨论了艺术博物馆陈列建构起模式的过程，以及这一模式的基石，即"艺术史正典、意识形态、空间权力"，如何维持了它从建立伊始到今天的稳定性。首先可以看出陈列在形成自己方法论的第一步——建构一个具有相对普遍性的模式作为支撑。同时亦能看出珍奇屋时代的财富如何被艺术博物馆巧妙地变形和融合，显性的艺术史正典和隐性的意识形态辩护是珍奇屋建构世界知识体系的理念和科学分类方法的一种融合发展，二者都是为更好地服务艺术博物馆的话语权威。而艺术博物馆在处理珍奇屋空间的仪式和知识的双重属性时也像不同阶段的珍奇屋那样，有时仪式感更强一些，有时让知识性更突显，但始终保持着它作为社会发展中的一个权威文化空间的属性。

不过，值得注意的是，依托艺术史（或者说艺术史正典）而建立的陈列，其实是被选择后的有中心和等级的陈列。陈列模式继承和巩固了西方艺术史的西方中心、白人男性中心等观念，他们一致认可：一种流派可能优于另一个流派，一个地区艺术可能进步于另一个地区。这样的观点其实暗示了艺术史中的霸权倾向[192]，以及艺术博物馆陈列从最初就被根植的霸权和不甚公允的意识形态。说到底，艺术博物馆和它的陈列所认为的自己能够教育他人的想法，首先就把自己置于了精英主义的位置。在布尔迪厄看来，这让艺术博物馆背叛了它的真正功能——越是对陈列知识生产的强调，就越使它失去真正意义教育的可能性[193]。并且在为意识形态进行维护和辩护的过程中，艺术博物馆或多或少丧失了自主性，即便它可能从诞生之初就不拥有这种自主性。当它试图在陈列中建立起一个新的国家形象、为殖民和掠夺不断美化的同时，其实更大的可能是在掩盖私利[194]。艺术博物馆的陈列模式或许成了一种新的软性殖民，陆兴华就曾指出这是一种文化沙文主义的抬头[195]。

　　这些都预示了陈列在第一步模式"建构"之后，还需要不断地被批判和矫正。通过对各种境遇的处理和学科知识的容纳，进行方法论的第二步——"思辨"模式。下文将具体讨论陈列模式的三个基石所面临的问题以及陈列如何处理这些问题。

192　Maura Reilly, *Curatorial Activism: Towards an Ethics of Curating*, London:
　　Thames & Hudson, 2018, p.24.

193　Pierre Bourdieu, Alain Darbel and Dominique Schnapper, *The Love of Art:
　　European Art Museums and their Public*, Caroline Beattie and Nick Merriman
　　(trans.), Cambridge: Polity Press, 1991, pp.47-49.

194　David Batchelor, "Unpopular Culture", *Frieze*, Jan-Feb. (1995): 5.

195　陆兴华：《艺术展示导论》，北京：商务印书馆，2019，第 136 页。

第三章

对陈列模式中

艺术史正典的思辨：

从历史观转移

与结构主义入手

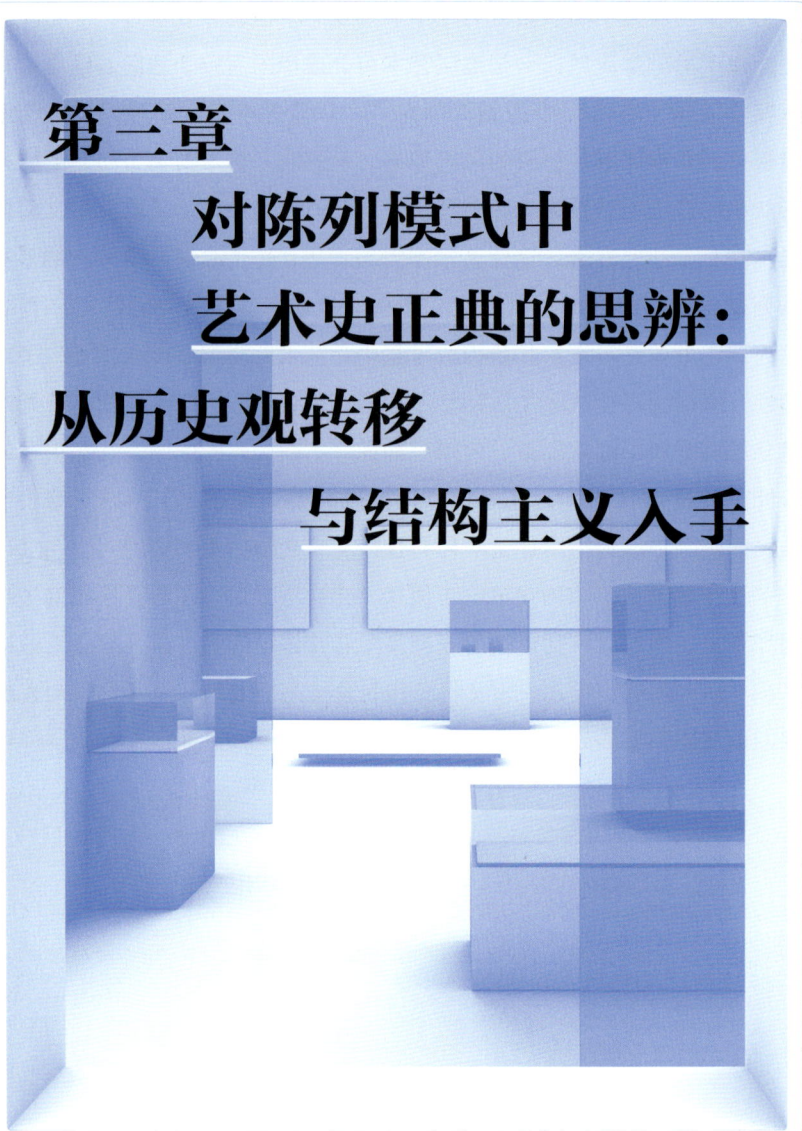

艺术史保护的艺术博物馆陈列模式在过去甚至可能在未来的一定阶段中都占据主导地位。从投入和产出比来看，一般艺术博物馆的陈列考虑到要维持长期的稳定性，往往会经过数年学术筹备并投入高昂的费用，这也在一定程度上促使他们长久地维护这一成果。但来自陈列内外的反思声音不绝于耳：国际博物馆学委员会批评过一些陈列不太适应变化，并在一定程度上落后于时代[196]；许多临时展览的大胆做法也给沉闷的陈列带来些许刺激，德国艺术史学家汉斯·贝尔廷（Hans Belting）就关注到自 20 世纪以来一些新的展示摆脱了艺术史的正典[197]；还有一些艺术博物馆开始着手对陈列进行反思和尝试，尤其是在针对已经不能简单用古典艺术正典去解释的现代艺术作品。正如法国诗人波德莱尔（Charles Pierre Baudelaire）在 19 世纪就已经观察到现代艺术会导致"伟大传统"的丧失[198]，遵循艺术史正典的陈列模式在一些现代艺术博物馆不再有效。与此同时，认知世界的历史方法和哲学方法在 20世纪也发生了重大改变。结构主义等新的文化研究方法给各个学科都带来了重审自身的契机。本章将就陈列接受新的历史观以及结构主义等方法，对传统的艺术史正典所进行的反思和实践展开讨论，以泰特现代美术馆（Tate Morden）等馆的"专题陈列"为例，分析这一新出现的陈列类型如何在挑战陈列模式的基础上促使陈列的方法论不断进步。

---

[196] 国际博物馆学委员会（ICOFOM）座谈会读本：*Le Langage De L'exposition*, 1991.10, p.45.

[197] [德] 汉斯·贝尔廷：《现代主义之后的艺术史》，洪天富译，南京：南京大学出版社，2014，第 198 页。

[198] Charles Baudelaire, "On the Heroism of Modern Life"(1846), *Art in Paris 1845-1862. Salons and Other Exhibitions, Reviewed by Charles Baudelaire*, Jonathan Mayne (trans.), London: Phaidon Press, 1965, p.119.

第一节　动摇陈列模式的现代历史观

　　1969 年，福柯在《知识考古学》（*L'Archéologie du Savoir*）中提出了一种新的历史观，即多样性构成有效（effective）的历史。他认同法国哲学家盖罗特（Martial Guéroult）对描述系统（也包括艺术史系统）中的元素（作品）的观点，认为这些描述应该从"影响、传统、文化连续性"转为"内部一致性的、合理的、演绎和并存"[199]。这一观点对博物馆学界产生了较大影响，在之前的陈列模式中，每件作品都为艺术史或陈列的正典服务，他们被默认在一个等级森严的关系中，有自己的固定位置——古典和文艺复兴在核心，其他流派作品按照地域和时代依次以大师杰作为子核心辐射开来。而福柯的观点意味着作品不再是单一叙事逻辑的证据，也不再作为普遍概念和正典的例证，作品应该回归到特殊性的身份，为再阐释提供新的编写空间，并且还要注意到作品之间的关系也是在不断变化的。博物馆对此思考的结果像加拿大哲学家贝丝·洛德（Beth Lord）观察到的那样："现在的博物馆正越来越多地把作品从曾经高度关联的陈列中剥离出来，譬如让它们不按时间顺序排列。"[200]

　　艺术博物馆的这种尝试在 20 世纪下半叶就开始了。最初是在一些临时展览和针对藏品的短期陈列中，譬如 1984 年法国艺术家伯特兰·拉维耶（Bertrand Lavier）为瑞士伯尔尼美术馆（Kunsthalle Bern）策划了一个名为"1603—1984 年间马丁的绘画作品"（*La Peinture des Martin: From 1603 to 1984*）[201] 的项目，拉维尔从法国最常见的姓氏 Martin 入手，将名字中带有该姓氏的艺术家的作品按照字母顺序排列展出，以戏谑的手段消除了陈列模式中的等级观念。大型艺术博物馆针对藏品的大规模

199 [法] 米歇尔·福柯：《知识考古学》，谢强、马月译，北京：生活·读书·新知三联书店，2007，第 3 页。

200 Simon J. Knell, Suzanne Macleod and Sheila Watson (eds.), *Museum Revolutions: How Museums Change and are Changed*, London: Routledge, 2007, p.363.

201 Hans Rudolf Reust, *Aus dem Musée éclaté an den Ort des Werks, Kunsthalle Bern 1969-1993*, Bern: Stamofli+Cie AG, 1993, pp.87-88.

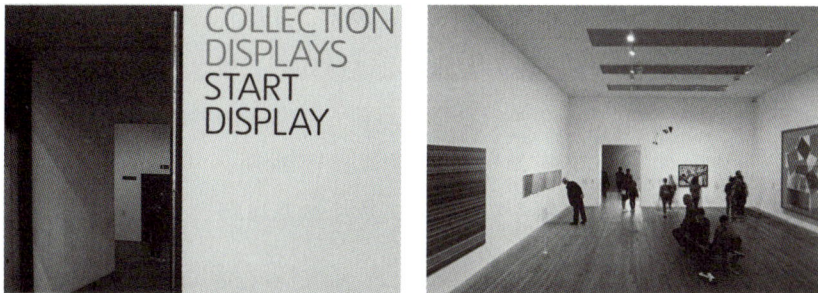

图 3-1、图 3-2 ▶
泰特现代美术馆陈列的
"开始"单元

尝试并获得广泛传播度的，则要以英国泰特现代美术馆为代表。

　　泰特现代美术馆的收藏以 19、20 世纪的现代主义作品为主，一定程度上区别于泰特英国美术馆（Tate Britain）对本土艺术发展脉络的关注，呈现出对世界艺术收藏展示的理想。该馆新馆自 2000 年开放以来，针对藏品共策划了四次陈列，每一次都是将不同时期、作者、媒介的作品打破艺术史的固定关系而重组在一起，让它们因为一些与艺术相关的"专题"重新聚集在一起。泰特现代美术馆对这些专题的期望是它们能够"灵活、令人兴奋地包含整个世纪的作品"[202]。时任（1988—2017）泰特美术馆总馆长的尼古拉斯 · 塞罗塔（Nicholas Serota）对此总结为"努力使不同时代的艺术家的思想、成就和联系变得生动"[203]。在 2016 年的第四次陈列的入口，设置有一个小型的"开始"单元（Star Display），作为指导人们如何参观接下来的专题陈列的示例。通过这个部分的解读，可以清晰洞见泰特陈列的特点。在"开始"单元（图 3-1、3-2），亨利 · 马蒂斯（Henri Matisse）、伊夫 · 克莱因（Yves Klein）、威妮弗雷德 · 尼科尔森（Winifred Nicholson）和彼得 · 塞奇利（Peter Sedgley）等七位流派、时代、创作背景各不相同的艺术家，分别为这个单元提供了一件（组）和色彩有关的作品来展示色彩如何表

---

[202] Eleanor Heartney, "A Turbo-Powered Tate", *Art in America*, Vol.88, Sep (2000): 98-103.

[203] Tate Modern (ed.), *Tate Modern: The Handbook*, London: Tate Publishing, 2016, p.12.

达思想和感受。陈列以这个示例告诉参观者，从这个展厅开始，接下来的每个展厅提供的都是一个跨越常规艺术认知的"概念"，对这个概念的解读取决于参观者对作品的直接认知和一些专题阐释的辅助。

泰特现代美术馆陈列的总策展人弗朗西斯·莫里斯（Frances Morris）在 2016 年谈论该馆陈列的文章《从方糖到白立方再到超越它们》（*From Sugar Cube to White Cube and Beyond*）[204] 中，对采用新的陈列方式的原因进行了解释，其中有一些关键部分可以套用在历史观转变的语境下。莫里斯认为要对过去的陈列结构进行反思。在她看来，即便是纽约现代艺术博物馆首任馆长阿尔弗雷德·巴尔（Alfred H. Barr Jr.）提出的"对现代艺术鱼雷式的收藏和展示"（torpedo）[205] 也存在局限，如果按照过去的方法，一些作品永远没有机会在陈列中露面。更为关键的是，她承认受其他学科的影响，使泰特在艺术史方面产生了打破单一叙述束缚的雄心，她提倡陈列应该呈现更为复杂多样的艺术史，进而使得陈列成为现代主义思想和运动的一分子。这可以比较清晰地解答为何泰特的陈列最终采用了多个专题框架来代替艺术史年表的新模式。

第二节　现代历史观视野下的专题陈列实践

让我们再回到泰特的四次陈列策划，探究泰特如何通过多专题的变更和作品的重组展现这一雄心。

泰特现代美术馆 2000 年第一次陈列的专题为：历史／记忆／社会，裸体／动作／身体，风景／物／环境，静物／物件／现实（History/ Memory/Society, Nude/Action/Body, Landscape/Matter/Environment,

---

[204] Tate Modern (ed.), *Tate Modern: The Handbook*, London: Tate Publishing, 2016, pp.16-25.

弗朗西斯·莫里斯在 2016 年成为泰特现代美术馆馆长。

[205] 巴尔用"不断前进的鱼雷"（a torpedo moving through time, its nose the ever advancing present, its tail the ever receding past of 50 to 100 years ago.）形容纽约现代艺术博物馆收藏的构想，参见该馆官网介绍：https:// www.moma.org/interactives/moma_through_time/1920/starting-a-collec- tion-from-scratch/.

Still Life/Object/Real Life）；2006 年第二次陈列的专题为：物质形态，诗意与梦境，能量与过程，流动的状态（Material Gestures, Poetry and Dream, Energy and Process, States of Flux）；2012 年第三次陈列的专题为：诗意与梦境，结构与清晰度，变革的视角，能量与过程，场景设置（Poetry and Dream, Structure and Clarity, Transformed Visions, Energy and Process, Setting the Scene）；2016 年第四次陈列的专题为：媒体网络，工作室，艺术家与社会，材料与物品，居住城市，表演者与参与者（Media Networks, In the Studio, Artist and Society, Materials and Objects, Living Cities, Performer and Participant）[206]。

　　第一次的专题以 17 世纪以来的主要绘画类型为出发点，即历史画、人物画、风景画、静物画，旨在探求这些绘画类型在 20 世纪转变的方式。在这样的目的下，一些作品被剥离了它所在艺术流派中的位置，譬如在"风景 / 物 / 环境"专题里，塞 · 托姆布雷（Cy Twombly）、杰克逊 · 波洛克（Jackson Pollock）和德 · 库宁（Willem de Kooning）的抽象作品被看作是对古典风景的回应；在"静物 / 物件 / 现实"专题里，杜尚、曼 · 雷（Man Ray）和多萝西娅 · 坦宁（Dorothea Tanning）利用现成物制作的装置被视为 20 世纪的新静物，展现了艺术家如何利用它们破坏真实物体。另外一些作品打破了时间、地域、材质的一般线索。在"裸体 / 动作 / 身体"专题里，20 世纪 50 年代的亨利 · 马蒂斯（Henri Matisse）的青铜女性背影作品与 20 世纪 90 年代的南非女艺术家马琳 · 杜马斯（Marlene Dumas）的表现女性裸体的水墨作品并置。还有更进一步地将 20 世纪 70 年代毕加索的一组表现女性身体的版画与 1996 年森麻里子（Mariko Mori）的录像装置《巫女稻织》（*Miko No Inori*）放在同一个单元。可见，在反映身体作为多个现代派艺术家的主要关注点

---

[206] 前三次陈列的内容来源于英国国家档案网（The National Archives），
　　第四次陈列的内容来源于泰特现代美术馆官网和笔者实地调查。

的同时，也展示了现代艺术家如何通过行为、录像等新的方法对这一话题进行了更为深入的探索。不过，第一次的专题设置在创新的同时也还带有一些过去模式的元素，譬如专题的顺序在一定程度上遵循了费利比安对绘画的等级划分。

第二次的专题有了较大的调整，并进一步跳出了绘画类型的传统观念，在聚焦 20 世纪艺术重要时刻的同时，它提出了一些泛文化的关键词，将艺术家的创作进一步抽象化和广泛化。第三次的专题与第二次较为相似，以对第二次专题的继承为主。第二次的两个专题"诗意与梦境，能量与过程"也在第三次得到了延续。评论家伊内斯·古铁雷斯（Inés Gutiérrez）在一篇文章中谈及这些专题的提炼时，认为"这些词选取的比较抽象、几乎没有指导性"[207]。的确，人们似乎很难将具体的艺术作品与这些关键词划上等号，作品可能属于"诗意与梦境"，也可能展示了"变革的视角"。但是陈列还是提供了一些认识作品与作品之间关系的新的可能性：在 2006 年"物质形态"的专题中，印象派画家克劳德·莫奈（Claude Monet）与抽象表现主义（Abstract Expressionism）的作品被陈列在一起（图 3-3、3-4）。莫里斯在通常将抽象表现主义与第二次世界大战产生联系的常规认知上提出了一个新的可能性，她认为莫奈在吉维尼（Giverny）花园的《睡莲》（*Water-Lilies*）系列作品出现了反抗传统空间组织的方式。莫奈捕捉特定的氛围，强调笔触、色调和纹理，这些与抽象表现主义绘画中的一些特征可以联系起来。在展厅中，波洛克的作品通过色彩唤起了人们的情绪；琼·米切尔（Joan Mitchell）作品中色调和质感的细微变换暗示了它们与莫奈这些抽象风景的相似性；罗斯科（Mark Rothko）利用色彩和光营造的氛围让观看者沉浸，这也与莫奈作品生发的力量相呼应。这样的陈列剥离了印象派、抽象表

---

207 Inés Gutiérrez, "Theme versus Time: Tate Modern's Display of its Permanent Collection", *Vastari* (2013.4.3).

现主义各自的文化背景，转而从作品的美学感受、表现形式上进行探讨。在这个展厅里也可以看到陈列在隐匿作者上的一种新的尝试——陈列鼓励参观者聚焦画面本体，如果不考虑作者的身份、国籍、流派将会产生怎样新的认知，并且再考虑一下毕加索（Pablo Picasso）与弗朗西斯·培根（Francis Bacon）的组合、巴尼特·纽曼（Barnett Newman）与安尼施·卡普尔（Anish Kapoor）的组合。

　　第四次的专题相较于前两次所指较为具体，并且缘于现当代艺术的多元表现形式以及文化研究的多样性，将表演、媒体这样的新关键词嵌入了专题。但从陈列叙述的创新性来看，并没有之前那样突破性的冲击。在美术馆新启用的布拉瓦特尼克大楼（Blavatnik Building），"表演者与参与者"单元的 46 件作品分布在 10 个子展厅中，他们之间的

◄ 图 3-5
安娜·卢帕斯展厅

◄ 图 3-6
爱德华·克拉辛斯基厅

◄ 图 3-7
纽曼，《亚当》（Adam），
1951—1952 年

◄ 图 3-8
埃斯沃兹·凯利的白色扇形
作品与卡普尔的作品在第四
次陈列中并置

关系相对松散。围于行动类作品的属性，作品与作品之间的相遇也很难再碰撞出莫奈和波洛克那样的火花，他们要么是拉贾·克拉克（Lygia Clark）和何里欧·奥迪塞卡（Hélio Oiticica）那样的工作伙伴关系，要么是让参观者在两个相邻的展厅领略安娜·卢帕斯（Ana Lupas，图3-5）和爱德华·克拉辛斯基（Edward Krasiński，图3-6）作品的参与性。不过，如果我们关注这些艺术家的身份，会发现他们大部分来自非欧美艺术中心的国家，这一定程度上显示出泰特从国际化视野的角度对艺术正典的挣脱。泰特现代美术馆在开馆之际最早收藏的非西方艺术家作品来自日本艺术家·本昭三（Shozo Shimamoto），他的作品《洞孔》（*Holes*）现在也在第四次陈列的"工作室"专题中展示。虽然莫里斯期望的超越西方现代主义中心的宏图[208]可能在短期内不会实现，但他们通过收藏和陈列更广阔范围的艺术的努力，提供了模式被激活的可能性。

在四次专题更换的过程中，作品被赋予了参与叙事的多种可能性，仅仅是重新看一下上文提及的一些艺术家在不同陈列中的表达，就会认同这一观点：马蒂斯的作品在第一次的陈列中被用来表现"身体"这一经典话题，在第四次陈列中，同样的作品被探讨的部分变成了它的创作过程，成了"艺术家和工作室"专题的一分子；卡普尔的装置（*Ishi's Light*，2003）在第二次陈列中与纽曼的绘画（图3-7）并置，探讨抽象物质如何引发观看者的身心反应，在第四次陈列中与埃斯沃兹·凯利（Ellsworth Kelly）的装置并置则引导观看者关注艺术与环境的关系（图3-8）；第一次陈列关注了女性艺术家马琳·杜马斯的作品中的女性元素，在第四次陈列中，她的作品被去身份化地成为审视艺术家如何受到"媒体网络"的影响又反作用于其的过程。

当然，泰特现代美术馆也没有完全跳出艺术史叙事的线索。在一些

---

208 Tate Modern (ed.), *Tate Modern: The Handbook*, London: Tate Publishing, 2016, p.22.

专题中，现代艺术流派等一些通行概念也被延续，一些有联系的艺术运动也被安排在相邻的展厅。在"流动的状态"专题里，20世纪初的立体主义、未来主义等前卫艺术运动对传统绘画概念的探索被集中在一起陈列。波洛克的作品在第四次陈列中又退回了战后艺术的阵营中，与杰曼·里希耶（Germaine Richier）、易卜拉欣·萨利希（Ibrahim El-Salahi）的作品重新进行了组合。

第三节　结构主义与专题陈列的意义生成

在泰特现代美术馆专题陈列的变化和更迭过程中，可以看出陈列对模式、正典、大师、历史的迷信在逐步破除。泰特的例子不仅体现了践行处理艺术史的历史观的转移，也在探寻作品美学相似性的过程中表达出向结构主义靠拢的愿望。

"有效史"的概念一方面提供了多维叙事的空间，另一方面它对内部一致性的提出也为思考作品隐藏的一致性提供了指引。虽然福柯不认为自己是一个结构主义者，但他这一抛弃历时性和关注共时性的历史观[209]与结构主义还是有共通之处的。对结构这个概念的理解可以引用列维-斯特劳斯（Claude Lévi-Strauss）的观点：结构是要素和要素之间关系的总和，这种关系在一系列的变形过程中保持着不变的特性[210]。结构主义可以作为一种活动，通过揭露对象的运行规律来重构这个对象。

结构和结构主义乍一看似乎与上一章描述的陈列模式、艺术史正典有相通之处，都是对不同部分构成事物的处理，但实际上这二者有着明显的区别：陈列模式和艺术史正典中包含了不可忽视的人为赋予的权威。

[209] [法] 米歇尔·福柯：《知识考古学》，谢强、马月译，北京：生活·读书·新知三联书店，2007，第184页。

[210] [日] 渡边公三：《列维-斯特劳斯：结构》，周维宏、李巍、翁春、吴怡译，石家庄：河北教育出版社，2002，第5页。

模式中胜利者的位置不是恒定的，在处理"所有性"这个问题上它时常有些力不从心，就像温克尔曼树立的古典核心在 20 世纪面临了被颠覆的局面，亚里克斯·波茨（Alex Potts）[211] 和惠特尼·戴维斯（Whitney Davis）[212] 等学者都质疑这一核心的树立带有强烈的种族歧视和性别偏见。而列维-斯特劳斯等以社会科学为研究对象的结构主义者提出，"结构"要高于或者深于这些一般认知。在他们看来，"结构"是构成认知的普遍逻辑。

列维-斯特劳斯在研究美洲、中国和日本等地的古代艺术时发现他们具有一定的相似性，他将这种相似性的原因归结于艺术内部之间存在着基本结构。对于艺术史学家时常发现现代艺术中出现古代艺术元素的情况，列维-斯特劳斯认为这是结构跨越时间存在的证据。在他看来，这种结构具有超越社会意志的先验性[213]，它没有主体，与萨特（Jean-Paul Sartre）的存在主义（existentialism）背道而驰。国内学者高宣扬对此总结道，不管是古代或现代，也不管是东方还是西方，深深地隐含在语言和亲属关系中的文化基本结构始终不变[214]。另一位结构主义者罗兰·巴特（Roland Barthes）在《论莱辛》（*On Racine*）[215] 一书中通过对莱辛的悲剧文本的分析也证明了"结构"的存在——莱辛的所有悲剧作品中，无论角色的经历和性格有什么差异，最终都可以套入儿子反抗父亲的结构中来解释悲剧的发生。因此不仅结构存在，而且起决定作用的最终是结构。在结构主义者看来，已有的叙事性、连续性掩盖了结构，人们总是声称要追求的真理可能正是这些导致其存在的"结构"。

当艺术博物馆打破单一线性历史叙事模式时，虽然它提出了专题的概念，但在为专题合法化的过程中，它自觉或不自觉地向着结构主义靠拢，试图通过对陈列专题的提炼来探究先验的艺术结构。事实上，泰特的尝

[211] Alex Potts, "Oneness and Ideal", *Flesh and the Ideal: Winckelmann and Origins of Art History*, Yale: Yale University Press, 1994, pp.155-164.

[212] Whitney Davis, "Founding the Closet: Sexuality and the Creation of Art History", *Art Documentation. Bulletin of the Art Libraries Society of North America*, Vol. Ⅱ, 1992, pp.171-175.

[213] [法] 列维-斯特劳斯：《结构人类学》，陆晓禾、黄锡光等译，北京：文化艺术出版社，1989，第 102 页。

[214] 高宣扬：《缅怀结构主义大师列维-斯特劳斯》，《经济观察报》2009 年 11 月 20 日。

[215] Roland Barthe, *On Racine*, New York: Hill and Wang Press, 1964, p.21.

试中已经出现了这样的探索，莫奈和波洛克的组合摒除了他们原有的文化、地缘、身份属性，他们产生的联系是美学上的相似性和情感上的共鸣，而这些可能是构成"结构"的元素。泰特不断地为作品重组，不断地提炼出一些"专题"，也可以看作是对这一"结构"理解的不断试水。而泰特的尝试也存在一定局限性，上文提及它一方面仍然受到艺术史正典的局限，另一方面它所认为的结构"专题"在公众的普遍认知中还存在理解上的困惑。

第四节　从结构主义到解构主义的专题陈列实践

一些专题陈列在对"结构"的探索上做出了比泰特现代美术馆更进一步的努力。

美国布鲁克林艺术博物馆（Brooklyn Museum）2016 年针对馆内各类型和地区的、与蓝色有关的藏品策划了特别陈列"无限的蓝色"（*Infinite Blue*）[216]。布鲁克林艺术博物馆的收藏范围广泛，它的常规陈列包括斯坦伯格家族雕塑花园（Steinberg Family Sculpture Garden）、亚洲与伊斯兰艺术、埃及艺术、欧洲艺术、装饰艺术、女性艺术、美国艺术等，并且从陈列单元的分布位置来看，它在一定程度上效仿了艺术博物馆的陈列模式：仿效古典的雕塑在一层作为基础，五层博物馆的中心地带（三层）是埃及和欧洲的经典艺术，而美国艺术在顶层的位置可能暗喻了博物馆对于美国艺术将置于顶峰的愿景。作品依据这些陈列单元被划分到各自的区域。不过，这不一定是布鲁克林艺术博物馆最理想的状态，在世界艺术上，他们的作品数量略逊色于同在纽约的大都会艺

---

216 关于该展览的资料来源于笔者实地考察和该馆官方网站：

　　https://www.brooklynmuseum.org/exhibitions/infinite_blue.

术博物馆；在美国艺术上，惠特尼美国艺术博物馆大量现代杰作的藏品同时吸引了更多的目光。如何在庞杂的世界艺术陈列中激发作品产生活力和意义，是布鲁克林艺术博物馆考虑的问题。

相较于泰特现代美术馆的做法，其实布鲁克林馆这一次对蓝色的选择乍一看有些保守意味，"蓝色"不是一个新的文化概念，在一定程度上也没有超越作品本身。但对于布鲁克林馆来说，有泰特对"结构"进行的一种较为抽象化提炼的做法的珠玉在前，他们尝试从一个较为普遍、相似性较高的概念入手，并且将时间跨度更广、类型差异更大的作品考虑进来，这未尝不是在探索另一种可能性。根据列维 - 斯特劳斯在《结构人类学》中提出的建议，考察表面差异背后的相似性可以作为分析社会和心理模式的切入点[217]。主策展人南希 · 斯佩克特（Nancy Spector）在打破门类、地域、时代地区桎梏考量馆藏时，选择了"蓝色"作为一条连接过去和现在的绳索，借助它重新去思考各个时代共享的文化主题是什么。这也是该馆第一次打破藏品门类、地域范围，对他们进行迭代式分类的专题陈列。

布鲁克林馆首先采用了仿效人类学的调查办法，对世界范围内不同时期的藏品中蓝色的来源和意义进行广泛地梳理。蓝色来源于阿富汗的青金石、伊朗和西奈半岛的铜绿、公元前四千年从植物中提取的靛蓝、埃及和中国对金属钴的烧制、1829 年合成的化学颜料（普鲁士蓝）、布里斯托尔烧制的玻璃，甚至还包括今天流行的 Tiffany 蓝。蓝色在各时期和民族文化中象征着不同的意义：它是印度教中毗湿奴的肤色，代表了区别于人性的神性；埃及的帕塔玛石碑上的蓝色阿蒙神像显示了蓝色与天堂的关系；在 12 世纪的欧洲，蓝色被用来绘制圣母玛利亚的长袍；在 14 世纪以来的世界贸易市场上，蓝色的中国青花瓷是昂

217 Claude Lévi-Strauss, *Structural Anthropology*, New York and London: Basic Books, 1973, p.21.

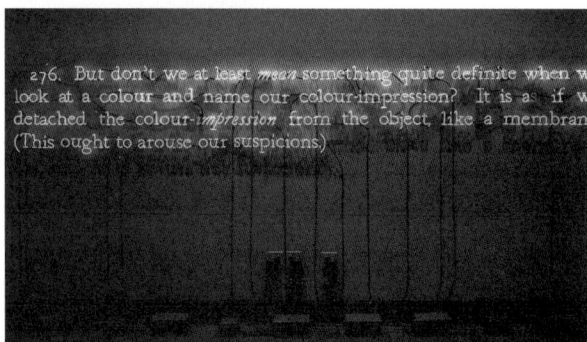

276. But don't we at least *mean* something quite definite when w
look at a colour and name our colour-impression? It is as if w
detached the colour-*impression* from the object, like a membran
(This ought to arouse our suspicions.)

Infinite Blue

◀ 图 3-9
图 3-10
图 3-11
图 3-12
"无限的蓝色"陈列现场

贵和流行趣味的代名词；在 20 世纪因由抽象艺术先驱康定斯基（Wassily Kandinsky）的钟爱，蓝色又与现代艺术对灵性的探索联系在一起。在梳理的过程中，陈列着眼于呈现蓝色背后所包含的全球贸易、权力更迭和技术创新的宏大版图，陈列内容也因此包括亚洲、非洲、美洲、欧洲的绘画、雕塑、版画、设计、印刷书籍和当代装置等。蓝色虽然只是一个颜色，却可以串联起对宗教、政治、文化、经济等方面的理解。与此同时，蓝色在整个过程中所蕴含的精神性被不断提及，当埃及女神尼菲斯的蓝色雕像（图 3-9）、身着蓝衣的圣母像，与各国的青花瓷（图 3-10）以及美国当代艺术家约瑟夫·科苏斯（Joseph Kosuth）的蓝色霓虹灯跨越时空被并置在同一展厅时（图 3-11、3-12），幽蓝的霓虹文字仿佛揭露了一丝真相：让观看者怀疑颜色是否应该是一种独立存在的东西，构成作品意义的不是功能、历史、审美，而是其中的颜色。

如果说布鲁克林艺术博物馆的做法仍"保守"，那么在这场"结构"的探寻旅程中，法国红屋基金会美术馆的特别陈列采用了更为激进的方式。

该馆 2014 年的藏品陈列"墙面"（*Le mua*）[218] 借助基于蒙特卡洛算法（Monte Carlo）开发的特定编程程序对陈列进行了特别的处理——通过输入所有藏品的高度和宽度，该程序首先能够计算出在 278 米长、3 米高的墙面上展出所有作品的最佳方案，而陈列完全依照这一方案布置（图 3-13、3-14）。红屋基金会及美术馆由法国收藏家安托万·加尔贝（Antoine de Galbert）创办，收藏和展览内容以当代艺术为主，有在当代领域享有盛名或非常活跃的艺术家的作品，包括吉尔伯特和乔治双人组（Gilbert & George）、草间弥生（Yayoi Kusama）、工藤哲巳（Tetsumi Kudo）、维也纳艺术家组合 Gelatin、汉斯·贝尔默（Hans Bellmer）、米歇尔·柏拉（Michel Blazy）、欧文·沃姆（Erwin Wurm）等。该

---

[218] 关于该展览的资料来源于法国红屋基金会官方网站：https://archives. lamaisonrouge.org/en/exhibitions-past-detail/activities/le-mur-works-from-the-collection-of-antoine-galbert/.

◀ 图 3-13
编程程序中对墙面的排列

◀ 图 3-14
根据编程结果安排藏品位置

馆的创办宗旨是探索当代艺术实验和表现形式的多样性。囿于空间的限制，美术馆的展示规划采用了藏品陈列与临时展览交替的方式，定期针对藏品进行陈列。正是没有固定的长期陈列、收藏作品的形式语言较为当代和多样以及其他临时展览在策划专题上形成的剧烈冲击，使得它在针对藏品的展示策划上更为大胆。

在"墙面"陈列中，加尔贝表现出对任何人为策划的不信任。在他看来，无论是陈列模式还是专题陈列都是策展人和馆长的一种选择，即便后者声明自己正在对前者发起挑战，但他们交出的答卷中都依然对哪些是更重要的作品、要讲述什么样的故事作出了选择。泰特现代美术馆的专题陈列中依然保留着现代主义大师厅，如"艺术家和社会"专题里的博伊斯展厅（Joseph Beuys Room）、"材料与物品"专题里的欧文·佩恩展厅（Irving Penn Room），他们都主动地让藏品被动地为这些选择服务，构建起神话或新的神话，像是罗兰·巴特所言的"自然和历史的方方面面仍然交织在一起"[219]。对于这种情况，巴特提出用"仅陈列而不论的方式"进行克服，加尔贝就选择了让 0 和 1 组合的机械算法去进行去主观化的"策划"。程序首先去除掉这些艺术家的国籍、时代、性别以及作品的媒介、价值，然后为他们之间的距离计算出精准的数据。陈列最终依照程序设计的蓝图展示了一千二百件作品。虽然这位"电子策展人"针对墙面设计宣称是最优方案，但是对于观看者来说，它却是随机的，甚至是混乱的，美学或是意义的相似性都不能在第一次观看时被轻易获得（图 3-15）。并且为了维持这种绝对客观，所有作品都被取消了文字信息的标签，取而代之的是他们重新获得了一个程序安排给他们的编号（图 3-16），观看者可以通过手机或展厅中的导引屏幕检索编号获得文字释意以及作品所在墙面布局的电子图像。《新观察家》

---

19 Roland Barthes, *Mythologies*, London: Paladin, 1973, p.11.

◀ 图 3-15
"墙面"陈列现场

◀ 图 3-16
用于检索的作品编号

（*L'Obs*）的评论者克莱尔 · 理查德（Claire Richard）在展厅中观察到一个有意思的现象，人们在开始的时候尝试用手机辅助观看，一些参观者还玩起了猜作者的游戏，但很快他们就把手机收起来放弃了对作品信息的获得[220]。这暗示着参观者从一开始的混乱中重新找回了主权，没有信息的枷锁和意义的导引，他们被赋予了一种观看的自由，他们可以根据自己的喜好设计参观路线，可以将自己的感受投射到任何一件作品中，而为它们创造意义。虽然也有反对声音指出这样的策划表现出对陈列艺术家的不敬，也让公众无法获得理解艺术的有效知识。但有趣的是，这样的批评却忽视了观众从中可能获取到一些大于作品意义的真谛。

从某种程度上说，"墙面"陈列是从结构主义到解构主义的一次尝试，是对后期转向解构主义的罗兰 · 巴特思想的追随。亨利 · 达戈（Henry Darger）、吉尔伯特和乔治双人组、让 · 法布尔（Jan Fabre）、汉斯 · 贝尔默等一些为当代艺术界熟悉的名字和他们反传统的作品与宣言在陈列中被摘出。正如巴特的观点，作者不应被视为意义的根源和仲裁者。巴特用文学写作做案例，他指出写作不是表达现成的知识，而是探索语言的可能性和增强语言的独立性。语言文本的意义是由文学秩序和文化的话语代码产生的一系列形式，作者只是执行的工具，而找到这些真正的代码，就是寻找意义的新方法。20世纪50年代，巴特就发明了一种写作方式，将随机形式和任意顺序嵌入写作的机制中，所以像《写作的零度》等一些出版物都是不连续的笔记形式。巴特还进一步提出"作者之死"的观点，认为要放开对文本的垄断，让文本可以自我碰撞发展，获取文学语言的此在意义[221]。加尔贝对算法程序的选择表达了对这一客观的、中性的、零度的叙述的愿望。巴特提及的文学语言的此在可以被进一步理解为"元语言"，也就是语言的结构。当"墙面"陈

220 Claire Richard: "《Le Mur》, l'expo dont le commissaire était un algo-
    rithme". *L' Obs* (2016.11).
221 Roland Barthes, *Critical Essays*, Richard Howard (trans.), Evanston: North
    western University Press, 1985, p.98.

图 3-17
"墙面"陈列现场

列对巴特的方法进行效仿，让作品在陈列中自由碰撞发展时，观看者可能在此获得了窥取艺术元语言的机会。（图 3-17）

如果试试尊重加尔贝的意愿，抛弃对作者、作品的常规认知，对陈列给予的直观感受进行描述和总结又会怎样呢？事实上，一位参观者迪亚娜·普瓦里耶（Diane Poirier）谈道：现在的博物馆培养出来的观众有一个习惯，他们总是着眼于寻找杰作以锻炼自己辨别作品等级的才能，当他们面对加尔贝的要求时，他们最初非常不适，要不断说服自己放下已有的价值判断和对这些作品怎么可以放在一起展示的固化思维，但一旦他放下了，他就会跟随陈列进入一次冒险的旅程[222]。从粉色的那面墙开始（图 3-14），是土豆、兔子还是面孔，在这些组合中找到相似和冲突的元素似乎相当容易，有些人还猜测第一排中间和第二排左边那两件作品的颜色可能是他们进入这面墙的原因。在面对下一面墙（图 3-18）的时候，一个人可以宣称从右边开始，这是对右侧着火房子的回

---

[222] Diane Poirier, "la Maison Rouge, tout sur le Mur", *Sacreé Parisienne* (2014.6.7).

图 3-18 ▶

"墙面"陈列方案图

应，另一个人表示从左边开始的话是在表达爱、欲和死亡。在这些感受中，那些在体积和色彩方面更特别的、与人类个体存在相关的作品可能会给观看者带来更为强烈的感受，观看者能轻易地辨认出摄影作品中士兵手上的伤痕，关于爱的字眼和表达总是给人留下深刻的印象，还有对身体性别的共鸣，一些亘久的字眼"死亡、欲望、暴力、孤独"等似乎在多面墙中被洞悉。而这些为艺术的元结构勾勒出了一些轮廓。

但和许多这样尝试的陈列和展览的结果一样，这个元结构样貌的勾勒是一种理想化的冒险。陈列的基础是藏品，无论是红屋基金会带有个人趣味的收藏还是布鲁克林艺术博物馆更为全面的收藏，他们都首先是选择和社会历史导向的结果，借用贡布里希（Ernst Gombrich）在评述瓦尔堡（Aby Warburg）希望用记忆女神计划（Mnemosyne Atlas）"构建一份基本人类反应的目录"时的谨慎态度来回应这一结果——"到此中止比进入危险的迷宫更加安全"[223]（Aby Warburg: An Intellectual Biography）。不过对于艺术博物馆来说，知识本身的构成是复杂和多样化的，对先验结构的揭示和解构的过程的兴趣大于先验知识本身这样的做法并不是完全危险的，并可能为未来的知识生成提供空间。

[223] [英]E.H. 贡布里希：《瓦尔堡思想传记》，李本正译，北京：商务印书馆，2018，第 348 页。

小结与思考

本章总结陈列在思辨模式中的艺术史正典时，如何通过接受新的历史观和结构主义等其他文化研究方法来为自身带来新的可能性。在泰特现代美术馆、布鲁克林艺术博物馆、红屋基金会美术馆的案例中都出现了一种新型的反艺术史正典的"专题陈列"，这种陈列尝试突破艺术史叙事和艺术史正典的束缚，从一种新的历史观和视觉文化的角度出发重新审视藏品之间的关系：一方面可以将它看作是对陈列模式中艺术史正典的大胆挑战，另一方面也要注意它包含树立一种新的陈列模式以掌握话语权威的野心。近年来，随着泰特现代美术馆的成功，专题陈列在艺术博物馆中已经屡见不鲜，早期所谓藏品不足以构成现代艺术史而迫于选择专题法来规避的指责，在现在看来更像是一种没有远见的观点。新世纪的艺术博物馆正在将泰特作为一种新的典范。

不过，专题陈列并不足以消灭艺术史正典，脱离具有权威性的陈列模式安全网，专题陈列对公众和艺术博物馆来说都具有风险。对于陈列的参观者来说，虽然会获得一种内容和视觉的新奇感，但一段时间过去后，一部分人会对此感到厌倦；另一部分在过去几十年间被陈列模式培养起来的博学老练的观众也对这些专题的阐释和构成结构关系的正确性不断提出质疑。

对于艺术博物馆来说，在放弃艺术史正典叙事的同时，它也将作为艺术史视觉化的主体功能一并放弃了。坚持专题陈列的艺术博物馆越来越与艺术史分道扬镳。现在的艺术史研究以及对先锋艺术的探讨，更多的发生在大学而不是艺术博物馆。在把藏品不断添加到不同的专题故事讲述的过程中，卡斯滕·舒伯特担忧藏品中真正有力量的部分已经被

使用殆尽 [224]。当下设置的一些专题有专门为之的刻意，有一些专题与作品的关系薄弱、牵强，最糟糕的情况是，对一些作品进行打破常规的组合时，非但没有把个体从晦涩中拯救，反而让人们觉得这种晦涩是罪有应得的。对结构主义和解构主义的应用容易陷入对先验结构的无结果的追寻或对已有结构的无休止的拆解中，并且在这一过程中，另一种权威正在破除权威的过程中无声地建立。

尽管如此，就像在上一节结尾提及的艺术博物馆在这个过程中仍然充满信心一样，泰特现代美术馆在回应此类批评时也表达出开放的态度：艺术博物馆不可能总是在一些问题上达成共识，但它应该成为讨论这些问题的场所。

224 Karsten Schubert, *The Curator's Egg: The Evolution of the Museum Concept from the French Revolution to the Present Day*, London: Ridinghouse, 2009, p.141.

第四章

对陈列模式中
意识形态的思辨:
多元文化的介入

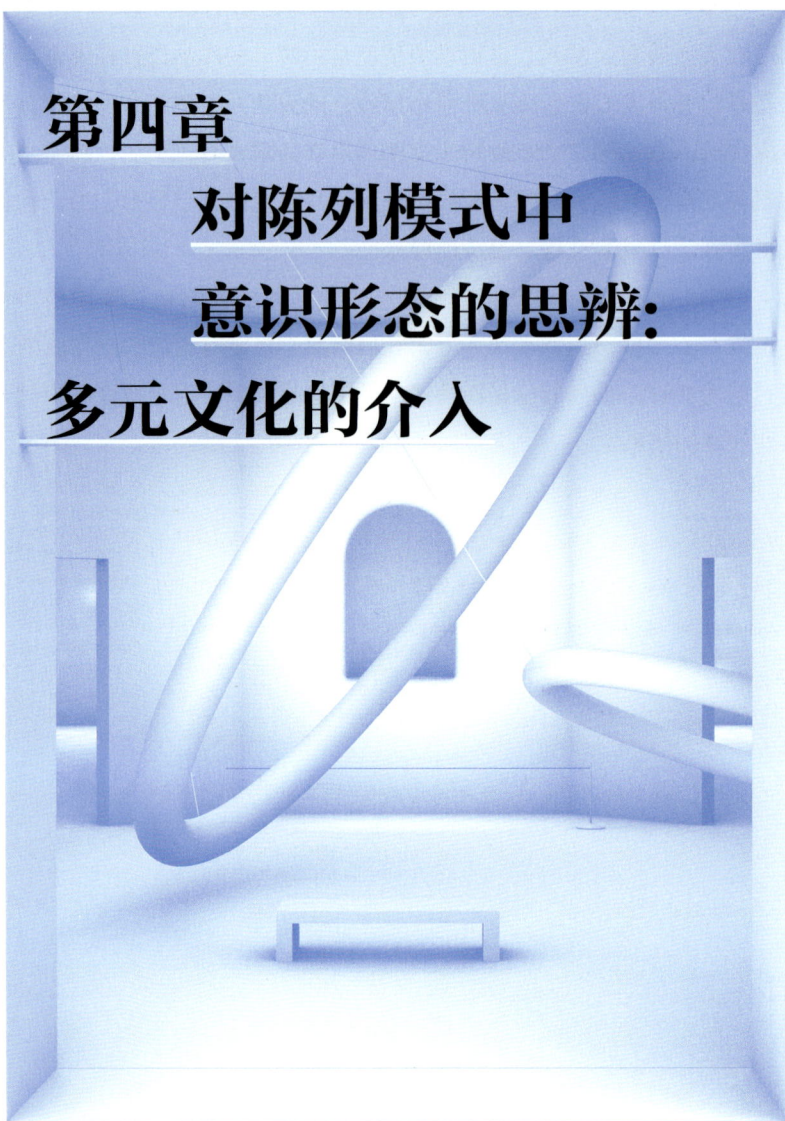

上一章分析了陈列对模式基石之一"艺术史正典"的反思和实践，以此迈出了陈列方法论的第二步"思辨"。事实上，这一思辨过程最早并不是从艺术史正典开始，对另一基石"意识形态"的正确性的反思在更早些时候就开始了。自 20 世纪 60 年代以来，受一系列妇女解放运动、同性恋平权运动、反帝国主义和反种族主义运动的影响，包括女权主义、酷儿理论、后殖民主义理论在内的多元文化对艺术博物馆和艺术史维护白人、男性、西方中心主义的政治正确性发起了挑战。多元文化要求陈列对不同文化差异性予以承认和确保他们平等共存。他们从动摇艺术史正典的艺术史研究出发，以少数群体的艺术作品和声明为武器，最终要求艺术博物馆的展览和陈列予以回应。但正如陈列对意识形态的辩护相较于它外在的艺术史样貌来说更为隐蔽一样，陈列对此的思辨经历了从被攻击到主动出击的过程。本章将从艺术博物馆和陈列面临的被多元文化的冲击出发，分析陈列在应对这种情况时所反馈的两种方式，特别以新世纪以来发生频率越来越高的方式为案例，进一步探讨这样的反思方式对陈列的方法论形成过程带来了怎样的影响。

第一节　多元文化对陈列模式的冲击

专题陈列可以部分看作是艺术博物馆从内部出发对陈列模式进行的思辨。与此不同的是，它在处理涉及意识形态的问题时，更为被动一些。最开始，艺术博物馆的藏品、陈列，包括它自身，是首先被攻击的对象。多元文化主义的研究、展览时常针对艺术博物馆对女性、LGBTQ、非白人、非西方地区艺术家展现的不公正。在一些人看来，艺术博物馆的陈列对古典中心的维护其实是对启蒙运动以来根植在资产阶级知识分子中的种族和文化优越性的维护，那些伟大的、有意义的作品大多都是西方白人男性创造的，而他们服务的也是能对这些产生共鸣的精英阶层[225]。即便是 20 世纪 60 年代以来，艺术博物馆意识到他们正在面临现代艺术进入艺术史、资金筹措危机[226]、公众要求民主化等一系列新的问题，但这一涉及意识形态的政治问题却暂被按下不表。并且过去的西方殖民国家通过在非洲和亚洲等地的殖民扩张来缓解优越性可能会消失的焦虑。直接殖民的方式在全球化的今天被文化掩护，爱德华·W·萨义德（Edward W. Said）等后殖民主义理论家就警示了这一现象——新的殖民者正从文化表现中得到满足[227]。也可能存在这样一种情况，艺术博物馆用对现代艺术的宽容来掩盖他们对正典的坚持，毕竟，印象派、立体主义、抽象表现主义这些现代艺术的革命对象首先是艺术本体和社会制度，而不是西方白人男性。

多元文化主义的反抗随着理论研究、作品创作和展览举办等相关活动的陆续发起而愈发高涨。其在理论研究方面成果显著，包括：美国女权主义艺术史家琳达·诺克林（Linda Nochlin）的《为什么没有伟大的女艺术家》（*Why Have There Been No Great Women Artists?* 1975）[228]

---

225 这是布尔迪厄的观点，他认为人们对艺术博物馆中作品的理解取决于其文化水平，而这些显然对精英阶层更为有效。参见 Pierre Bourdieu, Alain Darbel and Dominique Schnapper, *The Love of Art: European Art Museums and their Public*, Caroline Beattie and Nick Merriman (trans.), Cambridge: Polity Press, 1991, pp.53-55.

226 艺术史学家亨利·亚当斯（Henry Adams）指出近年来博物馆资金筹措部门和相关组织日益官僚化。与此同时，大型临时展览也会给展览造成财政负担，克利夫兰博物馆 2000—2014 年的临时展览都有亏损。参见 Henry Adams, "What Happened to the Blockbuster Art Exhibition?", *The Conversation* (2014.12.2).

227 Edward W. Said, *Culture and Imperialism*, New York: Vintage, 1994, p.406.

228 Linda Nochlin, *Women, Art and Power and Other Essays*, London: Thames and Hudson, 1989, pp.145-158.

作为重要文本首先吹响了女权主义的号角；英籍南非裔后殖民女性主义研究学者格里塞尔达·波洛克通过考察女性主义与艺术史正典相遇的不同情况，总结了三种研究女性艺术史的新方法[229]；英国艺术理论家亚里克斯·波茨对温克尔曼艺术史观念中的同性恋倾向进行了揭示[230]；英国女权主义艺术史家杰奎琳·罗丝（Jacqueline Rose）在《视觉领域的性别主义》（Sexuality in the Field of Vision, 1986）[231]中将符号学和精神分析等文化研究的方法引入，提出破除性别差异的方法要从破除视觉形象模式着手；美国艺术家罗曼·比尔登（Roman Bearden）首次梳理了20世纪70年代以来的非裔美国艺术家艺术史[232]；等等。而近年来也将女性、LGBTQ和有色人种的艺术作品作为艺术世界的一部分纳入艺术史教材。美国耶鲁大学艺术史系主任蒂姆·巴林杰（Tim Barringer）近期发表了对该校历史悠久的艺术史课程进行改革的提议，希望它着眼于艺术与性别、阶级、种族之间的演变过程[233]……这些研究不仅反映了动摇并扩充艺术史正典的决心，也为少数群体的艺术创作提供了理论依据。

更重要的是，一些少数群体艺术家通过作品展示和声明，尤其是一些在艺术博物馆的展览，发出了让艺术博物馆无法忽视的声音。1996年美国加利福尼亚大学哈默艺术博物馆（UCLA Hammer Museum）将朱迪·芝加哥（Judy Chicago）的《晚宴》（The Dinner Party）重新放在展览核心的展示方式，取代了1979年首次展出时该作仅服务旧金山现代艺术博物馆（San Francisco Museum of Modern Art）仪式空间的象征意味，在一定程度上反映了女权主义从要求当代女性艺术家发声到寻求自由，以及从反抗到找寻女性艺术中核心主题的进步思想[234]。2004年，白人男性策展人克里斯蒂安·拉特梅耶（Christian Rattemeyer）拒绝在其所在的机构举办关于LGBTQ群体的展览"活着的遗产：当今

229 Griselda Pollock, *Differencing the Canon: Feminist Desire and the Writing of Art's Histories*, London: Routledge, 1999.

230 Alex Potts, "Oneness and Ideal", *Flesh and the Ideal: Winckelmann and Origins of Art History*, Yale: Yale University Press, 1994, pp.155-164.

231 Jacqueline Rose, *Sexuality in the Field of Vision*, London& New York: Verso, 1986, pp.225-233.

232 Romane Bearden and Harry Henderson, *A History of African-American Artists from 1972 to the Present*, New York: Pantheon Books, 1993.

233 Tim Barringer and Marisa Bass, "Surveys and Undergraduate Art History at Yale", from: https://arthistory.yale.edu/news/surveys-and-undergradu-ate-art-history-yale&usg=ALkJrhh7oiHjh1psDyDGnef1txMi0nKbSA.

234 Amelia Jones, *Sexual Politics: Judy Chicago's Dinner Party in Feminist Art History*, California: University of California Press, 1996, p.37.

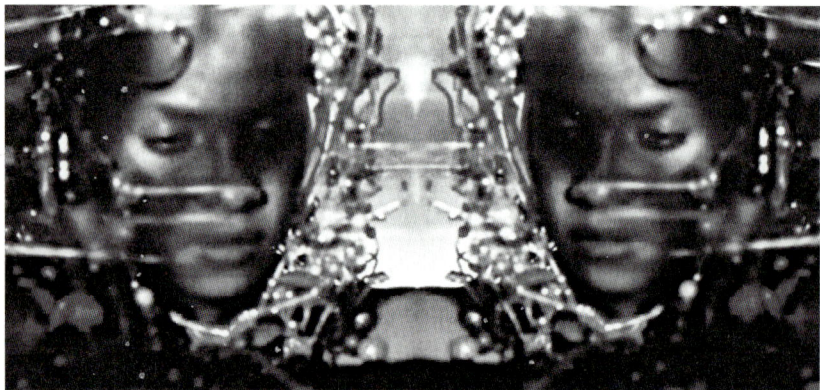

图 4-1
Yams，《平面图上的好股票：
一出歌剧》截图

的酷儿艺术"（*Living Legacy: Queer Art Now*），遭到游击队女孩（Guerrilla
Girls）的指责，她们在公开声明中表示"任何策展都会限制艺术作品的
解读，因此干脆任何展览都不要办了"[235]。2014 年在惠特尼美国艺术
博物馆举办的惠特尼双年展中，由三十八位黑人和酷儿艺术家组成的艺
术小组 Yams（How Do You Say Yamin African?）宣布从展览中撤下他
们的作品《平面图上的好股票：一出歌剧》（*Good Stock on the Dimension
Floor: An Opera*，图 4-1），以抗议艺术博物馆一方面宣称提供多样化的
艺术，另一方面又缺少对女性和黑人等少数群体艺术家的足够诚意[236]。

　　还有一些多元文化主义的支持者进入艺术博物馆的管理层中，譬如
古巴籍策展人赫拉尔多 · 莫斯克拉（Gerardo Mosquera）在纽约新当
代艺术博物馆（New Museum of Contemporary Art）兼职了十四年的策
展工作（1995—2009）；2016 年，泰特现代美术馆首次任命了女馆
长弗朗西斯 · 莫里斯；纽约现代美术馆在现代女性基金会（Modern
Women's Found）的号召下，于馆内组成了女性领导委员会（Modern
Women's Leadership Council），将各部门的女性员工集合到一起来发

235 Maura Reily, "Challenging Hetero-centrism and Lesbo-/Homo-phobia:
　　A History of LGBTQ Exhibitions in the U.S.", *On Curating Issue 37: Queer
　　Curating Paperback*, Jun (2018): 64-65.

236 Pensky Nathan, "Race in the Art World: The Many Faces of Joe Scanlan",
　　The Daily Dot (2014.6.20).

掘馆内女性艺术的贡献……

这些内外冲击都迫使艺术博物馆反思如何调整政治态度来回应多元文化。

第二节　陈列对多元文化的"增加"

对艺术博物馆回应多元文化的要求最先是从展览开始的。在 20 世纪 70 至 90 年代,一些重要的艺术博物馆多举办过相关展览。譬如 1976 年在美国洛杉矶郡立艺术博物馆(Los Angeles County Museum of Art)举办了探讨跨越四百年的女性艺术史的展览"女性艺术家:1550—1950 年"(*Woman Artists:1550-1950*);1982 年在纽约新当代艺术博物馆举办的"扩展感性:当代艺术中的同性恋存在"(*Extended Sensibilities: Homosexual Presence in Contemporary Art*)是美国艺术博物馆界第一次在展览中表现出对 LGBTQ 群体的关注;1989 年在法国巴黎蓬皮杜现代艺术博物馆(The Centre Pompidou, Paris)举办了将五十名西方艺术家与五十名非西方艺术家并置的、采用后殖民主义视角切入的"大地魔术师"展览(*Magiciens de la Terre*);等等。这些展览在当时和之后都引发了广泛的讨论,不仅仅是展览的内容,还在于艺术博物馆作为官方权威机构在其中的态度,譬如艺术评论家迈克尔·布伦森(Michael Brenson)在评论"大地魔术师"展览时就关注了艺术博物馆对该展中不符合他们质量要求的作品的态度[237]。不管这种态度是包容还是排斥,围绕一个展览的争论所产生的影响是暂时性的。所以在这些展览的基础上,多元文化主义进一步要求陈列和收藏政策做出改变,这一方面能够带来更为

---

[237] Michael Brenson, "Is 'Quality' An Idea Whose Time Has Gone?", *The New York Times* (1990.7.22).

持久的关注，更为重要的是，这也是多元文化主义的理想：让艺术博物馆从根本上做出改变。

对此，艺术博物馆采用了两种方式回应。第一种是比较中规中矩的做法，即在陈列中增加多元文化主义作品的数量和解读。

泰特现代美术馆在 2016 年第四次对馆内的专题陈列进行重新调整后，首先显示了它去西方中心化的努力。陈列中的 300 余位艺术家来自 57 个国家[238]，一些非西方中心的艺术家被纳入进来。可以看到孟加拉裔艺术家索姆纳斯·霍尔（Somnath Hore）、加纳艺术家艾尔·纳萨（El Anatsui，图 4-2）、墨西哥艺术家亚伯拉罕·克鲁兹维勒加斯（Abraham Cruzvillegas）等这样的名字，并且陈列进一步希望关注这些不同地区艺术家背后的城市风景，在"艺术家和社会"专题下，就有以巴西圣保罗双年展为切入点关注拉丁美洲 20 世纪 50 年代艺术发展的子单元。更为显著的是增加了女性艺术家在陈列中的数量，女性艺术家在参展总数中的比例由 2010 年的 17% 增长到 36%[239]。据泰特现代美术馆官网数据显示，2017 年收藏作品中的女性比例也增长到了 27%[240]。陈列中有知名女艺术家的身影，如法国女性艺术家路易丝·布尔乔亚（Louise Bourgeois）、英国女性艺术家莎拉·卢卡斯（Sarah Lucas），也有世

◀ 图 4-2
艾尔·纳萨，《溅墨 II》（*Ink Splash II*），2012 年，在"材料与物品"专题中展出

---

[238] 根据泰特现代美术馆手册统计，参见 Tate Modern (ed.), *Tate Modern: The Handbook*, London: Tate Publishing, 2016。

[239] Matt Reynolds, "36% Of Artists On Display At New Tate Modern Will Be Female", *Wired*, Apr. (2016).

[240] Frances Morris , "What's Next for Women Artists, Curators, and Practitioners?", from Tate website: https://www.tate.org.uk/art/tate-exchange/women-in-art.

图 4-3 ▶
肖鲁，《对话》，1989 年，
在"表演者与参与者"专题
中展出

图 4-4 ▶
路易斯·布尔乔亚，
《牢房》（Cell），1995 年，
芭芭拉·李捐赠

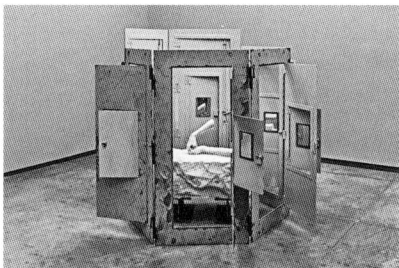

界范围内的女性艺术家。在这份名单中有瑞士裔巴西籍女性摄影师克劳迪娅·安杜哈尔（Claudia Andujar）、中国女性艺术家肖鲁（图 4-3）、克罗地亚女性摄影师桑娅·伊维科维奇（Sanja Iveković）等。在"媒体网络"专题下，还有专门反映女权主义运动的展厅，展示了包括游击队女孩在内的女权主义艺术家这 50 年间如何颠覆大众媒体对性别的陈规观念。

在艺术博物馆界，这样的例子还有许多，如布鲁克林艺术博物馆 2002 年获得了美国公共历史学家伊丽莎白·赛克勒（Elizabeth A. Sackler）对女权主义代表作《晚宴》的捐赠，博物馆对此设置专区进行特别陈列。波士顿当代艺术博物馆（The Institute of Contemporary Art, Boston）在 2016 年获得了美国政治家芭芭拉·李（Barbara Lee）捐赠的 68 件女性作品（图 4-4）[241]，博物馆陆续陈列这些作品，并加入到展览的更迭中。最近的例子是纽约现代艺术博物馆，在 2019 年改建的时候，该馆表示要借此机会调整陈列，增加女性、非裔、亚裔、拉丁

---

241 "The Barbara Lee Collection of Art by Women", from ICA website:
https://www.icaboston.org/collection/barbara-lee-collection.

图 4-5
哈伊姆·施泰因巴赫，
《再次问好》（Hello
Again），2019 年在纽约现代
艺术博物馆的大堂中展出

图 4-6
戈什卡·马库加，《展览
M》（Exhibition M），2019
年，在纽约现代艺术博物馆
的库尔曼教育中心（Cullman
Education Center）展出

图 4-7
安德烈·马尔罗，
"想象的艺术博物馆"

裔艺术家的作品。首席策展人安·特姆金（Ann Temkin）强调要重视那些曾经被认为处于边缘地区的艺术以及被忽视的艺术家[242]，以此解决其过去几次陈列中女性和非白人艺术家所占比例过少的问题（2004年该馆的陈列中只有4%是女性艺术家作品[243]）。事实上，如果联想到纽约现代艺术博物馆的创办者是三位女性（Lillie P. Bliss, Mary Quinn Sullivan, Abby Aldrich Rockefeller）时，就会觉得这样的回应充满必要性。可以从纽约现代艺术博物馆为馆内及周边公共空间所委托和购置的六件新作品的陈列（Public Space Artist Commissions[244]）中看到这样的态度。六件作品的创作者有三位是女性艺术家 [德国艺术家克斯廷·布拉奇（Kerstin Brätsch）、波兰裔艺术家戈什卡·马库加（Goshka Macuga）、日本艺术家小野洋子（Yoko Ono）]，有两位是亚裔和中东裔 [小野洋子和以色列艺术家哈伊姆·施泰因巴赫（Haim Steinbach，图 4-5）]。

其中，戈什卡·马库加的作品非常值得一提（图 4-6）。马库加从女性、种族等与公民平等相关的关键词出发，在纽约现代艺术博物馆的藏品和档案中选取了一些作品和文件，制作成规格一致的黑白图片，然后仿照法国文化学者安德烈·马尔罗（André Malraux）著名的"想象的艺术博物馆"（Le Musée Imaginaire，图 4-7）所规划的样貌进行了女性化的、多元视角的仿效扮演（最后也拍成一张角度一致的照片）。在这件作品的右上角是一架倒置的钢琴，以此表达马库加对白人、男性艺术史的戏谑和颠覆的态度。而艺术博物馆选择订制这件作品也传递了他们的意图，用美国巴尔的摩艺术博物馆（Baltimore Museum of Art）馆长克里斯托弗·贝德福德（Christopher Bedford）的话来总结就是，艺术博物馆正通过这些对代表多元文化主义的收藏和陈列的增加来"尝试纠正"[245]。

242 Sarah Cascone, "MoMA's Top-to-Bottom Overhaul Aims to Diversify the Canon, Embrace the Present, and Show 1,000 More of Its Artworks", *artnetnews* (2019.2.5).

243 Maura Reilly, *Curatorial Activism: Towards an Ethics of Curating*, London: Thames & Hudson, 2018, p.17.

244 "Public Space Artist Commissions", from MoMA website: https://www.moma.org/calendar/exhibitions/5170.

245 Mary Carole Mccauley, "Baltimore Museum of Art will only Acquire Works from Women Next Year:'You Have to do Something Radical'", *The Baltimore Sun* (2019.11.15).

　　除了在陈列的展示部分进行作品的增加,艺术博物馆针对不太容易加入此类作品的古代或近代艺术的陈列,尝试了在阐释上提供多元文化主义视角的方式。比较有代表性的例子是泰特英国美术馆。泰特英国美术馆的主陈列以英国艺术为主(Walk Through British Art),展示内容为 1545 年至今的英国艺术藏品。这个陈列以时间为线索,在 12 个展厅中展示了英国艺术的发展脉络,每个展厅以时代杰作和代表艺术家展开,譬如以乔舒亚·雷诺兹(Joshua Reynolds)为核心的 1760—1780 年的肖像画和历史画展厅,以约翰·康斯太勃尔(John Constable)和约翰·吉布森(John Gibson)为核心的 1810—1840 年的新古典主义艺术展厅。从布置和内容来看是一个中规中矩的艺术史正典陈列[246]。与展厅结尾有些生硬地将女性艺术加入陈列的"直接增加"做法不同,泰特英国美术馆在网上采用了另外一种方式为多元文化主义提供了更大的参与空间。网站上提供了多条以酷儿、种族、女性为线索重新参观

---

[246] 虽然最后一个展厅表现了陈列对女性艺术忽视这一情况的弥补态度,以"颂贺"(Celebrate)这样的字眼给予对 20 世纪 60 年代以后英国女艺术家成就的极高评价,但以此展厅(Celebrate the work of British women artists from 1960s to the present day)作为一个有四百年历史的英国艺术史陈列结尾,多少有些薄弱。

陈列的路线规划，比如在"穿越英国艺术的酷儿漫步"（A Queer Walk Through British Art，图 4-8）路线[247] 中将陈列中隐含的酷儿倾向讲述给观众：弗雷德里克·莱顿（Lord Frederic Leighton）一件表现男性与海蛇搏斗的青铜雕塑（*Athlete Wrestling with A Python*, 1877，图 4-9），公众被提示可以结合莱顿的性取向争议以及作品中对男性肌肉的表现、对运动形式的赞美等角度，来思考这件作品可能存在的男性同性恋倾向以及艺术家如何将这种倾向进行理想化的表达；针对另一件女性艺术家多拉·卡灵顿（Dora Carrington）的风景画（*Farm at Watendlath*, 1921），酷儿路线提示可以结合卡灵顿的跨性别认知与双性恋情感经历来重新审视作品中对女性身体的描绘。而这些是展厅陈列的作品信息中所未包含的。在基本介绍中，莱顿的作品是其作为英国新雕塑运动的先驱者对古典雕塑《拉奥孔》的挑战，而卡灵顿的身份是 20 世纪初斯莱德艺术学院（Slade School of Fine Art）群体中的一员。酷儿参观路线提供了关于艺术家背景多元文化主义角度上的解读，还可能吸引公众回访陈列以验证这些信息。

在陈列中增加多元文化主义的作品和阐释反映了艺术博物馆通过"增加"来进行弥补的态度。事实上，如果将艺术博物馆领域的各个馆都考虑进来的话，近年来针对女性、LGBTQ、种族的专门艺术博物馆的出现也可以看作是博物馆界的"增加"，比如德国和美国等地都有针对犹太艺术的犹太博物馆（Jewish Museum），还有针对 LGBTQ 群体的美国纽约莱斯利 - 洛曼艺术博物馆（Leslie-Lohman Museum of Art）、针对女性艺术的美国华盛顿国家女性艺术博物馆（National Museum of Women in the Arts）、针对非裔的美国纽约哈莱姆工作室博物馆（Studio Museum in Harlem）等。

247 E-J Scott, "A Queer Walk Through British Art", from Tate website:
https://www.tate.org.uk/visit/tate-britain/queer-walk-through-british-art.

第三节　陈列对多元文化的"策划"

除了上一节"增加"的方式，艺术博物馆的陈列有时也采用专门的策划作为第二种回应方式。相较于第一种方式中将曾经边缘的作品包容进来以服务于一个更完整的叙事来说，"策划"的针对性更强，他们将这些藏品从泰特英国美术馆的虚拟路线中释放出来，让它们得以对背后的真实历史和文化情况来展开直接的叙述。不过，除了专门型艺术博物馆，一般的艺术博物馆采用这样的做法风险较大，受到博物馆自身定位和受众认知的各种限制，想要像第一种方式那样让陈列时间维持长久并在未来保持持续性仍存在困难，但还是有一些艺术博物馆进行了尝试，这些尝试可以进一步总结为三种类型：对边缘藏品的挖掘，在艺术博物馆中的宣言，与陈列的对话。

1992年弗雷德·威尔逊（Fred Wilson）在巴尔的摩当代艺术博物馆（Contemporary Museum Baltimore, Maryland）策划的藏品展览"挖掘博物馆"[248]（*Mining the Museum*）是第一种类型。威尔逊本人是一名非裔美国艺术家，他受委托对艺术博物馆的合作机构美国马里兰州历史学会（Maryland Historical Society）的收藏进行研究和展示。在1992年以前，历史学会的展示中不包含非裔美国人、美洲原住民、妇女等群体的相关藏品[249]，这些群体的藏品都在库房深处或角落。威尔逊在研究中关注了这些被掩盖的历史，他认为这些藏品不仅可以展示一种不同于通常陈列中的历史，还可以提醒人们反思，默认的白人历史中一些族群的缺失是否是正确的，而博物馆又在这种正确性塑造中扮演了怎样的角色[250]。在展览开头，他以三个白人伟人胸像对应的空荡荡的黑色基座表达了该立场（图4-10），而具有讽刺意味的是，分隔这两组雕像中

---

248 巴尔的摩当代艺术博物致力于传播一种新的博物馆理念，即与一些机构合作，通过项目制的方式来完成展览，所以在1989—1999年期间它没有固定的馆址。它的合作机构包括马里兰历史学会、皮博迪音乐学院等。威尔逊策划的展览是1992年巴尔的摩当代艺术博物馆与马里兰历史学会的合作计划，并最终利用马里兰历史学会的藏品和空间进行了项目实施。参见该馆网站：https://www.contemporary.org/.

249 Mdhs Library Dept, "Return of the Whipping Post: Mining the Museum", Maryland Historical Society website, 2013.10.10.

250 Garfield Donald, "Making the Museum Mine: An Interview with Fred Wilson", *Museum 1.News*, May/June (1993).

图 4-10 ▶
"挖掘博物馆"现场

图 4-11 ▶
"挖掘博物馆"现场

心的是 20 世纪充满虚假意味的广告行业的真理奖杯,似乎在暗示这种"真理"的虚伪。展览中,在 18、19 世纪绘画的阴影角落里,黑人孩子被威尔逊打上了聚光灯,提示观看者不要忽视历史中的黑人;而黑奴的鞭打柱前围上了一圈维多利亚时代的古董椅子(图 4-11),加强了人们对不平等制度的不适感。这种对边缘藏品的研究和展示,显示了艺术博物馆对边缘历史的包容态度,在让人们感到猎奇的同时也在某种程度上传递了有色人种在历史上所遭受的不平等待遇的历史真相。纽约现代艺术博物馆在 2019 年重新开放后也有这样的做法,举办了非裔女性艺术家贝蒂 · 萨尔(Betye Saar)的藏品展览"黑人女孩窗户的传说"(*Betye Saar: The Legends of Black Girl's Window*),其中还展示了博物馆新购置的相关藏品,旨在重现自 20 世纪 70 年代以来种族和女权运动的批判性。这也是第一种类型展览的意义所在。

第二种类型的规模要更大一些,也显示了多元文化主义者的革命雄心——希望在一个非专门型艺术博物馆中彻底展示少数群体艺术,让公

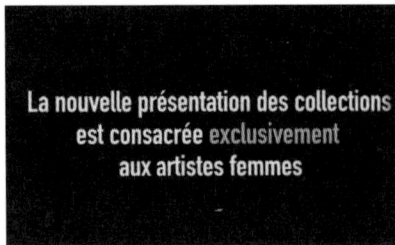

◀ 图 4-12
图 4-13
"蓬皮杜中的她"展览宣传
片截图[251]

众不得不把目光聚焦于此。2009年，蓬皮杜现代艺术博物馆就这样行动了一次。该馆于2009年5月27日至2011年2月21日近两年的时间段内撤下了所有男性艺术家的作品，在6000平方米的展示空间中陈列了200多位女性艺术家的500余件藏品（图4-12至4-15）。这就是女性策展人卡米尔·莫里诺（Camille Morineau）策划的针对女性艺术藏品的展览"蓬皮杜中的她"（*elles@centrepompidou*）[252]。展览分为八个单元：先锋、自由之火、古怪的抽象、身体标语、激进主义的身体、个人房间、工作中的语言、非物质（Pioneer, Free Fire, Eccentric Abstraction, Body Slogan, The Activist Body, A Room of One's Own, Wordworks, Immaterials），关注了女性艺术中对身体、性别观念、公私场所这些概念的探索。陈列作品的跨越度非常广泛，包含了早期的女性作品和近年来的女权主义作品——有20世纪初的女性艺术家朵拉·玛尔（Dora Maar）的作品，也有现在依然活跃的女权艺术家如斯格列特·朗度（Sigalit Landau）的作品，一些在女权主义运动中有代表性的艺术

---

251 这两帧截图中介绍展览的宣言译为"专门展示女性艺术收藏"。

252 对展览内容的分析参考该馆为此展览建立的官方网站：

　　https://fresques.ina.fr/elles-centrepompidou/accueil.

图 4-14 ▶
"蓬皮杜中的她"在博物馆
外的大型海报

图 4-15 ▶
"蓬皮杜中的她"展览展场

家如珍妮·霍尔泽（Jenny Holzer）和奥兰（Orlan）的作品也在其中，从而被看作是女权运动和女性主义的一场盛宴。展览在举办期间获得了法国和国际上的广泛关注。并且为了筹备展览，蓬皮杜现代艺术博物馆提前五年就开始购买女性艺术家作品，将预算中的 40% 用于这一专项购置，也使女性艺术家作品在藏品总数中的比例上升到 17.7%[253]。从某种程度上来看，这一展览成了女权主义者的宣言——以占据整个艺术博物馆和增加收藏数量作为宣言内容。巴尔的摩艺术博物馆在展览和收藏中也做出了相应的"宣言"，在 2019 年底，它宣称 2020 年的购藏计划只针对女性艺术家并要求 2020 年所有展览（22 场）都针对女性[254]。第二种类型在展览规模和对购藏的影响上，能带来比第一种类型更广泛的效果，也因此获得多元文化主义的更多支持。

　　第三种类型为多元文化主义作品与艺术博物馆已有的藏品陈列展开对话。这个过程既抗议了少数群体在过去无法获得平等陈列机会的历史现实，也要求艺术博物馆重审陈列中的作品可能具有的跨性别、同性恋

253 "Go See – Paris: 'Elles@Centrepompidou' At Pompidou Center from May 27, 2009.6.1", *Art Observed* (2009.6.1).

254 Mary Carole Mccauley,"Baltimore Museum of Art will only Acquire Works from Women Next Year: 'You Have to do Something Radical'", *The Baltimore Sun* (2019.11.15).

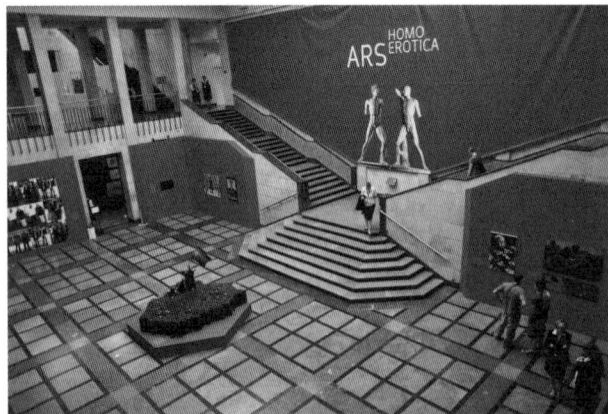

◀ 图 4-16
"同性爱的艺术"展览现场

◀ 图 4-17
费德里科·塞维利，
《戴安娜和卡利斯托》
（*Diana and Callisto*），
17 世纪

◀ 图 4-18
亚历山大·基塞列夫，《雅
辛托斯之死》（*The Death of
Hyacinth*），19 世纪下半叶

等倾向。2010 年在波兰华沙国家博物馆举办的"同性爱的艺术"（*Ars Homo Erotica*）就属于此类展览（图 4-16）[255]。该展览是对 1994 年该馆举办的另一个展览"爱的艺术"（*Ars Erotica*）中将异性恋作为意识形态规范的抗议和突破。策展人帕维尔·莱斯科维奇（Pawel Leszkowicz）从波兰华沙国家博物馆的收藏中选取了大量历史藏品，包括意大利画家费德里科·塞维利（Federico Cervelli，图 4-17）、俄罗斯画家亚历山大·基塞列夫（Alexandre Kisseliov，图 4-18）等的作品。然后他邀请了包括雕塑家大卫·塞尔尼（David Černý）、女权艺术家塔尼娅·奥斯托伊奇（Tanja Ostojić）和玛丽娜·格日尼奇（Marina Gržinić）在内的当代艺术家参展。展览分为九个单元：斗争时期、同志古典主义、男性裸体、神话中的男性伴侣、同性恋圈子、圣塞巴斯蒂、女同志幻想小说、跨性别者、影像档案（Time of Struggle, Homoerotic Classicism, Male Nude, The Iconography of Male Couples in Mythology, Ganymede, Saint Sebastian, Lesbian Imaginarium, Transgender, Film Archive），共计展出 250 件作品。大部分单元都以当代作品与古代作品对话的形式展出（图 4-19、4-20），譬如在"神话中的男性伴侣"单元中，表现古代英雄形象的作品与当代酷儿艺术家克日什托夫·荣（Krzysztof Jung）的绘画在一起，提示人们关注诸如阿波罗和雅辛托斯（Hyacinth）、阿喀琉斯（Achilles）和帕特罗克勒斯（Patrocles）这些神话人物之间的特殊友谊（图 4-18）。在"同志古典主义"单元中，展出了一件波兰早期同性恋艺术家克日什托夫·马莱茨（Krzysztof Malec）1994 年的男性裸体石膏作品，而这件作品是对米开朗基罗的《大卫》的模仿（图 4-21），并且这个单元也特别设置在馆内的古典雕塑展厅中。虽然这样的展览对支持艺术史正典的人来说可能是一种亵渎，但它在为陈列提供新的解读

---

[255] 对这个展览内容的分析参考了亚当·密茨凯维奇研究所（Adam Mickiewicz Institute）的网络资料：https://culture.pl/en/event/ars-ho-mo-erotica. Lucjan Strzyga, "Wystawa Ars Homo Erotica, czyli sztuka zorientowana płciowo", *Wiadomości Warszawa* (2010.6.9).

◄ 图 4-19
"同性爱的艺术"展览现场

◄ 图 4-20
"同性爱的艺术"展览现场

◄ 图 4-21
克日什托夫·马莱茨,《大卫》

意义上迈出了有意义的一步，甚至比泰特英国美术馆的线上做法更为激进一些。它不仅仅是在已有陈列中增加少数群体作品，或者把没有陈列机会的边缘藏品拿出来露露面，第三种类型的展览通过进一步的研究表现了对已有陈列叙事的批判态度。并且此类展览具有更为明确的社会意义[256]，从某种程度上来说，可以成为促进民主和平等的工具，尤其当它发生在相对保守的波兰时，更可能作为社会变革的武器，对多数群体发出强有力的抗议。

小结与思考

本章总结了艺术博物馆的陈列应对多元文化的主要方式，它们看起来相对立场端正和态度包容，在实行各类措施的过程中也获得了媒体的正面评价并提高了艺术博物馆的参观量。譬如，马里兰历史学会统计"挖掘博物馆"展览获得了超过 5.5 万人的参观量[257]；《艺术论坛》（ArtForum）评价"蓬皮杜的她"展览在公众中取得了成功，参观人数较过往增加了 21%[258]；政治文化评论《宽容》（Souciant）统计"同性爱的艺术"展览获得了 4.4 万人的参观量[259]。这些数字都远远超出展出机构的常规参观量。

但这是否真的动摇了陈列模式，是否让陈列的意识形态转而维护多元文化呢？

泰特现代美术馆陈列中的三分之二仍然是男性；巴尔的摩艺术博物馆的女性收藏和展示计划只是对 2020 年美国通过妇女投票权的第十九条修正案（19th Amendment）一百周年的纪念活动；"蓬皮杜的她"展览

256 Tomasz Kitlinski, "Promoting Human Rights", *Souciant* (2011.11.14).

257 Mdhs Library Dept, "Return of the Whipping Post: Mining the Museum", Maryland Historical Society website, 2013.10.10.

258 "'elles' Prove Popular at the Pompidou", *Artforum* (2010.2.9).

259 Tomasz Kitlinski, "Promoting Human Rights", *Souciant* (2011.11.14).

结束后，用于收购女性艺术家作品的经费也停止了。甚至，少数群体在政策上面临的艰难也没有好转，还可能更严峻了：美国惠特尼艺术博物馆举办的惠特尼双年展在 1993 年曾经对种族、阶级、艾滋病等多元文化关注的主题进行过大胆尝试（*The Decade Show*），但随后的媒体反噬让它在 1995 年后的展览又调头回到了对西方白人男性艺术的拥护；在"同性爱的艺术"展览举办前，华沙国家博物馆不但在申请该展资金上被驳回，还遭到了右翼政客和知识分子的抗议[260]。这些预示了艺术博物馆对多元文化的包容和支持并不一定会持续下去。

并且这种支持更显得像是一种策略，一种迎合所谓的"具有包容性"的政治正确性的策略。针对"蓬皮杜的她"展览的评价其实还有许多是负面的，《卫报周刊》（*The Guardian Weekly*）上的一篇评论指出了展览可能存在"迎合"的问题，"展览只是展示了作品的'性别'而没有对这些作品进行充分的解读和体验性更强的展示"[261]。《宽容》对"同性爱的艺术"展览的评论也指出，虽然它表达了对多数群体掌控意识形态标准的抗议，但却在一定意义上迎合了这个时代对同性恋恐惧的痴迷[262]。珍妮弗·泰伯希在《博物馆的性：展示的政治与表现》一书的开篇，介绍了酷儿艺术中的争议之作《我的腹中之火》（*A Fire in My Belly*，图 4-22、4-23）从展出到撤回到再展出，其过程昭示了少数群体如何被陷入美国文化战争的旋涡[263]，这其实也暗示了它们可能已成为策略的棋子，它们是艺术博物馆为了迎合不同的意识形态需求而采取的方案。另一篇莫里斯·伯格（Maurice Berger）的重要文章《艺术博物馆是否具有种族色彩？》（*Are Art Museums Racist?*）也指出艺术博物馆对少数群体所做的工作远远不够，他们始终以维持文化机构的利益和满足主流的需求为目标[264]。艺术博物馆以解决不平等为目标的口号实际上

[260] 展览遭到了由波兰政治家雅罗斯瓦夫·卡钦斯基（Jarosław Kaczyński）领导的法律与公众党（Law and Justice party）的抗议。卡钦斯基在当时任法律与公众党党魁，是当时波兰政府的反对党派。卡钦斯基对 LGBTQ 群体始终持敌视态度，认为该群体是对基督教信仰的亵渎。

[261] Germaine Greer, "Why the World doesn't Need an Annie Warhol or a Francine Bacon", *The Guardian Weekly* (2010.6.17).

[262] Tomasz Kitlinski, "Promoting Human Rights", *Souciant* (2011.11.14).

[263] Jennifer Tyburczy, *Sex Museums: The Politics and Performance of Display*, Chicago: University of Chicago Press, 2016, pp. xiii-xviii.

[264] Maurice Berger, "Are Art Museums Racist?", *Art in America*, Sep (1990): 143-146.

图 4-22 ▶
图 4-23
大卫·沃纳洛维奇
（David Wojnarowicz），
《我的腹中之火》（截图），
1989 年

　　暗示了这种不平等始终存在，并且为了让口号显得持续有效，将要一直"营造"不平等的环境。陈列对多元文化的回应背后，是艺术博物馆和策展人希望让西方视野接纳这些以显得宽容的保守想法，部分少数群体的艺术家现阶段的目标仍然是进入艺术博物馆的正典叙事中以获得身份的肯定。

　　在陈列的发展和思辨过程中，多元文化主义所代表的对意识形态正确性的质疑是不可忽视的力量。但是，正如琳达·诺克琳早在 70 年代就提出的女性去寻找自己在历史中的地位是否真的能解决女性问题的问题，在艺术博物馆里增加女性、有色人种和酷儿艺术家的作品和展示是对这个问题的间接答复[265]。女性主义理论家苏珊·哈迪·艾肯（Susan Hardy Aiken）[266]也警示，这样的修正主义并不会解决少数群体遭到忽视的问题根源。从根本上来说，艺术博物馆始终没有偏离它维护的意识形态，陈列模式的地位还是相对稳固的。

[265] Linda Nochlin, *Women, Art and Power and Other Essays*, London: Thames and Hudson, 1989, p.158.

[266] Susan Hardy Aiken, "Women and the Question of Canonictity", *College English*, Vol.48, Mar (1986): 298.

第五章
对陈列模式中
空间权力的思辨:
差异性与公共性

当陈列还在从艺术史和意识形态出发对内容修修补补时，艺术博物馆在新时期遭遇的种种新问题已经让其陈列和空间的统一性发生了新的错位：不断增长的临时展览挤压着陈列的现有空间，大众民主社会中的新公众对陈列提出增加体验性和参与性的要求 [《参与式博物馆》（*The Participatory Museum*）[267] 就是为应对这种情况而出现的新型研究]，甚至还出现了忽略实体空间的线上虚拟陈列这样的新形式。并且空间权力归根到底是在应对艺术史和意识形态的过程中将知识和权力作用于空间的产物——在前两者发生转移的时候，它也不可避免地被牵扯其中，或放大或模糊一些艺术博物馆的已有问题，进而造成一些新的问题。现存的仪式空间、知识生产空间似乎不能满足当下社会生产的需求，随着美国哲学家爱德华·苏贾（Edward W. Soja）对"第三空间"[268]的提出，关注物质空间和精神空间之间的"差异空间"为思考空间的意义提供了新的可能性，也意味着艺术博物馆的陈列和空间面临一个是否变更属性的节点。本章将从艺术博物馆空间权力发生偏移的原因出发，分析陈列在应对这些新情况时回应的三种方式。值得一提的是，陈列对空间权力的思辨并不像反思艺术史正典和意识形态那样会形成较为典型的藏品陈列案例，更多的是与建筑空间一起构成一种发展倾向。因此本章不特别着眼于个案分析，而是相对广泛地分析这些倾向。

---

[267] Nina Simon, *The Participatory Museum*, California: Museum 2.0, 2010.

[268] Edward W. Soja, *Third Space*, Oxford: Blackwell, 1996, p.81.

第一节　空间权力的偏移及其原因

虽然如第二章所言，即便是白盒子的现代艺术博物馆，实际上也采用了一种"去权威化"的方式继续维护权威。从早期到近代的艺术博物馆始终通过空间与陈列的统一来赋予被展示的作品等级、位置和灵韵，并通过一系列的路线设置，让参观者在进入的过程中能获得增强现实的体验。哪怕展出的是日常用品，他们也会为此正名为艺术，这就是艺术博物馆空间的"魔法"所在。今天的博物馆那开放明亮的入口和如写字楼般的空旷白墙已经如艺术博物馆所愿，成了另一种新的"白盒子圣殿"，期望人们能够在此对新的艺术进行思考。

但事实上，今天的参观体验和民众期待却与当初的预期发生了较大偏移。这种偏移主要表现在曾经代表权威化、仪式化的陈列与空间逐步转向为充满差异性和公共性的新属性。在仪式感为先的陈列中，艺术博物馆以及它和谐统一的陈列与空间是主导者，他们对于输出什么样的知识、让公众获得什么样的体验有绝对的话语权，并且他们通过一系列仪式来完成现代国家身份合法化以及现代艺术体系化的过程，这也是陈列能够形成一种模式并被推广的原因之一，即最终是要形成一种"制度"。因此有争议的内容和受众的需求并不是首要考虑的，更重要的是以此构成一个具有权力的文化空间来生产知识和安排获得知识的仪式。但如果进入今天的艺术博物馆，过去那些宏伟的入口首先被隐藏了起来，许多艺术博物馆的入口都需要人们寻找，从一开始就消解了仪式的生成。譬如昂格尔斯（O. M. Ungers）设计的德国汉堡美术馆（Galerie der Gegenwart）的入口背向城市空间（图 5-1）；詹姆斯·斯特林（James Stirling）等人设计的德国斯图加特美术馆（New National Gallery in

图 5-1 ▶
德国汉堡美术馆（从图中可见，左侧为城市街道，但美术馆的入口在右侧）

图 5-2 ▶
美国圣路易斯当代艺术博物馆（The Contemporary Art Museum St. Louis）的咖啡厅

Stuttart）的入口在地下停车库附近[269]。进入博物馆后，映入眼帘的也不再是古典博物馆的长阶梯或现代博物馆的开阔大厅，而是服务台提供的自主参观路线选择和琳琅满目的教育活动介绍，以及咖啡厅、餐厅、广场、商店、放映厅等其他附加空间（图 5-2）吸引注意力。

造成这种情况的原因主要有两点：一是公众获得话语权，二是虚拟空间的冲击。

在过去对陈列空间的讨论中，陈列本身、建筑、意识形态的话语权输出是关键部分，虽然也注意到了人在空间中的位置，但人更多的是被规训和被引导的客体，在一定程度上缺乏主观能动性。无论是在空间还是在艺术博物馆的职能顺序中，留给公众的是一种次级位置。虽然艺术博物馆和它的陈列，从建立之初就将面向公众和进行教育作为它的职能之一，但这一职能却不是首位的，比如法国历史学家马克·富马罗利（Marc Fumaroli）就认为艺术博物馆的首先要务是保护作品的安全[270]，作品的安全和完整性的显露是行使其他职能的前提；美国布鲁克林艺术博物馆首任馆长弗雷德里克·奥古斯塔斯·卢卡斯（Frederic

[269] 王路：《德国当代博物馆建筑》，北京：清华大学出版社，2002，第 20 页。

[270] James B. Cuno (ed.), *Whose Muse?: Art Museums and the Public Trust*, Princeton: Princeton University Press, 2004, p.116.

Augustus Lucas）认为早期艺术博物馆的服务对象首先是学者，其次才是公众[271]。与此同时，博物馆将公众接受教育的过程安排成一个接受意识形态赋予个人新的政治身份的过程。普遍的教育渠道是公众在陈列以及杰作中不自觉地体验到美感，因此过去的大部分艺术博物馆不考虑公众的具体需求而预设他们有基本审美经验，从而提供的教育也常被指责是精英主义和有政治倾向，19 世纪的英国博物馆学界就曾提出普通大众无法欣赏大师杰作[272]。布尔迪尔对此总结为"让部分人获得满足的同时排斥了另一部分人"[273]。

事实上，在空间生成权力的过程中，人的功能巨大。如法国哲学家列菲弗尔（Henri Lefebvre）所言，正是人涉足期间，空间才显露出意义[274]。随着公众在空间中对自我位置的思考、对空间的占领，他们也显露出在空间权力的争夺中获胜的另一种可能性。

公众在博物馆中获得话语权要从博物馆定位的转移开始，新的博物馆革新者提出应该面向"真正的大众"。早在 1958 年，联合国教科文组织在里约热内卢的博物馆会议（Semináio Regional da Unesco Sobre a Função Educativa dos Museus）上就着重强调了博物馆的教育职能，他们对过去的说教式教育提出了质疑，认为博物馆应该走向一种新的教育模式[275]。国际博物馆协会（ICOM）在 1972 年的《圣地亚哥宣言》（Declaração de Santiago do Chile）[276] 中进一步提出，博物馆应该是社会服务的一部分，它承担对所有公民终生教育的职责，要让作品与公众建立更好的交流，并响应公众的需求。这些观点随着新博物馆学派 1984 年发表的《魁北克宣言》（Declaração de Québèq）而被更广泛地推广至学界。《魁北克宣言》提出要关注人民的发展、反映人民的演变动态，将未来规划与公众切实地联系起来[277]，并且学派将公众的范围进行了具体的

271 [美] 休·吉诺韦斯、玛丽·安妮·安德列编：《博物馆起源：早期博物馆史和博物馆理念读本》，路旦俊译，南京：译林出版社，2014，第 54 页。

272 这是英国科普作家约翰·乔治·伍德（John George Wood）在 1887 年的观点，他认为博物馆应该针对不同的受众分级分类，而不是考虑普遍教育。参见 John George Wood, "The Dullness of Museums", The Nineteenth Centuray, No.21 (1987): 384-396.

273 Pierre Bourdieu and Alain Darbel eith Dominique Schnapper, The Love of Art: European Art Museums and their Public, Caroline Beattie and Nick Merriman (trans.), Cambridge: Polity Press, 1991, p.69.

274 Henri Lefebvre, The Production of Space, Oxford: Blackwell, 1991.

275 Araújo Marcelo Mattos, Bruno Maria Cristina Oliveira (eds.), A memória do pensamento museológico contemporâneo: documentos e depoimentos, São Paulo: Comitê Brasileiro do ICOM, 1995, pp.11-16.

276 Round Table Santiago do Chile ICOM (1972), Cadernos de Sociomuseologia, Vol 38 (2010): 13-21.

277 "Declaration of Quebec – Basic Principles of a New Museology"(1984), Cadernos de Sociomuseologia, Vol. 38 (2010): 23-25.

界定，博物馆的服务对象不是有一定教育背景的精英人士，而是要首要考虑社区的需求，这也成为博物馆从精英化走向大众化的宣言之一。这些在之后的博物馆界指导意见和规划文件中得到了延续，1992 年的《加拉斯宣言》（ *Declaração de Caracas* ）提出"人民是发展的决定性力量"[278]，2013 年的《里约热内卢宣言》（ *Declaração MINOM Rio* ）要求"进一步尊重人的尊严"，要对博物馆提供的记忆进行重新的定量研究[279]。

艺术博物馆作为博物馆的一分子，在 20 世纪下半叶逐渐接受了这样的定位转变，美国就从国家层面发布相关文件（ *Creative America* ，1995）列举艺术教育对国民素养培养的效果，并提出公众教育也应成为艺术博物馆的第一要务[280]。前所未有地，艺术博物馆将教育和它所面向的公众作为发展中的核心。公众对艺术博物馆的需求也从单向转为双向，他们不满足于仅仅单向地接受博物馆的知识，同时对知识生产和参与度也提出需求。评论家西尔弗曼（Lois H. Silverman）在 20 世纪 90 年代指出，与获得认知相比，观众更看重广泛的经验[281]。公众甚至还希望能够反哺博物馆，美国诗人克莱顿 · 埃什尔曼（Clayton Eshleman）在给波士顿艺术博物馆的去信中要求该馆展示更多关于玛雅船只的收藏[282]。英国文化研究学者简 · 基德（Jenny Kidd）的最新论著《新媒体环境中的博物馆：跨媒体，参与及理论》（ *Museums in the New Mediascape: Transmedia, Participation, Ethics* ）中对此总结道："博物馆近年来变得更加以人为本，更加关注观众的体验，并讨论观众在博物馆的创造内容。"[283]

另一方面，《圣地亚哥宣言》在提倡应用一些新的技术来作为公众教育的手段时，可能预想不到技术会给陈列和空间带来巨大冲击。西班牙社会学家曼纽尔 · 卡斯特（Manuel Castells）认为，近年来，包括印刷、电子传播等系统正改变着我们的文化，它们建构了一个虚拟的空

[278] Araújo Marcelo Mattos, Bruno Maria Cristina Oliveira (eds.), *A memória do pensamento museológico contemporâneo: documentos e depoimentos*, São Paulo: Comitê Brasileiro do ICOM, 1995, pp.36-45.

[279] "Declaração MINOM Rio", from: http://www.minom-icom.net/files/declaracao-do-rio-minom.pdf.

[280] James B. Cuno (ed.), *Whose Muse?: Art Museums and the Public Trust*, Princeton: Princeton University Press, 2004, p.20.

[281] Silverman, L. , "Vistor Meaing - Making in Museum for a New Age", *Curator*, 38(3) (1995): 161-170.

[282] Geraldine Fabrikant, "The Good Stuff in the Back Room", *The New York Times* (2009.3.12).

[283] [英] 简 · 基德：《新媒体环境中的博物馆：跨媒体，参与及理论》，胡芳译，上海：上海科技教育出版社，2017，第 9、30 页。

间[284]，使人们接受了可以通过符号而不是原作这样的传统社会语言去认知世界的新方式。这个虚拟空间以及它的运行模式逐渐消解了宗教、道德、传统的权威，这其中也包括艺术博物馆的陈列和它曾经与空间共构出的空间权力，甚至从虚拟空间为社会祛魅的最终理想来说，陈列的存在可能也成为一种"障碍"。

首先是摄影等复制技术的出现，在复制技术对于原作及真实性提出有关意义的思考的同时，艺术博物馆也衍生出一种新的空间可能。安德烈·马尔罗提出用艺术作品的摄影图片组成一个无墙的"想象的艺术博物馆"，这个博物馆一则针对基于古典核心的、有中心论的、不甚公允的艺术史正典，以及每件作品都具有独特的表现形式；二则针对不同的艺术博物馆提供了不同的艺术遗产塑造模式的真实性提出质疑。在马尔罗设计的艺术博物馆里，通过摄影，首先可以打破作品所在的博物馆限制，尽可能让全部作品都被容纳进来；其次，摄影使得所有作品都失去了颜色和质地，并被制作成大小一致的图片（图 5-3）[285]，在让作品摆脱风格限制的同时也消除了它们身上所带有的神圣感。马尔罗认为这

.

284 Manuel Castells, *The Rise of the Network Society*, Oxford: Blackwell, 2000, p.404.

285 André Malrausx, "Museum without Walls" part. 1, *The Voice of Silence*, Gilbert Stuart (trans.), New York: Doubledeay and Company, 1953, pp.21-27.

将给艺术博物馆提供一种新的经验，并且让人们越来越接近事实并逐渐智化，从而让人们真正地"拥有"这些文化遗产[286]。事实上，这也消减了艺术博物馆过去的权威，无论是在艺术史中的权威还是陈列和空间缔造出的仪式权威。假设人们可以从一本画册中就获得知识，而博物馆革新派又不断宣称消除艺术博物馆的神圣感，那么艺术博物馆的空间意义又要如何维系？如果说马尔罗的这种观点其实是他后来推行文化民主化政策的一种手段，他将一些观念加诸在不同文化和时代的作品上，其实仍有拥护精英主义的嫌疑[287]，那么今天"谷歌艺术与文化"的线上美术馆（Google Arts & Culture，图5-4）和"网络画廊"（The Web Gallery of Art）的"13—19世纪艺术史的虚拟博物馆"等虚拟陈列项目，就迫使艺术博物馆正面回应这个问题。英国文化研究学者斯泰茜·吉利斯（Stacy Gillis）认为，不断涌现的虚拟空间使隐喻和真实之间的符号距离发生变异，艺术博物馆的真实性和它的知识似乎已经可以被取代。此类线上虚拟展厅在将艺术博物馆的资源开放给社会共享的同时，也减弱了博物馆通过空间塑造知识传播仪式的权力以及博物馆因此而必须承担的社会责任。当今天的人们打开电脑或手机，在一块电子显示器上，通过卢浮宫、乌菲齐美术馆（The Uffizi Gallery）的线上虚拟博物馆在"空无一人"的展厅里按照自己的喜好参观陈列时，物理空间的平面化和艺术作品的数据化使得藏品的光晕也随之消失[288]，取而代之的既可能是艺术博物馆陷入一种"迷失"[289]，也可能是生发出一种新的艺术博物馆体验和迫使博物馆重审自身空间权力的契机。

在面对这些艺术博物馆空间的新情况时，陈列从展示内容、公众参与性和建筑空间出发，以三种应对方式作为思辨手段。

[286] André Malrausx, "Museum without Walls"part. 1, *The Voice of Silence*, Gilbert Stuart (trans.), New York: Doubledeay and Company, 1953, p.46.

[287] 20世纪60年代，马尔罗出任法国文化部长后推广文化兴国的文化政策，该政策重视文艺作品价值和提倡文化外交，但要注意到，更多被纳入讨论和外交中的，仍是《蒙娜丽莎》等杰作。

[288] 本雅明认为"复制技术让艺术丧失光晕"。参考：[德] 瓦尔特·本雅明：《机械复制时代的艺术作品》，王才勇译，北京：中国城市出版社，2001，第13~14页。

[289] 美国迈克尔·卡洛斯博物馆（Michael C. Carlos Museum）策展人贾斯珀·冈特（Jasper Gaunt）认为"复制会让艺术迷失"。参考：Geraldine Fabrikant, "The Good Stuff in the Back Room", *The New York Times* (2009.3.12).

第二节　对藏品和展示的解放

　　首先，通过对陈列中作品展示的充分解放，使陈列与空间之间形成一种不再追求统一而是包容差异性的复合式关联。

　　尽管近年来艺术博物馆在艺术陈列和空间安排上做出了许多调整，但事实上仍隐藏着意识形态的立场。艺术博物馆在对展示空间进行权力弱化的同时也规避了现代艺术中人与空间、作品与空间的互动关系，而这正是 20 世纪 60 年代以来极简艺术、大地艺术、行为艺术等现代艺术运动的内核。现代艺术被冷冰冰地陈列在一个白盒子和另一个白盒子里，它们在艺术博物馆里因为失语而走向了另一种死亡。另一方面，现代艺术进入博物馆又让艺术家曾经的宣言看起来矛盾至极，人们无法掩盖看到鲁沙的作品在艺术博物馆展出时的荒谬（图 5-5）。并且艺术家进一步指出了这些现代艺术博物馆的企图——博物馆的目的在于利用手头上的现代收藏尽快建立一套新的现代艺术史正典，在为艺术家安排好位置的同时，也为自己在艺术史和博物馆界的立场安排好位置，博物馆所宣称的对空间权力弱化实际上是对另一种权威话语的隐藏，基于这样目的的现代艺术陈列，对作品而言毋庸质疑是压制和简化的。在极简艺术家唐纳德·贾德（Donald Judd）20 世纪 80 年代讨论建筑的一篇文章[290]中，他表达了自己对艺术博物馆空间的不信任，他认为现代艺术博物馆形成了一种新的建筑和空间安排的套路，较少考虑陈列在其中的需求。这种情况确实存在，蓬皮杜现代艺术博物馆早期空间设计中的开放式格局让它在展示绘画和雕塑上显得力不从心；美国纽约古根海姆美术馆（The Solomon R. Guggenheim Museum）螺旋上升的空间让其中的作品面临被另一侧较高通道上参观者遮挡住的风险（图 5-6）；纽约

---

[290] Donald Judd, *On Architecture*, 1985. From: Judd Foundation website: https://juddfoundation.org/artist/writing/.

图 5-5 ▶
Getty Asher 和 Henry Hopkins
在鲁沙的作品前，约 1960 年代

图 5-6 ▶
美国纽约古根海姆美术馆
内部空间

现代艺术博物馆对陈列不断调整，其在表达进步意愿的同时也剥夺了艺术家为自己争取永久展示权利的声音；在德国法兰克福现代艺术博物馆（Museum für Moderne Kunst），尽管策展人让-克里斯朵夫·安曼（Jean-Christophe Ammann）做出了尽可能完好的安排和阐释，但并不能掩盖几何形建筑形成的三角形空间对陈列在此的作品的挑衅。

因此，一些现代艺术家着手探索适应作品对空间需求的陈列方式。贾德在得克萨斯州的玛法（Marfa）进行了一些实验[291]，他认为艺术博物馆总是针对那些好的、有代表性的作品进行收藏展示，并会应对不同的情况而更换陈列内容；而现代艺术是不确定性和永恒性的统一体，它应该长久地在适合它的空间中才能有效地传递意义。贾德收购了玛法当地的陆军基地的废弃建筑，将自己的作品与其他包括丹·弗莱文（Dan Flavin）和约翰·张伯伦（John Chamberain）等艺术家为空间专门制作或本身适合这些空间的一些作品放置其中。这中间最为知名的是贾德的《100 件铝制物体作品》（*100 Untitled Works in Mill Aluminum*，图 5-7）

---

291 Donald Judd, *Marfa*, Texas, 1985. From: Judd Foundation website: https://juddfoundation.org/artist/writing/.

◀ 图 5-7
唐纳德·贾德，《100 件铝制物体作品》

◀ 图 5-8
田岛征三，《绘本美术馆》

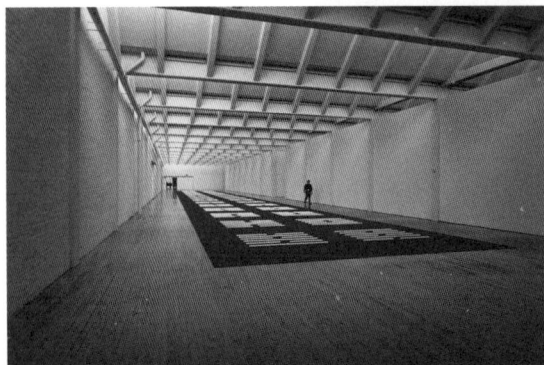

◀ 图 5-9
沃尔特·德·玛利亚，
《360°易经 / 64 雕塑》

◀ 图 5-10
迈克尔·海泽，《北、东、南、西》

在曾经的火炮仓库的展示，一百个尺寸相同的铝制盒子对称排列在两个巨大的矩形空间中，不同时间的光线照射在盒子上让它们呈现出一种从透明到发光的状态。日本艺术家田岛征三（Seizo Tashima）利用废弃的真田小学［之前名为 Sanada School，经由田岛改造后更名为绘本与果实美术馆（Hachi & Seizo Tashima Museum of Picture Book Art）］为最后生活在这里的三名学生（Yuki，Yuta 和 Kenta）创作了一系列"故事"（*The School Will Never Become Empty*，图 5-8）[292]。这里的空间打破了原有的分割，由夸张的人物瞬间动作与各种各样的动物填满并贯穿其中，楼梯的拐角还潜伏着准备吞噬学生记忆的怪物，而这些作品被固定在此处成为永久陈列的同时，也与周遭自然中真正的动物、植物融为一体。美术馆敞开的门窗让各种生物自由进入其中，同时也成为陈列的一部分。毫无疑问，他们提供了一种新的可能性，这是现代艺术博物馆不能提供给艺术作品的充分展示与自由。

一些新的艺术博物馆也对此做出回应。美国迪亚贝肯艺术博物馆（Dia Beacon）和德国霍姆布洛伊希岛艺术博物馆（Museum Insel Hombroich）比较具有代表性。迪亚贝肯艺术博物馆的陈列基于迪亚基金会对极简艺术、大地艺术的收藏，在陈列这些作品时，博物馆给了它们尽可能大型、独立和互不干涉的空间。入口的第一件作品是沃尔特·德·玛利亚（Walter De Maria）占据两个长方形展厅的巨大的《360°易经/64 雕塑》（*360° I Ching/64 Sculptures*，图 5-9），以镜像的形式让展厅完全服务于展示；罗伯特·雷曼（Robert Ryman）的白色绘画系列在一个远超于一般艺术博物馆展厅的大型空间中获得理想的展示；迈克尔·海泽（Michael Heizer）的负向雕塑（negative sculpture）作品《北、东、南、西》（*North, East, South, West*，图 5-10）占据了空间

---

[292] 参考该馆官网介绍：https://www.echigo-tsumari.jp/en/art/artwork/
hachi_seizo_tashima_museum_of_picture_book_art/.

图 5-11
图 5-12
图 5-13
霍姆布洛伊希岛艺术博物馆
中的 Turm、Hode Galerie 和
Zwolf-Raume-Haus 展馆

的整个左翼（125 英尺，约 38.1 米）。迪亚还允许海泽直接从展厅的地面向下挖，从而得以让作品永久陈列，并通过限制人数的参观保证作品塑造出的敬畏感得以被每一位参观者感知[293]。德国霍姆布洛伊希岛艺术博物馆（Museum Znsel Hombroich）基于卡尔 - 海因里希 · 穆勒（Karl-Heinrich Müller）的古代和现代艺术收藏而建立，藏品中包括阿尔贝托 · 贾科梅蒂（Alberto Giacometti）和伊夫 · 克莱因等艺术家的作品。它的空间是多重复合空间，首先由红砖烧制的十一个形制不同的单体展馆组合而成（Kassenhaus, Turm, Labyrinth, Hode Galerie, Graubner Pavillon, Orangerie, Todeusz Pavillon, Zwolf-Raume-Haus, Schnecke, Cafétria, Atelier-und Wohnhaus Graubner）[294]，同时，这些展馆又坐落在由景观规划师伯恩哈德 · 科尔特（Bernhard Korte）重新设计的花园中，与自然生态和花园中的景观艺术形成互动。每个展馆中的作品都根据自身和空间获得独特的陈列方案，最终追求一种和谐的相融（图 5-11 至 5-13）。为了增强参观者的感官体验，它还取消了人工照明和文字解释，如绘本美术馆那样依靠自然的力量。

　　总而言之，一些新的空间对陈列在其中的作品予以了充分的尊重，将其从艺术史叙事和权力塑造中解放，虽然这种解放也可能造成新的权力塑造。贾德在玛法的实验后来被奇纳地基金会（Chinati Foundation）收购，改造成一个艺术中心，成为极简和大地艺术陈列的重镇。从反对进入艺术博物馆到成为另一种意义上的艺术博物馆，可以说贾德被另一个白盒子"收编"了。在这个过程中，建筑和空间实际上成了博物馆管理者和艺术家争夺权力的开放场域。但不可否认的是，无论结果如何，创作者及其作品获得了暂时的自由。

---

[293] 参考该馆官网介绍：https://www.diaart.org/.
[294] 参考该馆官网介绍：https://www.inselhombroich.de/.

第三节　对参与性和体验性的加强

　　陈列的第二种回应方式是增加陈列和空间中的参与性与体验性，以满足公众的需求。

　　当卡斯滕·霍勒（Carsten Höller）2006年在泰特现代美术馆的大厅制作了一个巨大的滑梯 [《试验场地》（*Test Site*），图 5-14] 时，似乎打开了艺术博物馆参观的另一种可能性。相较于霍勒通过场景的差异重组构建出荒诞空间的艺术理念，人们更在乎的是在艺术博物馆里坐滑梯的异位体验。贝尔廷将此类情况总结为，对展览的享受代替了对作品的享受[295]。这种体验在给公众带来对艺术博物馆的新的认识的同时，也给艺术博物馆带来了意外的效果，泰特现代美术馆在当年拔得了英国博物馆参观数量的头筹。这一定程度上鼓励了艺术博物馆对陈列的重新思考，发掘能够超越传统美感和历史感的展示的新方式。这种发掘首先是将参与性较强的作品增加到陈列中，让公众可以通过互动与作品共同完成展示从而获得新奇和深入的博物馆体验，比如德国杜塞尔多夫的 K21 国际当代艺术博物馆（K21, Kunstsammlung Nordrhein-Westfalen）于 2013 年在馆内顶层增加阿根廷艺术家托马斯·萨拉切诺（Tomás Saraceno）的互动装置作品《在轨道上》（*In Orbit*，图 5-15）作为长期陈列[296]。该作品邀请参观者进入由透明钢丝网和镜面球体构成的超现实风景中，参观者在这个"蛛网"中步行和爬行，通过钢丝网的震动和光线场域的变化与作品中的其他人及建筑空间产生互动。与此同时，作品位于高达 25 米的馆内中庭上方，其悬空状态使参观者获得恐惧与刺激交织的直接感受，并在这一过程中对这件当代艺术作品的关键词社会心理、城市乌托邦、混合介入等有了深刻的理解。

---

[295] [德] 汉斯·贝尔廷：《现代主义后的艺术史》，洪天富译，南京：南京大学出版社，2014，第 194 页。

[296] 该作品目前仍在展出中。参考该馆官网介绍：https://www.kunstsammlung.de/en/exhibitions/tomas-saraceno-in-orbit-en.

　　但对于大部分陈列中藏品不可被触碰的现实问题，陈列更多采用一些数字化技术提高公众的参与性，这在一定程度上也是对虚拟空间冲击的回应。较为基础的做法是在官方网站上开放藏品检索，让公众能够获得没有展出的更多藏品的数据。美国旧金山艺术博物馆（The Fine Arts Museum of San Francisco）是第一批在官网上上传藏品数字资源的机构之一[297]，其数据库现已有超过 16.7 万件藏品图像（图 5-16）。今天的艺术博物馆网站，大部分都有藏品数字资源，美国弗里克收藏艺术博物馆（The Frick Collection）、英国维多利亚和阿尔伯特博物馆（Victoria and Albert Museum）等都是代表，人们可以从网站上获得藏品的细节、释读和学界研究成果。在获得数据的基础上，一些艺术博物馆还鼓励公众通过对线上藏品资源的挑选进行个人陈列策划，如大都会艺术博物馆[298]、旧金山艺术博物馆和布鲁克林艺术博物馆[299]等馆在注册后，邀请公众在网站上选择他们感兴趣的藏品创建个人虚拟陈列。与此同时，一些艺术博物馆还就如何通过技术手段让公众可以在展厅中既不破坏作品又与之互动进行了试验，美国库珀·休伊特国立设计博物馆（Cooper

---

[297] Miriam Drake (ed.), *Encyclopedia of Library and Information Science*, (Second Edition), Vol.3, Boca Raton: CRC Press, 2003, p.1910.

该馆藏品数据库网址为：https://art.famsf.org/（在此书中使用了该馆之前的域名为：http://www.thinker.org）。

[298] 该官网址为 https://www.metmuseum.org/。注册后可创建 "My MET Gallery"。

[299] Christina Riggs, *Ancient Egyptian Art and Architecture: A Very Short Introduction*, Oxford: Oxford University Press, 2014, Further reading, no page number.

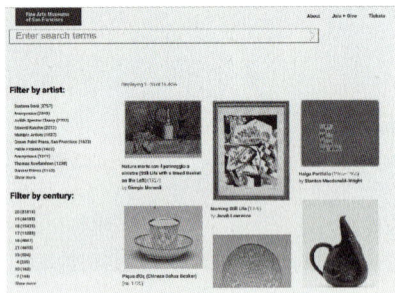

◀ 图 5-16
美国旧金山艺术博物馆藏品
数据库检索页面

◀ 图 5-17
美国库珀·休伊特国立设计
博物馆的数字笔

Hewitt, Smithsonian Design Museum）是较为成功的代表，该馆数字与新兴媒体部门（Digital and Emerging Media）希望能够实时、便捷地激活藏品并让公众在此获得个性化体验。为此，该馆与跨学科工作室"DS+R"（Diller Scofidio+Renfro，美国）、电子工业企业"通用电气"（General Electric，美国）、无线产品服务公司"赛斯泰尔网络"（Sistelnetworks，西班牙）以及战略管理公司"暗流"（Undercurrent，美国）合作推出一款交互数字笔（digital pen，图 5-17），让公众可以通过该笔在馆内自行查看藏品，既可以与陈列作品互动（获得作品信息，将喜欢的作品加入收藏），也可以用此笔在馆内的数据台（digital tables）上留下自己的设计想法。这些想法还有一定概率被博物馆采纳[300]。博物馆领域的新兴技术公司"Cuseum"[301] 的创始人布伦丹·西科（Brendan Ciecko）把此类方式总结为"将这些新技术纳入陈列的参观体验中，并不仅仅是开发程序，而是为博物馆和公众双方提供一个新颖的平台，在扩大交流方式的基础上激活展示内容"[302]。西科还提

---

[300] 参见该馆官方网站介绍：https://www.cooperhewitt.org/new-experi ence/.

[301] Cuseum 公司创立于 2014 年，为国际上超过二十家博物馆提供移动应用程序开发、AR 技术支持等服务。其合作对象包括：ICA Boston、Perez Art Museum Miami、Lyman Allyn Art Museum、Fairfield University Art Museum 等。参见公司官网：https://cuseum.com/.

[302] "The Future of Art Museums", *Invaluable* (2016.7.10).

到，这将使艺术藏品焕发"光芒"（shine）。但这与过去艺术博物馆空间权力塑造给藏品的"灵韵"（auro）不同，这种新的光芒基于数字信息及其便利性获得。

一方面从陈列的内容上出发增加参与性，另一方面艺术博物馆的空间也做出了一致的响应。艺术博物馆不断增加一些新的具有公共性的可参与空间，包括咖啡厅、餐厅、广场、商店、放映厅、花园等。虽然这些附加空间在艺术博物馆内的出现仍存在争议，像烹饪等行为是否会对展出藏品有负面影响、商店是否会将博物馆及藏品品牌化和商业化等观点时常出现在时评中，但这并没有影响艺术博物馆逐渐将这些参与性空间打造成为一种新的吸引力。惠特尼美国艺术博物馆的餐厅在2018年入选了美国餐厅周推荐餐厅，纽约现代艺术博物馆的设计商店（MoMA Design Store）已经成为人们在该馆参观路线中的必要一站。可参与空间消解了传统博物馆参观的仪式感，今天的艺术博物馆试图以此作为契机，将自己转型为公共空间、民主空间中的一员，成为社会参与、公民生活的一部分，而人们通过此也将获得新的艺术博物馆体验，即便不如与那些震撼作品的互动来得刺激，但是平等、娱乐的体验感潜移默化地通过附加空间传递了出去。还有一些艺术博物馆甚至改造其已有的展示空间作为公共空间，在日本的里山当代艺术博物馆（Echigo-Tsumari Satoyama Museum of Contemporary Art, Kinare）中，最突出的不是藏品和陈列，而是博物馆中间的庭院。进入博物馆后，露天中庭占据了最大面积，该中庭夏季储水可作水池、冬季堆雪可作雪场（图5-18），里山当代艺术博物馆的简称"Kinare"（キナーレ）在当地的方言是"来吧"的意思。可见，博物馆正努力化身为地区文化娱乐广场的新空间。美国圣路易斯当代艺术博物馆也是如此，该馆不仅强调要通

▶ 图 5-18
里山当代艺术博物馆的中庭
在冬季堆雪成为社区雪场

▶ 图 5-19
圣路易斯当代艺术博物馆的表
演空间被租赁给情侣举办婚礼

过当代艺术的体验来激发创造力，同时也致力于丰富社区生活，为此它将一楼的表演空间、庭园等场所向当地社区开放，公众可以通过网站上标出的时间和价格来租赁这些空间，使其成为婚礼、表演等社交活动的举办场地（图 5-19）[303]。这些具有公共性的参与性空间一方面表现了艺术博物馆的亲民和开放，另一方面也使艺术博物馆成为在应对社会文化过程中不断改变意义的复杂关联场域。

第四节　"新"的陈列和"新"的空间

陈列的第三种回应方式是通过不断更新陈列内容和空间属性，来"生产"出"新"的陈列和空间。

在临时展览的数量越来越多、相较于陈列更加吸引媒体和公众的目光[304] 的情况下，增加陈列和附属空间的体验性与参与性可能只是一种

---

303 参见该馆介绍：https://camstl.org/event-rentals/.

304 曾任（1977—2008）纽约大都会美术馆馆长菲利普·德蒙特贝罗（Philippe de Montebello）指出现在的媒体对临时展览更感兴趣。参见 James B. Cuno (ed.), *Whose Muse?: Art Museums and the Public Trust*, Princeton: Princeton University Press, 2004, p.181.

短期有效的策略，从长远来看，当下的社会生产、文化语境以及技术发展日新月异，保持陈列和空间的"新"的生产和对新的"回应"，才是使其能够获得长期意义的关键所在。这种"新"体现在两方面：一是不断更新陈列的内容；二是变更空间属性。

就前者来说，艺术博物馆首先选择定期更换馆内的藏品陈列作为"新"的创造。曾任（2000—2013）蓬皮杜现代艺术博物馆馆长的阿尔弗雷德·帕克曼（Alfred Pacquement）认为，以不同的方式来展示藏品是一种很好的策略；泰特现代美术馆陈列的主策展人弗朗西斯·莫里斯在 2006 年第二次更换专题时指出，对陈列的更换使其成为另一种意义上的临时展览，其目的在于像临时展览那样获得新的突破[305]；刚刚翻新开放的纽约现代艺术博物馆的馆长格兰·洛瑞（Glenn D. Lowry）也宣称纽约现代艺术博物馆计划每六至九个月轮换陈列中的藏品（图 5-20）[306]。其次，还有一些博物馆在网站等数字化平台上开放

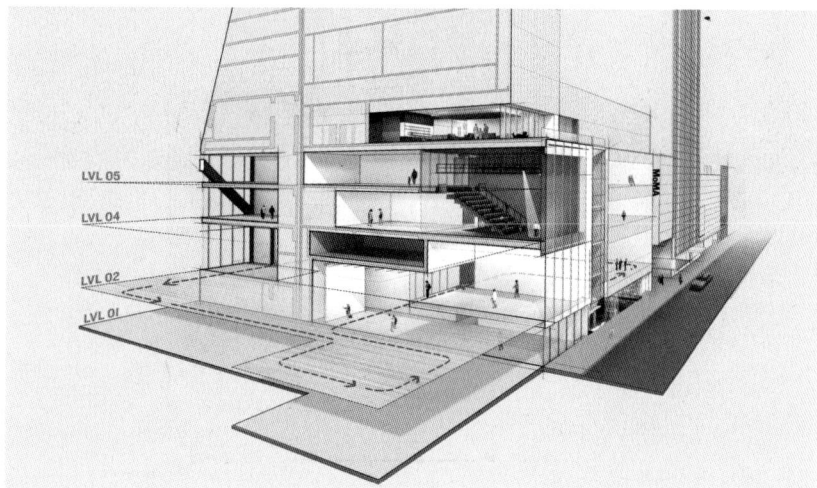

图 5-20 ▶
扩建后的纽约现代艺术博物馆
效果图

305 Alan Riding, "Dressing up Museums' Collections", *The New York Times* (2006.7.25).

306 Sarah Cascone, "MoMA's Top-to-Bottom Overhaul Aims to Diversify the Canon, Embrace the Present, and Show 1,000 More of Its Artworks", *artnetnews* (2019.2.5).

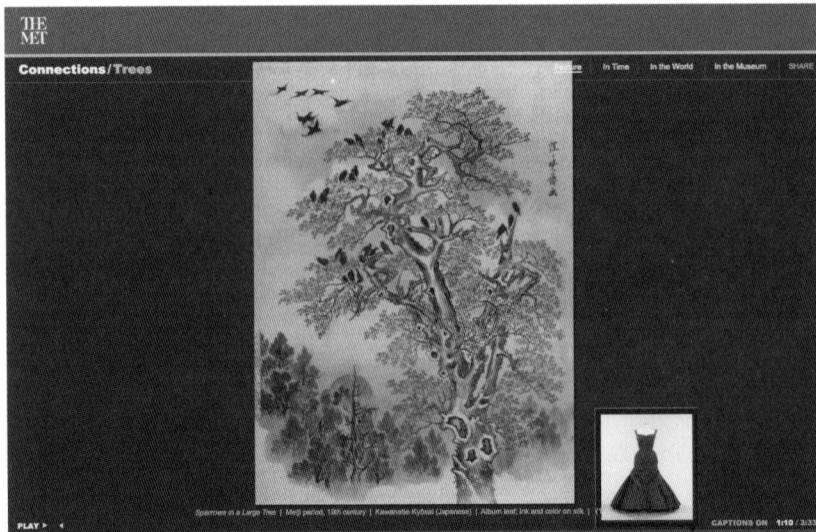

图 5-21
"联系"项目中研究欧洲雕塑
与装饰艺术的丹妮尔·基斯卢
克（Daniëlle Kisluk-Grosheide）
策划的"树"（Trees）线上展
览的展示。从图中可看到 19
世纪的日本绘画（Kawanabe
Kyôsai 作品）与 1955 年的现
代服饰（Charles James 设计）
被她别有趣味地并置在一起

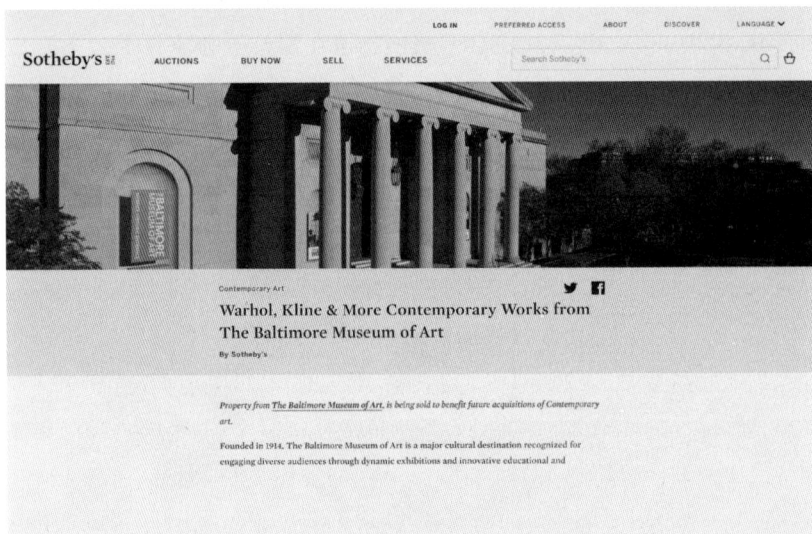

图 5-22
"苏富比拍卖"官网上对巴尔
的摩艺术博物馆送拍藏品的
新闻

图 5-23
巴尔的摩艺术博物馆送拍其收
藏的安迪·沃霍尔作品《氧化
绘画》（Oxidation Painting）的
线上拍卖展示

了更多关于藏品的新策划方案。大都会艺术博物馆在 2011 年策划了一个名为"联系"（Connections）的项目[307]，邀请了一百位学术背景不同的学者在大都会的藏品数据库中进行跨越时代、国家、文化、材质的挑选，以此构成新的藏品展览专题。这一百个在线展览的角度包括烟雾、树木、舞蹈等，最后以一百集纪录片的形式呈现，内容为策展人的介绍和被选出的藏品图片的播放（图 5-21）。甚至还有一些当代艺术博物馆选择取消陈列和收藏，用不断变更的展览让艺术博物馆更为彻底地为生产"新"而服务，这样的例子在 20 世纪 80 年代就有尝试。上文提及的巴尔的摩当代艺术博物馆在 1989—1999 年间没有固定的馆址和藏品，转而通过与其他机构合作来完成展览和项目，其目的在于传播一种新的博物馆理念；当代艺术展示领域的翘楚纽约新当代艺术博物馆（New Museum of Contemporary Art）也是以临时展览为主，以此响应其创办理念中的"不断推动新的艺术和新的想法"（new art and new ideas）。

　　除了对陈列的更新外，还有更为大胆的方式，即对藏品的更新。近年来，不断有艺术博物馆销售藏品的新闻，像是 2002 年纽约现代艺术博物馆销售了包括毕加索作品在内的三件藏品[308]、2018 年巴尔的摩艺术博物馆送拍了包括安迪·沃霍尔作品等七件藏品[309]（图 5-22、5-23）。虽然这样的新闻在遵循传统博物馆理念的学者看来感到震惊和不可思议，但事实上，艺术博物馆以藏品出售来获取资金进而更新收藏内容并不是毫无可取之处。辩证地来看，尽管这一做法挑战了博物馆伦理，但艺术博物馆获得了一种新的可能性，一种抽离于藏品和陈列为其带来稳定声誉的可能性，一种将博物馆转换成当代话语冲突和讨论场域的可能性。

　　就后者来说，一些新的艺术博物馆建筑出现了完全脱离陈列和博物馆定位的发展势头，近年来修建的艺术博物馆已经成为现代知名建筑

[307] 参考该馆官网介绍：https://www.metmuseum.org/connections/about-connections.

[308] Karsten Schubert, *The Curator's Egg: The Evolution of the Museum Concept from the French Revolution to the Present Day*, London: Ridinghouse, 2009, p.173.

[309] Sotheby's, "Warhol, Kline & More Contemporary Works from The Baltimore Museum of Art", from: Sotheby's Website.
Mary Carole Mccauley, "Baltimore Museum of Art to Sell Works by Masters such as Andy Warhol, will Aim to Improve Artist Diversity", *The Baltimore Sun* (2018.4.13).

图 5-24
意大利二十一世纪当代艺术
博物馆

图 5-25
西班牙毕尔巴鄂古根海姆艺
术博物馆

图 5-26
以色列特拉维夫艺术博物馆
新区

师的代表作品，建筑师鲜明的个人风格让人们一度忘记这些艺术博物馆的陈列和代表性藏品是什么[310]。意大利二十一世纪当代艺术博物馆（Museo nazionale delle arti del XXI secolo，图 5-24）是扎哈·哈迪德（Zaha Hadid）的作品，西班牙毕尔巴鄂古根海姆艺术博物馆（Museo Guggenheim Bilbao，图 5-25）是弗兰克·盖里（Frank Owen Gehry）的作品，以色列特拉维夫艺术博物馆新区（Tel Aviv Museum of Art, The new Herta and Paul Amir Building，图 5-26）是普雷斯顿·斯科特·科恩（Preston Scott Cohen）的作品，日本丰岛美术馆（Teshima Art Museum）是西泽立卫（Ryue Nishizawa）的作品，日本地中美术馆（Chi Chu Art Museum）是安藤忠雄（Tadao Ando）的作品……英国社会理论家大卫·哈维（David Harvey）在《城市经验》（The Urban Experience）一书中谈到，20 世纪下半叶以来的城市已经有了新的城市景观，不再是过去具有革命性、反文化的代言人，一些新的建筑地标和展示空间陆续出现，而博物馆和美术馆在城市再生的过程中占据着重要的位置[311]，人们可以在这些新的空间里远离过去的暴乱，获得愉悦。至此，艺术博物馆的建筑空间脱离陈列走上新型空间的塑造中。虽然这些艺术博物馆也拥有重要的现当代艺术收藏，像毕尔巴鄂古根海姆艺术博物馆的陈列中有理查德·塞拉（Richard Serra）、安迪·沃霍尔（Andy Warho）和乔治·巴塞利兹（George Baselitz）那些有响当当名号的艺术家的重要作品，特拉维夫艺术博物馆有野兽派、立体主义、未来主义、超现实主义等 20 世纪现代艺术流派的作品，地中美术馆也有莫奈和詹姆斯·特瑞尔（James Turrell）的足以震撼人心的作品，但它们远不及建筑作品所获得的关注度，以及不及建筑本身规划的参观路线和空间塑造赋予观众的体验感和刺激感那样来得强烈。

310 美国评论家黛博拉·所罗门 (Deborah Solomon) 将此总结为"忘记艺术，重要的是建筑"，她认为即便内部没有好的陈列，但只要外部建筑足够"夸张"(slanty) 依然可以引起轰动。Deborah Solomon, "Forget the Art - It's All About the Building", *The New York Times* (2001.12.9).

311 David Harvey, *The Urban Experience*, Oxford: Blackwell, 1989, p.261.

在德裔艺术理论家鲍里斯·格罗伊斯（Boris Groys）看来，艺术博物馆的"新"应该是差异性的生产、当代性的生产[312]。在新的境遇作出新的选择（即便是取消陈列和建筑吞噬陈列）也可能是陈列生产"新"的一种方式。

小结与思考

本章总结了陈列在思辨模式中的空间权力在当下发生偏移的过程中，如何通过对展示的解放、增加参与性与体验性以及不断生产出"新"来应对。其中，陈列的许多做法似乎看起来有些极端和违背博物馆伦常，但不可孤立地看待这些问题。要注意到，当陈列所遵循的艺术史正典和意识形态正确性展示了对差异性和多样化的包容后，提出了要空间与之呼应的诉求。新的艺术博物馆空间正成为由差异性组成的复合空间，它有陈列与空间不断拉开距离的差异性，有公众与博物馆不断拉近距离的差异性，这种差异在造成空间权力发生偏移的同时，也为传统艺术博物馆仪式化、权威化的空间带来了公共性和民主化的新维度。

不过，仍然要警惕对空间权力的滥用有可能使艺术博物馆及其陈列成为景观社会的一分子。法国哲学家居伊·德波（Guy Debord）认为景观社会是"整个社会显示为一种巨大的景观聚集。直接经历过的一切都已经离我们而去，进入了一种表现"[313]，人们在社会中的各种行为成为构成景观社会的片段，文化和历史也以一种商品形态加入进来。人们一方面在无意识的状态下被媒体提供的景观图像所迷惑，另一方面他们在沉迷于景观的同时也促使景观制造者不断生产新的景观来加固社会的

---

312 [德] 鲍里斯·格罗伊斯：《论"新"》，陈旷地译，《大学美术馆》
2012 年第 3 期，第 77、87 页。

313 Guy Debord, *The Society of the Spectacle* (1967), Donald Nicolson- Smith
(trans.), New York: Zone Books, 1995, p.3.

稳定性。这其实是意识形态的控制者利用景观为现今世界覆盖上一个虚假表面的手段，目的是掩盖支离破碎的城市社会。对虚拟空间、数字技术的追随以及持续放大建筑空间的自主权，在一定程度上会使艺术博物馆的空间和陈列异化成抓人眼球的景观，并变相要求其通过不断创造出新的景观来维持这种吸引力。

当然，德波对景观社会的提出不仅仅是作为一个新的学派宣言，更是要揭示景观社会异化的、伪真实的本质，而使人们能够重新对自我进行掌控。现阶段指出艺术博物馆的空间权力可能走向景观化的担忧也是如此。事实上，在这可能到来的危机风暴中，陈列是艺术博物馆重申自我意义的关键所在，陈列在思辨空间权力的过程中走出固定的、传统的舒适区，通过系列行动反映其在新的空间权力塑造中具备革命性力量，恰如剧作家大卫·马梅特（David Mamet）的寄望："展示不仅仅是娱乐和教育，也应该是人类从淤泥中奋起支配周围环境斗争的纪念碑。"[314] 并且从短期来看，艺术博物馆及其空间并不能完全脱离它的藏品和陈列。现任德国洪堡论坛博物馆（Humboldt Forum）理事之一的尼尔·麦克格瑞格（Neil MacGregor）认为，对藏品持续地采取系列措施可以更好地维持意义的继承[315]。而陈列在与空间的交织中发生的统一、博弈、错位实际上也反映了通过对意义的不断更新来维系意义的复杂过程。从这一点来说，陈列与空间的不断调整又何尝不是模式中对二者统一理想的另一种意义上的追寻。

14 Sharon Macdonald (ed.), *The Politics of Display: Museums, Science, Culture*,
London: Routledge, 1998, p. xi.

15 "Personality of the Year: Neil MacGregor, Director, the National Gallery",
Apollo, Dec (1996): 23-32.
（麦克格瑞格于 1987 至 2002 年担任英国国家美术馆馆长，并于 2002 至 2015 年担任大英博物馆馆长。）

第六章

中国艺术博物馆的陈列及其方法论

在对国际艺术博物馆的陈列进行了历时性和共时性的讨论之后，本章将目光落回到中国。近年来中国的艺术博物馆事业蒸蒸日上，对馆内藏品的研究展示工作愈发重视。2016 年，国家指示："各级党委和政府要增强对历史文物的敬畏之心，树立保护文物也是政绩的科学理念，统筹好文物保护与经济社会发展，全面贯彻'保护为主、抢救第一、合理利用、加强管理'的工作方针，切实加大文物保护力度，推进文物合理适度利用，使文物保护成果更多惠及人民群众。"[316] 指示中还特别提出藏品要"惠民利用"。中华人民共和国文化和旅游部自 2012 年起推出以年为单位的艺术博物馆藏品精品展出季项目，扶持各艺术博物馆在研究藏品的基础上策划优秀展览；在 2019 年的最新通知中还首次提及"各馆以此为基础举办长期陈列"[317]。从这些政策来看，藏品陈列是推动中国艺术博物馆和社会发展的重要一环。但实际的情况却和理想有些出入，与国际上艺术博物馆普遍有长期陈列的情况相比，中国的艺术博物馆（美术馆）较少有针对本馆藏品的长期陈列。曾任中国美术家协会理论委员会副主任的马鸿增在世纪初指出过，"除了一些个人纪念馆之外，几乎所有的公立馆都没有长期固定的藏品陈列，多数馆还停留在只能举办临时性展览的层次"[318]。有些艺术博物馆即便有陈列，也更多地采用在地志类博物馆通行的类型学、历史学、文物保护的思路，譬如北京石刻艺术博物馆在陈列石刻艺术时以历史叙事的方式整理了地区石刻的类型以及遗产保护方面的工作成果。造成这一情况有复杂的原因，笔者在前文中[319] 曾简要地总结为：收藏数量较少或藏品保存状况堪忧、陈列方法论与历史陈列混淆、中国书画的材质不适于长期展示的特殊性、管理机制分化造成的发展局限以及陈列会使艺术博物馆形成固定印象的陈旧观念。这些情况和问题在大部分艺术博物馆也确实存在，但如果就这

[316] 新华社：《习近平对文物工作作出重要指示》，2016 年 4 月 12 日，参见 http://www.xinhuanet.com/politics/2016-04/12/c_1118599561.html.

[317] 文化和旅游部办公厅：《文化和旅游部办公厅关于印发 <2019 年全国美术馆馆藏精品展出季活动方案 > 的通知》，2019 年 3 月 18 日，参见http://zwgk.mct.gov.cn/auto255/201903/t20190321_837896.html?keywords=.

[318] 马鸿增：《我国美术馆事业面临的难题与展望》，《美术观察》2000 年第 2 期。

[319] 刘希言：《北京地区艺术博物馆长期陈列研究》，中央美术学院硕士学位论文，2013 年，第 65~69 页。

样给中国艺术博物馆的陈列扣上一顶发展滞后的帽子，无疑也是草率的：一方面忽略了从 20 世纪初中国初建艺术博物馆起对陈列规划作出的种种努力；另一方面直接用二分法将国际与中国做对比是对中国艺术博物馆发展过程中所面临的种种不同于海外文化环境的中国问题的忽视。本章将基于梳理陈列在中国艺术博物馆发生和发展的具体情况，进一步探讨前五章得出的陈列方法论是否适用于中国以及当它与中国的具体情况碰撞时又发生了哪些本土的变化。

第一节　中国艺术博物馆发展历程中的特征

在讨论中国艺术博物馆的陈列前，首先要对它的载体"中国艺术博物馆"所不同于国际经验的特征进行辨识，这将有助于更好地理解陈列发展的特殊性。

第一，在中国，艺术博物馆和美术馆的概念[320]是西方舶来品，它不像西方那样是在几个世纪通过珍奇屋建构与认识世界的努力基础上自发建立起来的。20世纪早期的中国知识分子基于在海外留学和翻译外文进步典籍的经验，逐步意识到艺术博物馆对美育传播和国家精神塑造的重要性，有留法经历的徐悲鸿曾谈到，"一国有美术博物院……维持国家之文明……提高人民程度之水平线"[321]。在早期对中国艺术博物馆的设想中，艺术博物馆这个概念往往是与它在海外的前辈联系在一起的。1923年的《建筑美术馆》中有言："国人研究西洋艺术十年后……其中以美术馆的建立，尤为根本要图。"[322]1929年的《美术馆之建设》中更是提到欧美各国及日本随处都有美术馆建设并且将其作为文化中心，而中国怎可"瞠手其后"[323]。

第二，艺术博物馆的基础是它的收藏，大部分国际艺术博物馆主要基于它继承或收编的大量艺术作品而开始陈列并进行美育。虽然中国从帝王世家到地主乡绅都有收藏艺术品的传统，也积累了大量珍品，但在中国艺术博物馆的筹建阶段，收藏的主要掌握者仍是封建制度的残存者或是割据一方的军阀等势力。以故宫博物院的收藏为例，在1924年将末代帝王逐出后，故宫的收藏并没有即刻成为人民的财产，次年成立的故宫博物院经历了数年军阀和遗老的干扰，不断遇到改组和接收的危机[324]。虽然中国艺术博物馆的倡导者希望有一座理想的艺术博物馆能

---

[320] 在中国，许多艺术博物馆被命名为美术馆，但二者在翻译成英文时都是 art museum。这是比较复杂的翻译问题和对艺术博物馆定位的历史问题。譬如在20世纪50年代初，对美术馆的定位一度是展览馆，但随着艺术博物馆的发展，这两个概念趋于统一，都指向收藏艺术和展示艺术。关于这一命名问题本章不做展开，本章所提及的美术馆基本为有收藏的艺术博物馆，除了一些机构本身的名字为美术馆（如天津美术馆、苏州美术馆、中国美术馆等），大部分都采用艺术博物馆的说法。

[321]《徐悲鸿君学术研究之谈话》，《时报》1926年3月7日。

[322]《建筑美术馆》，《时报图画周刊》1923年4月2日。

[323] 缪郎：《美术馆之建设》，《湖南教育》1930年第19期。

[324] 于坚：《故宫博物院的历史和发展》，《故宫博物院院刊》1986年第1期，第5~6页。

容纳中国历史上各个时代的伟大文明，就像 20 世纪 20 年代国内学界所期待的那样，"收藏古代美术品、不致散失。又可使后学之士有所师承"[325]，但对于当时的现实来说，这些都是一些美好的愿望。没有历史积淀的丰厚收藏，进步的文化人士就为艺术博物馆的发展寻找到了另一条出路——现代展览，而这也在一定程度上象征与代表过去的古代收藏的分割。在他们看来，现代艺术展览可以孕育新的艺术风格和文化气象，也可以基于此促成另一个新的文化事物——艺术博物馆（尤其以现代艺术为主）。中国早期艺术博物馆的建立与参加国际博览会的展览、进步艺术团体举办的美术展览以及国内大型博览会息息相关[326]。这些展览在为艺术博物馆提供新的艺术思想、培养参观群众、建立展示制度的同时也提供了作品来源。1927 年成立的苏州美术馆就是由 1919 年开始的苏州画赛会发展而来，并以每年元旦期间举办的苏州画赛会展览为重点开展相关工作。早期艺术博物馆的收藏也有从展览中得来的，湖南美术馆 1928 年的"陈列作品收购政策"的第一条就是从"全省美术展览会陈列，选其最优作品为基本陈列品"[327]。这种情况也持续到 20 世纪下半叶的艺术博物馆中，五六十年代建立起的第二批艺术博物馆首先承担了以展览来普及大众的任务，当时的一些现代艺术展览作品也进入艺术博物馆的收藏中，并且一些博物馆在筹办之前都先组建了收购小组，这也侧面印证了中国艺术博物馆藏品积累的问题仍然存在[328]。

第三，虽然辛亥革命之后，近代中国知识分子对艺术博物馆的发展倾注了巨大的愿望和心血，也促成了 20 世纪 20 年代以来一系列艺术博物馆的建立，如上文提及的苏州美术馆等，但在接下来不到一百年的时间，它的发展却经历了几次断裂。与国际艺术博物馆自 18 世纪末树立了一套陈列模式来抵抗两次世界大战和 20 世纪 60 年代的内部革命不同，每

---

[325] 缦郎：《美术馆之建设》，《湖南教育》1930 年第 19 期。

[326] 关于中国早期艺术博物馆（美术馆）与展览的关系，参考李万万《美术馆的历史：中国近现代美术馆发展之研究（1840—1949）》第四章和第五章，第 105~294 页。

[327] 缦郎：《美术馆之建设》，《湖南教育》1930 年第 19 期。

[328] 中国美术馆、中国艺术博物馆都组建了藏品征集、收购小组。详情在本章第四节中会进一步展开。

一次社会变革对中国艺术博物馆来说都是较为沉重的打击。1937年抗日战争导致了第一批艺术博物馆在炮火中从馆址到理念上的几乎全覆灭，一些还在筹建中的湖南美术馆、广州美术馆、河南美术馆只停留在文本阶段。据中国博物馆协会编印的《中国博物馆一览》统计，1936年（战前）国内的博物馆数量曾达80座[329]，而它们在次年后的命运令人扼腕。中国博物馆学者苏东海对此惋惜道：30年代是中国博物馆事业最有希望的年代，可惜战争中断了这一富有希望的进程[330]。1949年中华人民共和国成立后，从真正意义上完成了艺术的国有收编，但面临的却是几乎残破的博物馆现实（当时全国只有21家博物馆）。中央当时首先选择参考苏联的经验重建博物馆，1955年文化部派出了代表团赴苏联实地考察学习，还聘请苏联专家来华指导博物馆修建，这一时期国内也随之翻译出版了一批带有苏联经验的博物馆著作（《博物馆陈列的组织与技术》[331]《苏联博物馆学基础》等）作为各地学习的指导用书，苏联博物馆学提倡的遵循马列主义思想的地志博物馆的办法被推广至各省，促进各地利用包括艺术作品在内的自然物与人造物表现各具特色的自然、历史和社会风貌。虽然艺术博物馆的事业也同时在发展，但一些曾经具备成为艺术博物馆的潜力股竞相转型，如首都博物馆、山东博物馆、景德镇陶瓷馆等。另一方面，一些艺术博物馆也自此走上历史陈列的探索道路，譬如故宫博物院在20世纪50年代举办的"原始社会"展览采用了历史唯物主义的观点和方式。最近的一次冲击是在20世纪六七十年代，即便80年代回归正轨后，大量艺术作品也流向综合类、地志类博物馆，错过了组建艺术史陈列的最佳时机。

第四，从上一点的简单归纳中可以发现，中国的艺术博物馆在每一次断裂及接续发展时都进行了一定的变革。一方面是历史和政治的原

329 南京博物院编：《曾昭燏文集·博物馆卷》，北京：文物出版社，2009，第43页。

330 苏东海：《博物馆的沉思：苏东海论文选》，北京：文物出版社，1998，第15页。

331 [苏] 米哈依洛夫斯卡娅 .А.И.：《博物馆陈列的组织与技术》，宋惕冰译，北京：文物出版社，1959。

因；另一方面，也在于艺术博物馆陈列所依托的相关学科建制还不完善。国际上的艺术博物馆在建立之初推广了一套以艺术史正典为依托的陈列模式和为意识形态代言的话语模式，稳固的模式维持了它发展的稳定，即便是多元文化的冲击也只是对这一模式进行修修补补。中国虽然也有大量的历代艺论传世，但作为学科的艺术史系统研究起步较晚，20世纪50年代以后才陆续开始学科建制（1957年中央美术学院美术史系成立）。20世纪80年代以后开始有数量较多和系统化的中国艺术史研究，如《中国美术通史》（王伯敏），《中国现代绘画史》（张少侠、李小山），《近代中国美术论集》（何怀硕主编），《中华民国美术史》（阮荣春、胡光华）[332] 等。并且中国艺术史的研究与物质文化史交织在一起，中国美术史基础教材涉及的作品大部分都在综合类博物馆或地质类博物馆的历史陈列中，这也使得古代绘画的大部分陈列被作为古代历史叙述的元素出现在地志博物馆中。

第五，作为一定意义上的权威真理的象征物，国际上的艺术博物馆常常在文化领域成为被批判的对象，它们是文化冲突和文化辩论的核心。催生争辩的同时也包容反对的声音。中国的艺术博物馆在20世纪20年代诞生之时曾作为现代文化的新现象，在60年代重建之时是文艺界的讨论热点，在80年代对"八五新潮"艺术的接受也表达了官方艺术机构对当代艺术的态度。虽然中国艺术博物馆断裂性的发展经历让它在一些时间段中仿佛是当代文化的失语者，但近年来，随着王璜生等国内美术馆学者对"新美术馆学"概念的提出以及一些艺术博物馆在当代文化领域的展览策划的质量不断提升，这一情况有所好转。不过，仍然要注意到，中国今天的艺术博物馆在当代文化中的话语权还是岌岌可危，综合类博物馆的藏品和阐释以及实验性替代空间等新的展览形式，

---

332 事实上，在20世纪五六十年代已经出现了美术史论著，50年代有胡蛮的《中国美术史》（1953年）、王逊的《中国美术史讲义》（1956年），60年代有美术研究所等主编的《中国现代美术史》和《中国现代美术史图谱》。但是因为总体数量不多，并且一些论著的观点后来也遭到了批判，"文革"后的80年代才迎来中国美术史研究的高峰时段。

对它而言都是新的挑战。对艺术博物馆来说，虽然要解决的问题首先是收藏、陈列、空间改造等一些基础性问题，但同时也要思考如何在景观的破裂和断层中通过艺术展示对人和物的解放来为它在当代话语中树立"权威"。

第二节　始终存在的陈列

中国的文化界对陈列的认知在对博物馆这个舶来概念的最初学习中就被一并考虑了。陈列在中国的艺术博物馆并不是缺失的，从20世纪20年代开始，它就与艺术博物馆相伴而生。

最早可以在一些规划文本中寻觅到踪迹，蔡元培在1922年的《美育实施的方法》中提出美术馆应该"搜罗各种美术品、分类陈列"[333]。1928年，李毅士提交给在南京召开的中华民国大学院"全国教育会议"的提案《为供给艺术教育上重要之参考资料起见，应请各地当局速在各大都市中建立美术馆之基础案》中提出了陈列的计划，"征求国内私人收藏之美术品，借以陈列于美术馆中，供观众观摩……美术品有不能在美术馆中做长期陈列者，可作短期之陈列。物主不愿借出陈列与观众，可以翻印品代之"[334]。李毅士在计划中指出了艺术博物馆陈列的四个特点：它由有一定审美价值的艺术作品构成，区别于博物馆的标本、文物或其他纪念物；它不是展览会那样的临时展览，可以在一个较长的时期内让观众反复观赏藏品；与短期陈列相比，长期陈列是首选；考虑到作品的材质等问题，可以用短期陈列的更迭来替代长期陈列；为了保证长期陈列内容的完整性，一定杰作的复制品也可以被容纳进来。这四个特

---

333 蔡元培：《美育实施的方法》，《教育杂志》1922年第14卷第6期，第4页。

334 李毅士：《为供给艺术教育上重要之参考资料起见，应请各地当局速在各大都市中建立美术馆之基础案》，参见章咸、张援编：《中国近现代艺术教育法规汇编（1840—1949）》，北京：教育科学出版社，1997，第259~260页。

点延续了国际艺术博物馆前辈的做法，也充分考虑了在实际操作中面临的问题。

许多早期的艺术博物馆规划章程中也都包含了陈列。1927 年河南美术馆的规划章程明确了陈列的内容和方式，它同时注重时间和空间，将陈列内容规划为四类："甲、书画部，陈列各种有艺术价值或含有革命形制之书画；乙、雕塑部，陈列各项有艺术价值之雕塑品；丙、刺绣部，陈列各种有艺术价值之刺绣品；丁、音乐部，设置各种乐器，召请音乐专家，定期演奏，以调节美之偏枯。"[335] 1928 年湖南美术馆也提出了自己对陈列的构想："全省美术展览会成立，选其最优作品为基本陈列品，并将革命先烈遗像由艺术家绘成或雕塑陈列之。再征集各国美术及国内古代作品扩充之。"[336] 1935 年在国立美术陈列馆的规划中，其提出要以伦敦中国艺术国际展览会中的古代美术为基础进一步对绘画进行陈列。

除了以上在文本中的陈列规划，还有一些落成的艺术博物馆在馆内实施了陈列，1928 年建立的苏州美术馆设置了九间陈列室展出中外美术作品、模型和西方绘画的印刷品、摄影作品[337]。1930 年建立的天津美术馆更是特别强调陈列在馆内的重要性——天津美术馆在建馆之时就为陈列专设一层[338]，从 1933 年开放陈列，在之后的十数年间多次调整陈列内容并不断扩充陈列数量和延长开放时间。在 1936 年，它陈列的作品数量达 4500 余件[339]。

中华人民共和国成立后，1959 年首先创办的中国艺术博物馆就安排了陈列，制定其内容是"五四以来党领导下革命文艺发展各阶段的历史资料和建国十年来的艺术成就资料和实物"[340]。随后开放的中国美术馆在 1961 年的《中国美术馆陈列方案与各厅陈列计划草案》中也划定了陈列的范围、挑选作品的方针以及展示的方式，"陈列从五四到现在

[335] 《河南美术馆章程》，《河南教育》1929 年第 2 卷第 1 期。

[336] 缦郎：《美术馆之建设》，《湖南教育》1930 年第 19 期。

[337] 中国博物馆协会编：《中国博物馆一览》，北平：中国博物馆协会出版社，1936，第 73 页。

[338] 齐珏编著：《丹青碎影：严智开与天津市立美术馆》，天津：天津古籍出版社，2015，第 74 页。

[339] 《市立美术馆成立六周年》，《大公报（天津）》1936 年 9 月 30 日。

[340] 徐梦可：《空间建立与体制生成——以中国美术馆建馆为中心（1949—1963）》，2018，第 83 页。（原文未发表）

的各种美术作品，以解放后的作品为陈列重点"[341]。1964 年从中国美协展览馆转型的中央美术学院陈列馆，在 1984 年制定了这样的陈列计划："每年三月起将馆内三层辟为陈列室，按照藏品类型，分为本校教师作品陈列、本校历届学生作品陈列、当代社会画家作品陈列、古代书画作品陈列、国外美术作品陈列、文物藏品陈列六类"[342]，并于同年实施了这一计划，还在 3 月接连举办了"馆藏中国画展览"（3 月 1 日—3 月 23 日）、"馆藏油画陈列"（3 月 27 日—4 月 10 日）[343]。

进入新世纪以来，一些艺术博物馆的陈列呈现出多样化的面貌，在探索中国艺术史通史型陈列的基础上，注重围绕本馆藏品特色举办不同的专题研究陈列。中国美术馆 2003 年和 2005 年在固定展厅（第 13、14、15、17、19、20、21 号厅）进行了几次规模较大、时间较长（每期超过半年）的专题陈列，分别聚焦百年艺术发展、近现代名家作品和当下创作[344]，从专题选择和展出位置上保持了一定的延续性；故宫博物院从 2008 年开始在武英殿书画馆举办以中国美术史发展为主轴的"故宫藏历代书画展"系列藏品陈列[345]；上海美术馆（中华艺术宫）2012 年起针对馆藏特色策划了名家常设陈列以及旨在用美术构成上海的历史和文化意义的"上海历史文脉创作美术创作工程"常设陈列[346]；中央美术学院美术馆围绕民国美术收藏，以半年为周期在固定展厅策划"北平艺专（中央美术学院）研究系列陈列"；等等。

以上这些艺术博物馆的陈列，虽然大部分还没有形成固定陈列，但这些围绕规划展开的收藏工作以及短期藏品陈列展览展现了几代艺术博物馆人的努力。如果进一步分析这些陈列规划和内容，会发现它们展现了一个从向国际学习到本土化的发展过程，下文将结合陈列案例对这一过程进行具体分析。

41 刘曦林：《文案追溯——中国美术馆 40 年学术研究记叙》，未出版，第 7~8 页。转引自：张英剑《个案研究——中国美术馆收藏与管理》，中央美术学院硕士学位论文，2007，第 5 页。

42 中央美术学院美术馆：《中央美术学院美术馆 2010 年鉴》，内部资料，第 20 页。

43 中央美术学院美术馆：《中央美术馆学院美术馆 2011 年鉴》，内部资料，第 23 页。

44 中国美术馆从 1978 年开始每年做部分藏品陈列，但连续性相对不强。21 世纪初的几个藏品展览分别是：2003 年 7 月—2004 年 11 月举办的"中国美术馆藏近百年美术作品陈列"，将百年中国美术以时期分为

四个阶段展示（一、1900—1930，二、1930—1949，三、1949—1978，四、1978—2000）；2005 年 1 月—7 月举办的"中国美术馆藏近现代名家作品系列展（一）：任伯年、吴昌硕、齐白石、黄宾虹"，选取了四位对 20 世纪中国画发展与创新产生重大影响的名家；2005 年 10 月—2006 年 3 月举办的"中国美术馆藏品陈列展"，选取 1979—1999 年能够反映当时的时代生活并代表当时创作特色的绘画和雕塑。参见该馆官网：http://www.namoc.org/.

345 在 2008—2016 年期间共举办 20 次展览。从 2008 年至 2010 年每年 3 期，3 年共 9 期。从 2011 年至 2014 年，每年推出 3 期或 2 期，进行第二轮循环展出。参见该馆官网：https://www.dpm.org.cn/.

第三节　20 世纪早期陈列：对国际陈列模式的学习

中国艺术博物馆早期大部分陈列规划，因为多方面的原因，并没有实现或实现了也没有维持较长时间，但从天津美术馆和苏州美术馆的陈列实践来看，早期陈列体现了向国际陈列模式学习的努力。

一、从学习艺术史正典到应用博物馆分类

天津美术馆的创办人严智开在天津美术馆沿革中对艺术的源头和美术馆所依托的艺术史学科进行了言明，他认为"美术之原理及其作用，罔不殚心研求，有着为独立之学科者，虽轫自德国哲学家薄姆哥登氏（Alexander Gottlieb Baumgarten），而实萌芽于古代之希腊美学"[347]。这一言明的来源并不突兀，与严智开的个人经历有紧密关系。严智开从留学日本时（1912 年）就关注西方美术在中国发展的问题，他还于1918 年、1919 年先后赴美国（哥伦比亚大学）和法国（巴黎国立高等美术学校）留学学习西洋画。在筹建天津美术馆之前，严智开于 1930年赴日本考察日本美术馆情况，并受黑田纪念馆（Kuroda Memorial Hall）的美术研究所启发良多[348]，而黑田纪念馆正是在日本西洋画领域有重要影响的留法画家黑田清辉（Kuroda Seiki）的纪念馆。学习西洋艺术和考察欧、美、日美术馆的经历都为严智开将西方艺术史和古典艺术引入天津美术馆打下了基础。

可以用西方古典雕塑的石膏和大理石复制品为例说明——严智开在考察日本时购置了一些石膏雕塑[349]，而在当时馆内也可见西方雕塑的石膏和大理石复制品[350]，如詹博洛尼亚（Giambologna）雕塑《维纳斯》[351]的石膏版本（图 6-1、6-2）。这种雕塑复制品在 19 世纪以来的

---

346 2012 年，上海美术馆搬至 2010 年上海世界博览会场浦东园区的中国馆"中华艺术宫"，新馆设立了多个常设陈列（不止文中所提的两个陈列），参见该馆官网：https://www.artmuseumonline.org/art/art/zlgz/zl/zlyg/index.html?tm=1584435216421.

347 严智开：《天津美术馆美术丛刊创刊号序》，《美术丛刊》1931 年创刊号（天津美术馆刊行）。

348 齐珏编著：《丹青碎影：严智开与天津市立美术馆》，天津：天津古籍出版社，2015，第 254 页。

349《市美术馆九月底完成初步计划》，《大公报（天津）》1931 年 7 月27 日。

350《美术丛刊》1931 年创刊号（天津美术馆刊行）插图。

351 法国样式主义艺术家詹博洛尼亚的雕塑《维纳斯》（Venus），1573 年。

国际博物馆中较为常见，为了能拥有陈列模式的核心部分，古希腊、古罗马和文艺复兴的雕塑、浮雕可以用石膏复制品的形式来代替[352]。这样的情况在苏州美术馆也存在，苏州美术馆由留法西洋画家颜文樑创办，另一位留法画家黄觉寺后担任馆长。位于苏州美术专科学校新建筑中层的苏州美术馆有石膏陈列室（图6-3），这些石膏雕塑（460余座）大部分为颜文樑在1929—1930年留法期间所购[353]。从记载来看，颜文樑"先求希腊名作，次及古罗马与文艺复兴诸时代的名作"[354]（这些石膏雕塑也同时作为美专的教学用具）。从以上可看出早期的艺术博物馆实践者学习国际陈列模式的愿望。

在这样的基础上可洞见他们进一步完善陈列中的西方艺术史叙事的雄心。虽然可以通过购买雕塑和复制西方绘画[355]效仿一个"进步"的西方艺术史，但中国的艺术博物馆始终不能脱离中国的艺术。一方面，天津美术馆接受了大量中国艺术家的捐赠及接管了海关扣留的走私文物[356]（图6-4），而从苏州画赛会转型成立的苏州美术馆在最开始就收藏有中国画家的作品；另一方面，当时社会各界对这一出现在中国的新文化事物也寄予厚望：希望它能够彰显中国文化，林风眠在《美术馆之功用》一文中就表达了这样的期望："使那些以各种目的来到中国的人们，毫不费力地看到了我们数千年文化的结晶，毫不费力地看到我们的历史的表现，谁不相信对于我国的荣誉是有绝大帮助的？'眼睛是心灵的门户'，'第一个印象可以左右整个的思想'，美术馆对于国家的观瞻也是不可轻视的啊！"[357]值得一提的是，林风眠的这篇文章发表在天津美术馆的馆刊《美术丛刊》上（图6-5），由此可见当时的办馆理念已对此类意见有了考虑。天津美术馆相应地扩大了中国艺术方面的购藏，与开馆前以西方作品为主的购藏不同（1930[358]），1932年的购藏以国

52 Carol Duncan, "Art museums and the Ritual of Citizenship", *Exhibiting Cultures: The Poetics and Politics of Museum Display*, Ivan Karp and Steven D. Lavine (eds.), Washington: Smithsonian Books, 1991, p.99.

53 王勇：《苏州美术馆——中国美术史上第一馆》，《美术大观》2006年第12期，第12页。

周矩敏编：《沧浪一页：纪念苏州美术馆建馆80周年》，合肥：安徽美术出版社，2006，第7页。

54 钱伯城：《观景楼杂著》，沈阳：辽宁教育出版社，1998，第387页。

55 陈济龚在《苏州美术馆一瞥》中言及苏州美术馆有西方临摹作品，他的文章插图也是一件对巴黎高等美术学院莱昂·博纳（Léon Bonnat）作品的临摹作。参见《京沪沪杭甬铁路日刊》1937年第1796期，第128页。

天津美术馆的征集作品办法包括"摹写"一项，指对珍贵美术品的临摹。参见齐珏编著：《丹青碎影：严智开与天津市立美术馆》，天津：天津古籍出版社，2015，第79页。

356 据艾姝统计，天津美术馆接受了中国艺术家齐白石、李苦禅等人的作品捐赠，还接受了收藏家何叙甫、姚品侯等人的藏品捐赠，并于1930年起陆续接管包括海关扣留走私文物、敌伪物资等。参见艾姝：《民国时期天津美术馆收藏诸问题》，《博物馆学刊》2014年第5辑，第57～61页。

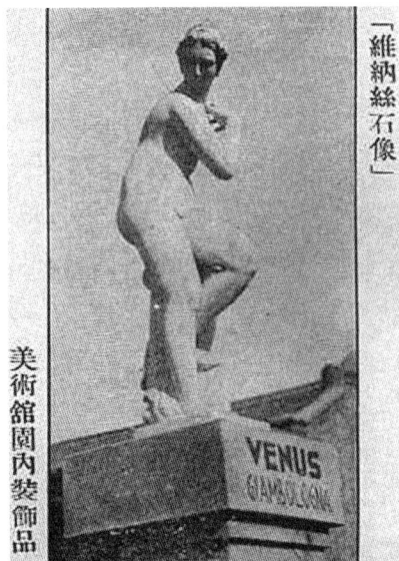

图 6-1
天津美术馆雕塑《维纳斯》

图 6-2
詹博洛尼亚,《维纳斯》

图 6-3
苏州美术馆石膏室

图 6-4
天津美术馆接收海关扣留的
走私中国古代石刻,20 世纪
30 年代

内作品为主。

但如何陈列中国的艺术对中国早期的艺术博物馆来说还是个难题，尤其是一些不在西方艺术史和艺术博物馆陈列中可见的中国作品（金石、拓片、古代石刻等），国际的陈列模式似乎不能直接套用在它们身上。在这种情况下，一些在国内已经卓有声望的针对中国藏品的博物馆提供了策划经验，比如1905年张謇在南通建立的中国第一座综合类博物馆"南通博物苑"。在南通博物苑内，张謇将藏品分为自然、历史、美术、教育几个大部[359]，在每个部里再进一步按照地区、类型和年代划分，做到分门区种、各以类同。其中美术部根据材质类型的不同被分为六种子类："书画、雕刻、刺绣、漆器、雕塑、陶器。"并且张謇还效仿海外，采用了部分复制品和模型作为陈列的辅助以达到教育的目的。南通博物苑作为国人自己建立的第一座博物馆，在20世纪上半叶对学界产生了重要的影响，许多科学界、教育界的进步人士都曾到访参观，包括梁启超、黄炎培、陶行知等[360]。虽然没有直接的证据显示艺术博物馆的实践者谈论自己如何受到南通博物苑的影响，但可以从他们陈列艺术的方式中找到明显的联系。比如河南美术馆对陈列内容进行"书画、雕塑、刺绣、音乐"的分类是对南通博物苑美术部分类的前三种的直接借鉴。事实上，如果回到当时的博物馆语境，其实无论是艺术博物馆还是其他类型博物馆的划分，都不是最要紧的事情，亦不存在严格意义上的博物馆不同类型之间的隔膜，经验上的互相学习皆为促进中国博物馆事业的发展。

没有完全效仿西方艺术史模式，但在南通博物苑等早期博物馆实践的启发下，早期艺术博物馆走上了使用分类法的另一条道路。南通博物苑的陈列方式是国际自然科学博物馆分类法的本土化展现，在南通博

57 林风眠：《美术馆之功用》，《美术丛刊》1932年第2期（天津美术馆刊行）。

58 在《美术馆购入美术品目录》中可看到1930年的购买记录，其藏品以西洋雕塑复制品为主，参见艾姝：《民国时期天津美术馆收藏诸问题》，《博物馆学刊》2014年第5辑，第56页。

359 陶思炎主编：《江苏特色文化》，南京：南京师范大学出版社，2009，第202页。

360 王栋云主编：《南通博物苑2006年论文集》，扬州：广陵书社，2007，第105页。

▶ 图 6-5
《美术丛刊》创刊号封面

▶ 图 6-6
天津美术馆第一次展览会国
画陈列室之一部，1931 年

▶ 图 6-7
天津美术馆绘画陈列室内景，
1940 年

物苑开放之前，《自然系统》和《汤姆逊分类法》这些经典的博物馆藏品分类著作就被引入中国，并应用到博物馆。南通博物苑的一层动植物标本、二层历史文物的分法以及将动物按照门类细化的做法，在国内更早一些由西方人建立的、采用西方陈列方法的博物馆（比如徐家汇博物馆）的馆内分布，并且在它们对科目的分类中都可看到关联的因素[361]。南通博物苑陈列的一些特点，如"以材质为分类依据""年代"和"比较"被中国艺术博物馆学习并进一步发展。

以天津美术馆为例，在建馆后三年，天津美术馆基于购藏和捐赠的藏品积累，于1933年正式开放藏品陈列，其内容为"建筑、金石书画、雕型、西画、中国雕塑"五部分。两年后，陈列内容扩展为"历史文物、古代石刻、工艺美术、建筑模型、古今书画、东西绘画、中外雕塑、古今拓照、美术摄影"九部分[362]。由此可见，与国际陈列模式对艺术流派、风格、大师的强调不同，天津美术馆的陈列对艺术的分类与南通博物苑的六种艺术类型有相似之处。南通博物苑的六种分类"书画、雕刻、刺绣、漆器、雕塑、陶器"依据了作品材质"纸、石、布、漆、土"（其中猜测雕刻指的是金石印章，雕塑指的是立体雕塑）；天津美术馆不仅以油彩（西洋画）、纸、石膏、石、摄影、金石等艺术创作材质为依据分类，同时也打破了金石书画的材质壁垒，将其划归为能表现中国本土艺术风貌的一种类型，把刺绣等手工艺作品提升至工艺美术范畴。11月陈列中的"东西绘画"和"中外雕塑"还传递出一种中西比较的进步思想，在这种比较中，可以看出天津美术馆获得中国艺术之特点及盼望中国艺术进入西方艺术史叙事序列的朴素愿望。（图6-6、6-7）

361 宋伯胤：《博物馆人丛语：宋伯胤博物馆学论著选》，西安：陕西人民出版社，2002，第214页。

362 艾姝：《民国时期天津市立美术馆展览的视觉逻辑》，《美术馆》2020年第3期，第38页。

二、成为意识形态表征的诉求

事实上，在艺术博物馆起步阶段，它作为中国博物馆事业的一分子，首先就已经在有识之士将博物馆与国家观念联系起来的范围之内，康有为在《上海强学会章程》（1895）中较早将博物馆和救亡图存联系起来 [363]；又如蔡元培所言，艺术博物馆是一种特殊的可以改造社会的工具 [364]。20 世纪初，中国正处于两种社会制度交替的时代，不仅要展示科学的进步和自然的广袤，新的博物馆也需要提供一种与之匹配的新视觉语言，在反映文明杰作的同时，形成国家文化的某些关键意义。在对天津美术馆的寄愿中，严智开认为"试观中外古往今来，殆未有美术不兴而国能富强者，然则美术之关系，故不重哉" [365]。主任潘元牧也意见一致，他认为中国作为曾经的文明之邦，现在处于一种落后的局面，要通过艺术复兴奋起直追 [366]。在他们看来，要通过建立艺术博物馆和"筹备长期陈列"（潘元牧）的方式，引起人们对艺术的兴趣，并以此作为艺术教育的基地。另一位美术界重要人士徐悲鸿对艺术博物馆的寄愿中也首先提及这一点："一国有美术博物院，凡系上帝赋予之天才，均得有所表见，从来维持国家之文明者，本赖提高人民程度之水平线。" [367] 不过，值得注意的是，徐悲鸿的观点一方面指出了这个艺术博物馆与国家文化象征之间的关系，还在这篇谈话中进一步指出了对艺术博物馆陈列内容的期许。在他看来，这应该是一座汇集世界杰作的机构，以应对中国艺术文化的落后局面，"学者坐井观天，不见世界名人之杰作，夜郎自大，不知天有几许高，地有几许厚，滔滔终古，遂永无向上之新心矣"。

这里就涉及了艺术博物馆要维护一个怎样的"国家"的问题，是一个学习西方的国家，还是一个以本土化为中心的国家。这也与当时文艺

---

363 康有为：《上海强学会章程》（原载《益闻录》1895 年第 1535 期，第 604~605 页），参见汤志钧、祖恩编：《中国近代教育史资料汇编：戊戌时期教育》，上海：上海教育出版社，1993，第 78 页。

364 蔡元培：《美术的起源》，《绘学杂志》1920 年第 1 期，第 1~4 页。

365 严智开：《天津美术馆美术丛刊创刊号序》，《美术丛刊》1931 年创刊号（天津美术馆刊行）。

366 潘元牧：《天津美术馆缘起》，《美术丛刊》1931 年创刊号（天津美术馆刊行）。

367 《徐悲鸿君学术研究之谈话》，《时报》1926 年 3 月 7 日。

界的两种思想论争有关：一方是以吕澂、陈独秀为代表的倡导抛弃旧传统的革新派，"我国美术之弊盖莫甚于今日，诚不可不极加革命也"[368]；另一方是以金城、陈师曾为代表的对全盘西化的反对者，陈师曾指出传统绘画有其价值所在[369]，主张回到"师造化"以完成另一种中国画改良之道。再回到对艺术博物馆的讨论中来，徐悲鸿所代表的正是革新派观点，而他本人在艺术创作中也强调通过西画改良中国画[370]。《建筑美术馆》就具体阐明了一个中国西方式的艺术博物馆的内容："汇集世界艺术家的结晶，通普及艺术的先锋，并且是一国文化事业的表示。"作者认为美术馆应该陈列两种作品，一种是"西洋名家作品"，另一种是"到各国去，将世界著名的各美术馆陈列的绘画，选择伟大而又重要有关系的，临摹下来，雕刻一种，也可翻成石膏，输入中国"[371]。其实，这也正是上文所说的早期艺术博物馆表现出对西方艺术史陈列模式学习的愿望。不过正如上文也提到，理想会遭遇一系列现实问题，事实上，在早期的陈列实践中，大多采用了后者的方式。天津美术馆后来将收藏和陈列重心转向中国艺术的案例已经在上文提及，这里以苏州美术馆的陈列来进一步分析。

苏州美术馆的陈列中有不少中国艺术家作品，按照他们的绘画类型又分为中国画和西洋画。据1937年陈济龚的文章《苏州美术馆一瞥》[372]所论，馆内展出了大量中国艺术品。陈济龚特别提到，入口西侧第一陈列部是以王之玑、祝德等人的作品作为开始。在文章中他还介绍了其他陈列室的情况：第二陈列部有华山相关的摄影（第一陈列室）[373]，位于新建筑内的第三陈列部有许九麟、关惋石、李问平（第二陈列室）、叶佩芬、杨祖述（第三陈列室）等人的西洋画，还有徐邦达、经崇华等人的中国画（第五、六陈列室）[374]。苏州美术馆的前身苏州画赛会（1919

[368] 吕澂、陈独秀：《美术革命》，《新青年》1919第6卷第1期。

[369] 陈师曾：《文人画的价值》，《绘学杂志》1921年第2期。陈师曾：《中国画是进步的》，《绘学杂志》1921年第3期。

[370] 徐悲鸿：《中国画改良论》，《绘学杂志》1920年第1期，第12~16页。

[371] 《建筑美术馆》，《时报图画周刊》1923年4月2日。

[372] 陈济龚：《苏州美术馆一瞥》，《京沪沪杭甬铁路日刊》1937年第1796期，第127~128页。

[373] 第二陈列部的第一陈列室是中国画陈列室。

[374] 第三陈列部的第四陈列室是中国画陈列室。

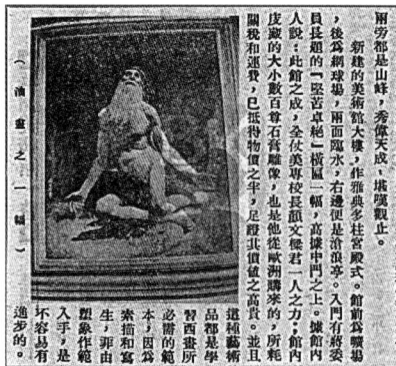

图 6-8
陈济龚《苏州美术馆一瞥》一
文中的插图

图 6-9
莱昂·博纳，《乔布》（Job）
1880 年

年首届）的举办宗旨就是基于"国人对艺术犹未注意之期，社会审美观念极低"[375]，鼓励中国艺术家踊跃创作。部分参展作品也留在了后来的苏州美术馆，这反映了苏州美术馆具有推动中国艺术发展的新职能。

但是，苏州美术馆购置的西方雕塑石膏等作品也没有完全让位于中国艺术，就像天津美术馆的陈列依然在"东西绘画"和"中外雕塑"中保留了海外相关作品（图 6-8、6-9）。陈济龚记载苏州美术馆馆内有"百尊石膏像"（应在石膏陈列室或馆内其他公共空间）和颜文樑临摹的西方油画（第三陈列部第一、二陈列室）。这种展示方式也如天津美术馆一样呈现了一种比较的愿望，如创办人颜文樑所言："虽不能与欧美

---

375 颜文樑：《十年回顾》，参见《艺浪》1932 年第 8 期（十周年纪念号），苏州：苏州美术专科学校出版，第 5 页。

各国颉颃，然在草创阶段，未始非表示我苏艺术界之合作精神。"这种与西方的合作更是一种颜文樑对苏州乃至中国艺术的憧憬——"成为世界美术之中心"[376]。

　　事实上，在早期艺术博物馆的实践中可以看出他们在西方理想与中国现实中的一种折中：在学习国际陈列模式的同时为中国艺术复兴营造机遇。而这样的思想一方面与同时期的博物馆界（也是艺术博物馆所处的博物馆语境）发生的陈列和展览情况相吻合。譬如 20 世纪 30 年代前后的北平历史博物馆、北平古物所、河南省博物馆等馆以中国藏品作为内容展出，吸引了大量观众，显示了通过文化树立民族自信的可能性，给予了艺术博物馆对中国艺术的信心。另一方面也与博物馆学习西方的从"全面学习"到"西体中用"的观念转移契合，20 世纪 30 年代中国开始筹建博物馆协会，协会原则之一即为"引导大众对中华民族文化遗产正确认识"[377]。民族自强之路不仅仅在西方，也在民族自身。在 1935 年协会会刊上发表的一篇文章《欧美博物馆及美术馆陈列之法演进》中提到欧美的陈列时，没有承袭以西方杰作构成艺术史这样的观点，而是注意到陈列中的本土部分，"欧美各国，有博物馆及美术馆之设立，举凡与其本国历史文化有关之各种古物及艺术作品，皆尽量收集、分类、整理而依系统陈列之。且往往兼藏与其他国历史文化有关之代表物品，以与其本国之作参考比较。按此种组织之主要目的，不外一方面使一般民众增加常识及对于其本国过去文化之认识与爱护；一方面则为鼓舞其努力发展旧有文化而创造新文化也"[378]。而这种本土与国外的比较陈列法也正是苏州美术馆和天津美术馆所采用的办法。

　　总而言之，与其说维护意识形态，不如说早期艺术博物馆的陈列在一定程度上表达了作为与时俱进的意识形态立场的表征愿望，积极地与

376 颜文樑：《十年回顾》，参见《艺浪》1932 年第 8 期（十周年纪念号），苏州：苏州美术专科学校出版，第 6 页。

377 梁吉生：《中国博物馆协会及其学术活动》，《中国文化遗产》2005年第 4 期，第 27 页。

378 李瑞年：《欧美博物馆及美术馆陈列之法演进》，《中国博物馆协会会报》1935 年第 1 卷 1 期，第 1 页。

◀ 图 6-10
苏州美术馆外观

◀ 图 6-11
苏州美术馆陈列部拱廊

◀ 图 6-12
黑田纪念馆

◀ 图 6-13
天津美术馆主楼

时代精神呼应和互动。虽然与国际陈列模式所维护的意识形态正确性还是有一定区别[379]，但依然可以看出其试图成为国家民族文明代表的雄心以及尝试探索处理这种雄心的办法。

三、建筑与知识生产塑造的空间权力

在对艺术史正典和意识形态表征学习的基础上，早期艺术博物馆和它的陈列也表现了对国际陈列模式中空间权力的学习，主要体现在两方面：一是在建筑形式上与西方古典陈列内容的统一，二是缔造生产知识的空间权力。

首先是建筑对陈列的呼应。包含苏州美术馆的苏州美专的建筑是列柱拱廊式（图6-10、6-11），该建筑由颜文樑聘请上海工部局建筑师吴希猛"依希腊建筑之式"[380]设计图样，由苏州张桂记营造厂中标承造。这一古典建筑风格再结合颜文樑购置大量西方古典雕塑复制品放进美术馆的最初愿望，可见建筑与陈列在规划初期就表现出了统一的趋势，也寄托了他们希望古希腊的艺术精神能够对中国艺术和艺术教育产生积极影响的愿景。天津美术馆的建筑是严智开受赴日考察时所见的黑田纪念馆（冈田信一郎设计，图6-12）的启发而建[381]，黑田纪念馆的特征是正立面二层的爱奥尼亚柱式所营造的古典气氛。天津美术馆虽然没有对此进行完全照搬，但是正立面窗户之间的立柱可以看作是古典柱式的变体（图6-13）。与苏州美术馆一样，天津美术馆最初的购藏清单中也是以西方雕塑复制品为主。因此，可以推测他们都对陈列模式与建筑空间要形成一致深信不疑。虽然后来因为多重原因，陈列的内容与策划发生了偏差，但建筑记录下了两馆最初的规划。

第二，在空间权力方面，对于艺术博物馆这一世纪初的新事物，当

---

[379] 当时国民政府政权和各方势力造成国家的不稳定局面，并不能判断思想文化的进步就是对作为意识形态的国民政府的维护，它的积极进取在当时来说也可能是一种变革。

[380] 钱伯城：《观景楼杂著》，沈阳：辽宁教育出版社，1998，第390页。

[381] 时任东京美术学校校长的正木直彦对严智开馆长当时的想法记录道："今有兴办天津美术馆，得知要办成像黑田纪念馆那样的美术馆，随同去美术研究所将其引荐给矢代先生并做了业务示范，很受启发……"（吉田千鹤子著，韩玉志、李青唐译，《东京美术学校的外国学生》，香港：天马出版有限公司，2004）。转引自艾姝：《民国时期天津美术馆视觉文化研究》，四川大学博士学位论文，2014，第147页。（原文未发表）

时各界都对它给予了不同的期望。有政客将它作为维护自己支持公共事业形象的工具，譬如曹汝霖捐赠作品给天津美术馆[382]；早期革新人士还曾希望它成为一个承载国家公共性的文化符号。但它最重要的功能应属蔡元培在 1919 年指出的美术教育要普及社会的需要，"公开的美术馆或博物院，中间有陈列品"[383]。早期的艺术博物馆实践坚定地践行着知识生产和美术教育的职能，在严智开和颜文樑这样的实践者看来，以艺术强国，从强国人开始。严智开认为"美术馆之职责……即提倡与普及艺术教育，造就艺术人才，亦为其重大使命"[384]。不过与我们今天对艺术教育的理解有一定差异，他们将教育理解成两种类型：一类由陈列的艺术作品传递，另一类为以研习班为主的专项教育。

前者与当时文化界的期望以及今天的艺术博物馆公共教育的关联更大，公众可以通过艺术作品形成的叙事，领略和感受艺术作品的知识和美感，从而获得美育。要想获得这样的需求，就对输出方的"陈列"

---

382 艾姝：《民国时期天津美术馆收藏诸问题》，《博物馆学刊》2014
　　年第 5 辑，第 58 页。

383 蔡元培：《文化运动不要忘了美育》，《晨报副刊》1919 年 12 月 1
　　日。参见蔡元培：《中国人道德修养读本》，南昌：江西教育出版社，
　　2018，第 149~150 页。

384 齐珏编著：《丹青碎影：严智开与天津市立美术馆》，天津：天津
　　古籍出版社，2015，第 85 页。

以及陈列所在的"空间"提出了很高的要求，要求陈列至少能够有叙事安排、有特别的杰作吸引目光、有一定的文字阐释以及一个与之匹配的空间。不过，在《益世报》记者1933年参观天津美术馆的文章中指出了该馆陈列的诸多问题[385]，譬如作为建筑部件的琉璃瓦被归类到雕型中；齐白石、黄二南的作品表现了一种保守避世的态度，没有反映当时进步、实用的绘画艺术；西方雕塑的译名与当时国内的惯用名不同造成信息传递的失效。这些看法可能存在偏颇，有主观色彩，这也在一定程度上反映了天津美术馆的陈列未必在公众中达到其所期待的美育效果。并且从一些现存的陈列室图片来看，当时的陈列室空间也较小，作品较为拥挤（图6-14）。以建馆初期雕塑陈列室的现场（图6-15）为例，该室西方雕塑的复制品的排列以大小为依据，小的放在四周的桌上，大的放在中间；作品时代划分不清，同样大小的洗礼池（baptismal font）在入口和中间都有；希腊化时代(《拔刺男子》)和文艺复兴后期作品(《维纳斯》）之间的关系也没有言明；展厅中除右上角的"请勿动手"字条，也没有别的文字阐释，这对基本没有西方艺术审美经验的中国观众来说有一定困扰。当然，造成这种情况的根源也在于上文分析所指，这是探索国际陈列模式与中国本土结合的一个磨合过程，在理念尚不明晰、中国的"艺术史叙事"还没有建立起来的时候，陈列的叙事性和审美性都不会尽如人意。

反倒是第二类的专项教育推行得更为有成效。苏州美术馆的专项教育针对的是苏州美专的师生，苏州美术馆本身就是与苏州美专一体式建筑，它的底层为理论课教室，中层为美术馆展览室和石膏像陈列室，顶层为中国画教室、图案室和西画人体教室[386]，美术馆陈列室的主要功能也是服务于师生教学。天津美术馆则从1931年开始举办专项研究班，

385 毅行：《美术馆参观记》，《益世报（天津版）》1933年7月17日。
386 朱伯雄、陈瑞林编著：《中国西画五十年》，北京：人民美术出版社，1989，第82页。

◄ 图 6-16
天津美术馆邮票研究会成立
当日合影，1932 年

◄ 图 6-17
天津美术馆西画研究所学员
习作、1932 年

最早是西画研究班，后来先后成立了国画研究班（1931）、篆刻研究会（1932）、邮票研究会（1932，图 6-16）、摄影研究会（1932）、雕塑研究会（1932）等研究班，聘请专家、招收学员，针对陈列物品开展学习。在《美术丛刊》上就有西画班学员临习馆内雕塑和西方解剖学讲义的素描作品登载（图 6-17）[387]。在 1932 年的西画展览中，还展示了学员习作[388]。（并且严智开还在研究班的基础上推行美术工业化，希望能为美术商用提供助力，促使本土商品在包装、图案上大有进益。）

可以说，对于陈列模式的空间权力，早期艺术博物馆表现了从建筑上对陈列与空间统一性的继承，也在一定程度上注意将陈列作为知识生产空间的要素。不过，从结果上看，实际的陈列内容与空间暂未形成真正的权力共构。同时，由于缺乏较为专业化的陈列策划思路以及丰富的

---

[387] 《美术丛刊》1932 年第 2 期（天津美术馆刊行）插图。

[388] 艾姝：《民国时期天津美术馆研究组的教育理念与实践》，《西南民族大学学报（人文社会科学版）》2014 年第 6 期，第 222 页。

作品，生成知识的权力主要转移到了以馆内作品开展的教育及研修班上，陈列在其中并不是知识与美感的主要生产者，也可被认为并不掌握关于中国艺术和西方艺术的话语权。

第四节　新时期陈列：国际陈列模式的本土化

20世纪早期的陈列展示了向国际陈列模式学习的努力，虽然天津美术馆的陈列一直坚持到20世纪40年代，但更多的艺术博物馆的陈列规划和实践像苏州美术馆一样在1937年随着战争到来而结束了探索。天津美术馆1946年以后的陈列也呈现了相对衰败的景象[389]。不过，早期陈列的学习和尝试，还是为后来的陈列发展提供了方向，即在借鉴模式的同时要为模式找到相对本土化的落脚点，才能促成它的有效性。这种本土化的核心包括中国的艺术史正典和中国的意识形态为它保驾护航。

随着1949年中华人民共和国的成立，新时期新的国家身份、叙事需求和博物馆建设热潮给陈列带来了良好的发展空间。中华人民共和国成立后，在中央的宏观统筹下，从中央到地方的博物馆进入了地志类博物馆、革命历史类博物馆的建设热潮。与此同时，艺术博物馆的筹建也同步进行：1951年开始筹建的中国美协美术展览馆[390] 于1955年开放[391]；1954年由南京文化局改组的国立美术馆划为江苏省民间工艺美术陈列室；1956年上海美术馆成立；1957年故宫博物院被重新划归为文化艺术博物馆[392]，同年内蒙古、天津艺术博物馆和广州美术馆陆续成立；1958年，中国美术馆成为北京修建天安门广场、革命历史博物馆等十大建筑计划中的一分子[393]；1959年文化部成立了中国艺术博物

[389] 1948年9月22日的《益世报》中报道了该馆的陈列情况（《艺术馆里无艺术》）。这一观点参见艾姝：《民国时期天津美术馆视觉文化研究》，四川大学博士学位论文，2014，第126页。（原文未发表）

[390] 《第二届全国美术展览会征集办法》，《美术》1954年第2期。

[391] 中央美术学院美术馆编：《中央美术学院美术馆2011年年鉴》，内部材料，第16页。

[392] 徐梦可：《空间建立与体制生成——以中国美术馆建馆为中心（1949—1963）》，中央美术学院博士学位论文，2018，第72页。（原文未发表）

[393] 国家知识产权局直属机关党委编著：《伟大的中国力量》，北京：知识产权出版社，2016，第88~102页。

馆；1960 年中国艺术博物馆筹建，江苏省民间工艺美术陈列室改名为江苏省美术馆；1963 年中国美术馆正式开放；1964 年黑龙江省美术馆成立……而想要建立一个适合中华人民共和国的陈列，当从中央的表率"中国美术馆"[394] 看起。中国美术馆所经历的一个从政策、内容到建筑的三位一体的尝试，可以看作是探索一条符合新的国家意识形态要求的中国艺术史正典以及与之匹配的建筑空间的道路，在为其他艺术博物馆树立典范的同时，也在一定程度上促成了陈列模式的本土化。

一、艺术史正典和意识形态的本土化

将这二者放在一起的原因在于，中华人民共和国成立初期，它们互为交织，共同形成了一个"符合新的国家意识形态要求的中国艺术史正典"。

回想 20 世纪 30 年代的陈列，材质分类和中西比较的思路虽然在当时体现了进步，但如果将它们用来作为代表新的国家叙事的方法可能并不是适宜之举。新的国家文化形象在《中国人民政治协商会议共同纲领》中的《文化教育政策》中有明确要求："中华人民共和国的文化教育方针为新民主主义的，即民族的、科学的、大众的文化教育。人民政府的文化教育工作，应以提高人民文化水平，培养国家建设人才，肃清封建的、买办的、法西斯主义的思想，发展为人民服务的思想为主要任务；提倡文学艺术为人民服务，启发人民的政治觉悟，鼓励人民的劳动热情，奖励优秀的文学艺术作品，发展人民的戏剧电影事业。"[395] 其中可以提炼出几个关键词：民族、为人民服务、政治觉悟、对封建和法西斯的肃清。进而也可以引申出对艺术博物馆和它的陈列的要求：体现国家民族形象、反映人民革命和劳动成果、不包含可能带有落后或法西

---

394 这里没有选择中国艺术博物馆作为案例的原因在于，中国艺术博物馆在开馆两年后就关闭了，从陈列内容猜测该馆可能作为十周年庆典的相关活动之一，与一直存在并且修建了新建筑的中国美术馆相比，不如后者具有代表性。

395 《中国人民政治协商会议共同纲领》，北京：中华书局，1952，第 27 页。

斯意味的艺术。这样一来，早期陈列对西方的学习就不大可取，并且在中华人民共和国成立初期对中国博物馆事业有指导的苏联博物学也明确指出，资产阶级通过美学的理论对艺术作品进行陈列以激起美感是一种唯心主义的错误[396]，而陈列中的艺术作品应该是人们认识和解释世界的唯物主义方法的证据材料[397]。

在这样的情况下，当时的中国艺术界和文化管理者需要共同摸索一条适用于中国国情又反映进步的从创作到展示的新系统，为中国艺术博物馆的建立和陈列提供一个必要的语境。

一方面是创作什么的问题。在 1949 年的首届中华全国文学艺术工作者代表大会预备会上，毛泽东将文艺与革命联系起来，认为文艺对革命有益处[398]。全国文学艺术会主席郭沫若在正式大会中强调文艺"不仅为人民服务，而且是服务于政治"[399]。这在一定程度上为新时期的艺术创作和艺术发展定了基调。对于怎么结合政治和革命进行艺术创作这个问题，在第二届文代会（1953）上，中共中央宣传部副部长、文化部副部长周扬指出可以从学习苏联经验入手，"苏联社会主义现实主义的文学艺术的巨大成就提供了我们学习的最好范本"[400]。苏联的社会主义和现实主义的艺术道路鼓励了文艺界（图 6-18），他们还提出在此基础上进一步探索"民族形式"[401]（图 6-19），提倡陈旧的艺术形式要回应时代需求，比如传统的中国画要改革[402]、西方油画要民族化[403]，并积极创立与时代呼应的艺术形式（如 20 世纪 50 年代早期出现并推广的新年画）。

有了内容，另一方面是怎么应用和展示的问题。第一届文代会期间举办的第一次全国美术展览会是新中国艺术发展中的关键一步，它将反映中国人民伟大解放事业和辉煌社会建设的作品汇集在一起展出，在

96 苏联博物馆学科学研究所编：《苏联博物馆学基础》，北京：文物出版社，1957，第 14 页。

97 苏联博物馆学科学研究所编：《苏联博物馆学基础》，北京：文物出版社，1957，第 21 页。

98 中华全国文学艺术工作者代表大会宣传处编：《中华全国文学艺术工作者代表大会纪念文集》，北京：新华书店，1950，第 13 页。

99 中华全国文学艺术工作者代表大会宣传处编：《中华全国文学艺术工作者代表大会纪念文集》，北京：新华书店，1950，第 47 页。

00 周扬：《为创造更多的优秀的文学艺术作品而奋斗》，参见张炯编：《中国新文艺大系：（1949—1966）理论史料集》，北京：中国文联

出版公司，1994，第 124 页。

401 徐梦可的博士论文《空间建立与体制生成——以中国美术馆建馆为中心（1949—1963）》总结了文学界周扬和美术界江丰对民族形式的探索。（第 50 页）

402 王朝闻：《关于学习年画的旧形式》，《美术》1950 年第 2 期，第 23~26 页。

403 江丰：《美术工作的重大发展》，《美术》1954 年第 10 期，第 5~7 页。

图 6-18
宗其香，《突破碾庄围圩》，
1952 年，中国美术馆藏

图 6-19
李可染，《劳动模范
游园大会》，1952 年，
中国美术馆藏

群众中广泛地传递了进步的艺术思想。此展览随后在上海巡展并举办座谈会，进一步扩大了影响力。展览作为推广新的艺术作品和创作思想的有效手段，也符合当时苏联博物馆学的观点——"展览是推广群众文化教育的良好办法"[404]。并且全国美展的形式是投稿制，这也鼓励了艺术家根据政策方针进行创作，如在《第二届全国美术展览会征集办法》中

---

[404] 苏联博物馆学科学研究所编：《苏联博物馆学基础》，北京：文物出版社，1957，第 33 页。

就要求提交 1952 年以后的作品[405]。无论是创作者还是观看者，全国展览的形式都扩大了新的艺术风气的影响力。到了 1954 年开始筹备的第二次全国美展（1955 年 4 月在北京展览馆展出），参选作品数量巨大，从最后经过各地区评选送到北京参与终选的数量有四千余件[406]可见一斑。而从当时的评选原则和展出作品可以看到社会主义现实主义作为创作核心的推广力度。评选原则为"主要是以作品思想内容的正确性和教育意义、在作品中反映了国家在过渡时期总路线建设中的各项成就和劳动人民在生产与战斗中的精神面貌为首要原则，同时注意取材的多样性和形象的真实性以及表现方式的创造性。提倡从生活中取得创造形象的必要根据的现实主义创作方法，反对一般化、概念化和抄袭、模仿作风"[407]。在图录中编者对作品总结道，"作者试图要反映今天人民的现实生活，在题材、内容和表现技巧方面，又都有了进一步的尝试……通过这些作品，观众认识到取得革命胜利的艰苦……增加了他们实现社会主义的信心"（图 6-20、6-21）[408]。

20 世纪 50 年代国家对文艺创作和展示的指导取得了一定的成效，为提出一个要求包容此类创作和展示的艺术博物馆的构想奠定了基础。在探讨马上要建立的中国美术馆之前，还有同期由国家统筹的中国艺术史编纂以及两个机构的试水为它提供了关于陈列"范围"的参考：一是 60 年代美术研究所完成了《中国现代美术史》和《中国现代美术史图谱》的编辑主体工作（未出版）[409]，内容以"五四以来的革命美术为主题，兼及抗战时期的进步美术"[410]；二是 1949 年新组建的革命博物馆提供的"国家"范围，虽然革命博物馆并不是纯粹的艺术博物馆，但它的征集作品和展示内容有一部分是艺术作品。革命博物馆对陈列的内容没有局限在中华人民共和国成立后，当时作品的征集范围为"以'五四'

[405]《第二届全国美术展览会征集办法》，《美术》1954 年第 2 期。

[406] 据《新观察》1955 年第 7 期报道，总数为 4200 余件。转引自徐梦可：《空间建立与体制生成——以中国美术馆建馆为中心（1949～1963）》，中央美术学院博士学位论文，2018，第 62 页。（原文未发表）

[407]《人民美术的重大发展——第二届全国美术展览会在京开幕》，《美术》1955 年第 3 期，第 11~12 页。

[408] 陈鹏编：《第二届全国美术展览会的国画》，北京：朝花美术出版社，1957，第 2~3 页。

[409] 水天中：《历史·艺术与人》，南宁：广西美术出版社，2001，第 242~243 页。

[410] 朱京生：《中国美术学 70 年回望·近现代美术篇》，《美术观察》2019 年 10 月期，第 13 页。

图 6-20
杨之光，《一辈子第一回》，
第二届全国美术展览会入选
作品。在当时的图录中，这
件作品的说明文字认为它描
述了旧社会被压迫的劳动人
民在新社会获得了政治权利
和生活幸福的场景。

以来，共产党领导的新民主主义革命为中心"，并且还"上溯鸦片战争、太平天国等革命运动"[411]，这表示要通过完整展示现代国家如何在革命中建立起来的过程，来让人们对新的国家身份予以认同。1960 年成立的中国艺术博物馆对作品的征集目标承袭了革命博物馆的方针，"征集具有全国性的和有代表意义的祖国珍贵艺术资料和实物，特别是'五四'以来党领导下革命文艺发展各阶段的历史资料和建国十年来的艺术成就资料和实物"[412]。这些均给筹建中的中国美术馆的作品收藏和展示的范围定了基调。

在这样的基础上，再思考中国美术馆的立场和它的陈列内容，答案呼之欲出：在拥护和展示新时期新的文艺方针的基础上进一步成为新国家形象的文化表征，陈列展示近百年来人民群众不断斗争的艺术面貌，并以中华人民共和国成立以后新创作的属于社会主义现实主义的"民族形式"作品为中心。

---

411 徐梦可：《空间建立与体制生成——以中国美术馆建馆为中心（1949—1963）》，中央美术学院博士学位论文，2018，第 44 页。（原文未发表）

412 徐梦可：《空间建立与体制生成——以中国美术馆建馆为中心（1949—1963）》，中央美术学院博士学位论文，2018，第 85 页。（原文未发表）

二、中国美术馆的陈列实践

中国美术馆在规划中也确实是这般实践的。在建馆期间，中国美术馆于 1961 年 5 月制定了《中国美术馆陈列方案与各厅陈列计划草案》[413]，并根据这份草案进行藏品的征集和收购。在这份计划中可以看到与革命博物馆和中国艺术博物馆相似的陈列范围，"五四到现在的各种美术作品，以解放后的作品为重点"。在挑选作品时注重政治和艺术的双重标准。"采取民族传统形式、具有民族风格、在革命斗争中发展起来的各种普及形式的作品"这一条就是对"社会主义现实主义的民族形式"的回应。该计划还指出了要按照品类分为八个展厅，分别涉及国画、版画、民间美术及工艺美术等。乍一看这种陈列似乎又退回了 20 世纪 30 年代的以材质分类的策划办法，但事实上，如果对比稍早一些的中国艺术博物馆的陈列方式，它体现了另一种意义上的进步。中国艺术博物馆当时策划了十三个陈列室，陈列单元主题为"十佳艺术成就""国际艺术交流""群众艺术"等，以展现 1949 年以来的艺术成就为主。从陈列主题来看，其在符合当时政策需要的同时也彰显了时代特色。在 20 世纪 50 年代末和 60 年代初，时值中华人民共和国成立十周年前后，除了"十大建筑"这样的规划，"十大"常常出现在各种活动口号中，故宫博物院在中国艺术博物馆同期就举办过"古代十大画家展览"[414]。中国艺术博物馆"十佳艺术成就"的主题在对古代十大艺术巨匠进行回望的同时，也反映了该馆以新时期文艺成就向国家献礼的愿望。献礼方面已经有中国艺术博物馆开馆在先，同为"十大建筑"之一的中国美术馆是否也要效仿？随着中国艺术博物馆在开放短短两年后被叫停（1962 年 9 月）[415]，中华人民共和国成立的年头也逐步迈向二十周年，在这种情况下中国美术馆的陈列回到基础的材质分类未尝不是一种考量持久性的进步。

[413] 刘曦林：《文案追溯——中国美术馆 40 年学术研究记叙》，第 7~8 页，未出版。转引自张英剑：《个案研究——中国美术馆收藏与管理》，中央美术学院硕士学位论文，2007，第 5 页。

[414] 位育：《故宫博物院纪念古代十大画家展览简目》，《文物》1961 年第 6 期，第 38~41 页。展览展出了从晋代到清代的在艺术上有卓越成就的十位艺术家顾恺之、李思训、王诜、李公麟、米芾、米友仁、倪瓒、王拔、徐渭、朱耷的作品，引发了群众参观和学界讨论的热潮。在同年 4—5 月期间围绕这些艺术家的座谈讨论举办了六次。

[415] 徐梦可：《空间建立与体制生成——以中国美术馆建馆为中心（1949—1963）》，中央美术学院博士学位论文，2018，第 85 页。（原文未发表

再回头分析一下中国美术馆这份陈列计划，在分类基础上，该计划关照了艺术的线性演进顺序，提出了"年代专题"陈列的方式，"每个品类依年代为序"，同时还注意美感的营造，雕塑在展厅中的穿插让人联想到国际艺术博物馆将雕塑和绘画并置展示以塑造氛围的方式。而提及承担了大量政宣作用的黑白版画的展示数量，"适当注意能充分发挥版画特色的黑白版画的配备数量"，虽然可以理解为要加强陈列中的政治色彩，但也可以理解这是对如果出现过分展示的情况的控制，版画厅的目的是要突出版画作为一种特殊的门类所蕴含的丰富艺术特色（图6-22）。与中国艺术博物馆契合时代口号的陈列内容不同，中国美术馆的陈列在一定程度上让艺术服务政治的同时，着眼于它自己的发展线索，提出了构建一部中国近代美术史的可能性，虽然依然是以社会主义现实主义的民族形式为中心，却已然考虑了体系化和艺术本体。1963年，中国美术馆还曾向文化部提交了举办专题陈列的设想，拟定出"吴昌硕、齐白石、黄宾虹作品陈列"（图6-23）、"杨柳青民间年画作品陈列"、"左翼和延安时期版画作品陈列"、"石涛、八大、扬州八怪、岭南画派作品陈列"四个专题[416]。这一陈列规划的调整，可能是在两年的收购结束后发现馆藏不足以完成最初规划的现实情况决定的，也可能是在两年前的基础上的进一步细化和补充。四个专题以中华人民共和国成立前的艺术为核心，反映革命现实主义主题的单元仅占四分之一，其他部分留给了近代中国美术史中有重要影响力的画派和个人，与革命博物馆和中国艺术博物馆对待20世纪上半叶作品的态度已有区别，中国美术馆的陈列计划中出现了以大师杰作主导的、更为开放的普遍艺术史视野。事实上，塑造国家文化象征的过程不仅仅在于树立一种与意识形态相吻合的艺术表现，也在于对过去的历史提供一种正确的认识。

416 《中国美术馆纪事》，《大地》2005 年第 12 期，第 21 页。

新美术馆学研究丛书 / 建构与思辨：艺术博物馆陈列方法论研究

不过这些只是规划，在开馆后两年，中国美术馆才落实了陈列，于1965年在馆内二层举办了首个陈列"中国美术馆建国以来部分美术作品藏品陈列"，展出作品305件，展出作品类型包括：中国画、油画、雕塑、版画、宣传画、年画、水彩。这与1961年制定的陈列计划中的品类相吻合，当时的品类具体为：国画（包括书法、金石），油画（包括水彩、粉画、素描），雕塑，版画，年画，宣传画，漫画，插图和连环画（包括画报），工艺美术和民间美术（图6-24）。其中水彩一项可以看作是对宣传画、漫画、插图、连环画的合并。虽然工艺美术和民间美术没有在其中，但是在该陈列举办之前刚刚举办了"天津彩塑展览"和"海伦剪纸展览"，可看作是对陈列的补充。另一方面，按照当时中国美术馆对陈列和展览交替更换的计划，也存在在之后的陈列中展出其他品类的可能性。这里要着重提一下藏品陈列更换的形式，这一形式在国际上并不罕见，许多艺术博物馆都根据馆内实际需要采用了"藏品展览更换"代替"固定陈列"的方式，并且中国美术馆在成立初期由中国美术家协会（简称"美协"）代管[417]，美协当时主管包括全国美展在内的美术展览，需要筹办各类型的展览。1958年成立的中国美协美术展览馆曾是美协举办展览的一个阵地，在代管中国美术馆期间，美协将中国美术馆作为了另一个阵地。在中国美术馆开馆五年间（也是首次陈列发生前后），美协参与筹办的展览达36个[418]，并且展期都在一个月左右。高频次的展览一方面挤压了预留给陈列的空间；另一方面，美术馆成为展览馆的属性也让原计划的长期陈列变成了由不断迭更的藏品展览组成的陈列新样貌。

当然，这些都停留在猜测阶段，因为随后到来的"文革"，不管是长期固定陈列还是短期迭更陈列都没有实施。中国美术馆陈列的再起步，

417 《中国美术馆大事记》中记载，1961年文化部建议委托中国美术家协会代管中国美术馆，中国美术馆档案室内部资料。
418 张英剑：《个案研究——中国美术馆收藏与管理》，中央美术学院硕士学位论文，2007年，第7页。

要在 20 世纪 70 年代晚期开始，这又是另外一段历史了[419]。

三、中国美术馆陈列与建筑空间的统一

中国美术馆本身是 20 世纪 50 年代有时代背景的"十大建筑"之一。"十大建筑"涉及人民生计、民族团结以及革命外交的方方面面，从整体上可以看作是国家意识形态的一种宣言。中国美术馆的建筑方案，起初是由同样承担国庆其他建筑方案的清华大学建筑系设计。按照最初的规划，应该是长方形的现代风格[420]或是苏联古典建筑风格，但周恩来看过方案后建议考虑用一些"民族风格"[421]。从上文的讨论来看，这其实是在当时整个文艺界讨论的"民族形式"范围内。建筑作为文化象征的一部分，可能产生比绘画、雕塑这些艺术作品更为直观和有影响的传播效应。中国美术馆的建筑后来由时任建筑工程部设计院总工程师的戴念慈主持设计，戴念慈在设计方案中不仅考虑了"要鲜明地表现中国的民族风格"，也接受当时美术界的建议，考虑了建筑与馆内作品的关系，"要反映新中国美术创作上繁荣的气象，在形式上既要丰富多彩又不能给人以豪华浮夸的感觉"[422]。新中国美术创作的繁荣景象正是社会主义现实主义的民族形式，由此可以看出陈列和建筑空间在规划中形成了第一重的统一。

对于什么是民族风格的建筑，首先想到的会是故宫那样的古代建筑，但在 20 世纪 50 年代建筑学界的讨论中却对此持谨慎态度。梁思成在《建筑的民族形式》中提出，因为社会生产背景的差异，现代不可盲目仿造古代宫殿，而是要根据现代科学来适应人民需求（图 6-25）[423]。但同时，梁思成也指出可以从古代建筑的结构中寻找创新之法。中国美术馆的建筑最后采用了一种"中式屋顶"加"现代建筑"的方案，创造

---

419 事实上，中国美术馆在后来的发展中也没有完全践行其早期规划的陈列模式，但这些一方面没有遮蔽其早期建立陈列模式的构想与实践，另一方面后来的情况与讨论陈列模式建构伊始的关联不大，因此本章对中国美术馆陈列模式的分析主要聚焦其 60 年代开馆前后，旨在探究其在中国的艺术博物馆发展过程中建构起本土陈列模式的过程。

420 林早：《中国美术馆：历史缘起、命名定位与文化精神》，《贵州大学学报（艺术版）》2016 年第 2 期，第 60 页。

421 徐梦可：《空间建立与体制生成——以中国美术馆建构为中心（1949—1963）》，中央美术学院博士学位论文，2018，第 100 页。（原文未发表）

422 戴念慈：《中国美术馆设计介绍》，《建筑学报》1962 年第 8 期，第 1～3 页。

423 梁思成：《梁思成全集》第五卷，北京：中国建筑工业出版社，2001，第 58 页。

图 6-25 ▶
梁思成对未来民族形式建筑
的想象图之一

图 6-26 ▶
中国美术馆外景，1963 年

出一种新型的"民族风格"（图 6-26）。建筑外部的屋顶是中国古代建筑的特征之一，而简洁的建筑本体符合了当时反对铺张浪费、将实用性排在前列的社会生产要求。虽然也有学者指出这一建筑形式存在急功近利的嫌疑[424] 和内部空间分配失衡等诸多问题，但却不影响它能够与探索民族形式的藏品共同缔造一个新的空间。

中国美术馆不只是作为意识形态的实体化空间，它在使其内在的艺术秩序和艺术作品得到国家认可的同时，也成了文化公共空间的表率。即便在早期的艺术博物馆实践中已经试图践行孙中山"民有、民治、民享"的社会理想，但因为较为分散、持久性不强等原因，最终没有形成一个有广泛传播力度的公共领域来承载和助推，也没有撼动上千年的封建制度根植在国人思想中的崇公轻私的公私观。人们对自身权利的提升还没有明晰的认识，进而也很难对当时崇尚公共精神的社会理想产生共鸣。新的国家制度下的中国美术馆作为国家推出的一众公共空间之一，它将过去代表公的国家权力敞开大门开放给个人，在一个新的实体的公

___

424 林旱在其文章《中国美术馆：历史缘起、命名定位与文化精神》中指出，其实梁思成对中国建筑文法词汇的引用是善用它们，但因为屋顶最容易引用和最容易出效果，所以在对建筑民族形式的追求中，广泛使用大屋顶作为民族建筑形式的做法存在急功近利的简化嫌疑（第66 页）。

共领域中，人们可以将自己的私人空间与之结合。德裔美籍哲学家汉娜·阿伦特（Hannah Arendt）认为，当利益趋同之时，将真正废除个人统治[425]，不仅是废除旧制度的统治，也是废除过去对国家、个人的固化理解，人民在此获得个人解放、民族进步和审美认同，文化公共空间成为个人权力诉求与民主政治之间的一个桥梁，并最终维系了双方与新的国家意识形态的紧密关系。

四、中国美术馆陈列模式的推广

从中华人民共和国成立初期中国美术馆及其陈列的规划及实施过程来看，虽然当时尽量不借鉴国际经验，但在前几章反复讨论的陈列模式却可以严丝合缝地套用在中国美术馆的陈列经验中。只是，其中的艺术史不再是以古典艺术为核心的西方正典，而是探索出一条适用于本土的中国艺术史准则，即社会主义现实主义的民族形式，以此包容对意识形态正确性的维护并与空间构成统一。

中国美术馆的方式在后来的几十年里成为国内其他艺术博物馆和美术馆学习的榜样，侧面印证了这一本土化陈列模式存在的合理性。20世纪50年代建成的辽宁美术馆采用了与"十大建筑"之一人民大会堂相似的外形（图6-27），是现代主义与中国传统结合的形式（建筑外立面有檐口、飞檐、栏板雕花、仿斗拱和雀替等），明亮开敞的内部空间以及欧式柱头体现了其早期作为大型展览馆的职能。辽宁美术馆于20世纪90年代转型为综合造型艺术博物馆[426]，并陆续扩大收藏和陈列工作[427]。20世纪50年代末开放的天津市艺术博物馆一度采用横向断代，以专题、专室方法对藏品进行陈列，后被并入天津博物馆后，陈列以材质分类，具体为"砚拓陈列""瓷器陈列""古代玉器陈列"等[428]。

[425] [美]汉娜·阿伦特：《人的境况》，王寅丽译，上海：上海人民出版社，2009，第25页。

[426]《辽宁美术馆藏画集》，沈阳：辽宁美术出版社，2011，第1页。

[427] 安万青：《美术馆的收藏与陈列》，《艺术广角》2007年第4期，第17页。

[428] 1957年天津市艺术博物馆建立，该馆由天津市历史博物馆艺术部的藏品为基础，以古代、近代、现代艺术品和地方民间艺术品为主要内容。1968年，天津历史博物馆、天津市艺术博物馆、天津自然博物馆和泥人张彩塑工作室合并组建为天津市博物馆。1973年，又恢复合并前的建制。2004年，天津市历史博物馆和天津市艺术博物馆再次合并成天津市博物馆并在新馆址开放。这段历史以及陈列内容参见天津市博物馆官网：https://www.tjbwg.com/cn/Index.aspx。

图 6-27 ▶
辽宁美术馆

图 6-28 ▶
云南美术馆

20世纪70年代建成的山东美术馆，其建馆宗旨为"文艺为人民服务、为社会主义服务"和"百花齐放、百家争鸣"，注重从画家展览中接受捐赠作品而扩藏[429]，并于1987年根据藏品举办了首个陈列展览（展出作品120件）[430]。20世纪80年代改建的云南美术馆以弘扬民族文化为方向，主要业务为开展群众性和社会性美术活动以及对外美术交流，其建筑也沿用了与北京展览馆相似的形制[431]（以半环形柱廊为特征的西方古典主义风格，图 6-28）。直到21世纪初，这样的影响也在持续。上海美术馆新馆的常设陈列之一为"名家艺术陈列"（图 6-29），其内容为对中国近现代美术史作出重要贡献的艺术家作品，包括贺天健、林风眠、关良、滑田友、谢稚柳、吴冠中和程十发等，其二为"江山如此多娇——中国艺术的文心与诗意"陈列，展示改革开放至今40余年间，中国美术的发展历程和丰富面貌（图 6-30），着重体现中国政治、社会和文化建设取得的巨大成就[432]。天津美术馆的陈列宗旨为"以近现代及当代艺术家作品为重"，其四层设有基本陈列展厅，展出馆藏近代名家作品、天津在全国有影响的画家的作品和有天津地方特色的艺术作品[433]……以上只是部分列举，从这些馆过去的历史和现今的发展中都

29 山东省美术馆建馆20周年纪念册编辑委员会编：《美的历程：山东美术馆建馆二十周年（1977—1997）》，内部资料，第8、10页。

30 山东省地方史志编纂委员会、《山东年鉴》编辑部编：《1988年山东年鉴》，北京：世界知识出版社，1989，第685页。

31 1949年以后的一些美术馆和艺术博物馆的建筑是由其他建筑改建的，比如黑龙江美术馆从日本横滨正金银行哈尔滨分行改建而来，上海美术馆从跑马会高级俱乐部改建而来，天津艺术博物馆从法国东方汇理银行改建而来，武汉美术馆从金城银行改建而来。
这些现成旧建筑的使用，较难体现本书在讨论陈列模式中建筑空间一致性的特点，因此未体现在此部分。

432 参见该馆官网：https://www.artmuseumonline.org/art/art/index.html.

433 参见该馆官网：http://www.tjmsg.com/.

► 图 6-29
上海美术馆 "名家艺术陈列"

► 图 6-30
上海美术馆 "江山如此多
娇——中国艺术的文心与诗
意" 陈列现场

可以或多或少地找到中国美术馆陈列模式的身影。

更多的追随者在各馆的藏品展览中。各机构的藏品展览从 20 世纪
70 年代开始以社会主义主题展览、民间展览、地方名家展览为主，在
举办藏品展览的同时也举办同主题临时展览进行捐赠收藏，使得藏品展
览逐步成为展示民族文化、社会主义现实主义创作的平台。以上海美术
馆 1996 年的藏品特展 "世纪回眸——新中国现实主义油画经典作品展"
为例，从该展的理念可见这种影响的持久性："建国以来，艺术家描绘
中国变革的历史瞬间、赞颂劳动人民的美好心灵，他们的现实主义风格
作品充实了整整一个时代人们的精神文化生活。"[434]

第五节　新世纪陈列：对本土模式的思辨

通过早期对国际陈列模式的学习和 1949 年以来中国美术馆在实践
中对模式的本土化，可以看出陈列方法论在中国已经走出了重要的第一
步 "建构模式"。不过，现阶段国内陈列的整体发展水平还是参差不齐的，

434 张千鹰：《阔步前进的上海美术馆》，《上海艺术家》1997 年第 Z1 期，
第 70 页。

435 曹庆晖在《美术馆叙事待完善》一文中介绍了中国的美术馆藏品研
究展示方面的问题：中华人民共和国成立到 20 世纪八九十年代，首
都和部分省会建立的美术馆，是党和政府繁荣美术创作、满足人民
群众精神文化生活需要的场所，是主要用作举办专业或业余美术展
览的陈列馆，虽然个别也兼具收藏职能，但限于历史条件和其他原因，
对近代以来的美术实物与文献征搜、整理和研究开展得极不充分。
许多美术馆作品入藏就几近被尘封，有幸出库也仅止于短期陈列，
基本谈不上对其进行艺术博物馆意义上的叙事和研究。并且他还指

出，自新世纪以来，随着国家政策、资金的支持和美术馆自身典藏
研究的更新，美术馆在征搜、整理、修复、研究上的力度逐步加大。
参考曹庆晖：《美术馆叙事待完善》，《人民日报》2014 年 5 月 4 日
这一点从一些美术馆早期的发展定位也可以看出。山东美术馆将自
己的基本任务定位为：举办各类美术展览，进行社会主义、爱国主
义教育，传播艺术知识，提高审美情趣，促进美术创作。（山东省
美术馆建馆 20 周年纪念册编辑委员会编：《美的历程：山东美术馆
建馆二十周年（1977—1997）》，内部资料，第 8 页。）

436 近年来的理论研究蓬勃发展，译著、著作、学刊等类型众多，内容丰
富且深入。但考虑到本书对理论研究的引用是为了讨论其对展览和陈

大部分艺术博物馆还在积累藏品和改造展示空间为陈列做基础工作的阶段[435]。但近年来随着学界对国际博物馆理论、文化研究方法的学习以及中国艺术史学科逐渐进入到内省的研究新阶段，并且还有一些艺术博物馆主导的当代展览，对身份政治、后殖民、城市、身体、现代性等问题进行了深入的讨论，从而为中国艺术博物馆开始陈列方法论的第二步"思辨"奠定了基础。

具体而言，在理论研究方面[436]，首先有学者翻译了大量海外文艺理论和博物馆学研究著作，包括《现代性研究译丛》（周宪、许钧主编）[437]、《西方当代视觉文化艺术精品译丛》（常宁生、顾华明主编）[438]、《二十世纪西方美术理论译丛》（沈揆一主编）[439]、《艺术理论与批评译丛》（沈语冰、顾丞峰主编）[440]等。其次，一批国内学者开始着手国内的艺术博物馆基础研究和理论拓展，江苏美术馆（1982年开始）、广东美术馆（1998年开始）等机构着手编写年鉴研究馆史；2000年以后还陆续出现了一批专著与专刊：《美术博物馆学导论》（曹意强编）[441]、《美术馆》（张子康、罗怡著）[442]、《中国美术馆学概论》（卢炘著）[443]、《作为知识生产的美术馆》（王璜生著）[444]和刊物《美术馆》（王璜生主编）[445]、《大学与美术馆》（王璜生主编）[446]等。再次，在中国近现代艺术史研究方面出现了脱离主流叙事提倡切入多元角度的新研究，如专注女性艺术史的《失落的历史·中国女性绘画史》（陶咏白、李湜著）[447]，对近代艺术史的一些陈旧观点进行重新探讨的《并非衰落的百年：十九世纪中国绘画史》（万青力著）[448]，讨论近现代艺术院校与艺术史发展关系的《"北平艺专与民国美术"学术研讨会论文集》（尹吉男、王璜生、曹庆晖主编）[449]、《国立艺专往事》（郑朝著）[450]和《"国立艺术院"画家集群的历史命运》（水天中著）[451]等，

列实践的影响，因此在下文对理论著作的摘选中较多选择了2000年以来第一个十年左右期间的出版物。其中部分参考了：朱京生的《中国美术学70年回望·近现代美术篇》和王端廷的《中国美术学70年回望·外国美术篇》（《美术观察》2019年第10期）。

[437] 商务印书馆出版。该系列目前已出版三十余本。包括探讨现代与后现代、全球化等诸多文化领域问题的著作：《现代性的五副面孔：现代主义、先锋派、颓废、媚俗艺术、后现代主义》（马泰·卡林内斯库，2002）、《先锋派理论》（比格尔，2002）、《后现代的状况》（戴维·哈维，2003）、《文化认同与全球性过程》（乔纳森·弗里德曼，2004）、《时间的政治：现代性与先锋》（彼得·奥斯本，2004）、《作

为哲学问题的现代主义：论对欧洲高雅文化的不满》（皮平，2007）等。

[438] 江苏美术出版社出版。该系列目前已出版二十余本。包括两本在国内博物馆学界有较大影响的著作：《博物馆怀疑论：公共美术馆中的艺术展览史》（大卫·卡里尔，2009）、《新博物馆理论与实践导论》（珍妮特·马斯汀，2008），以及探讨艺术史研究方法的著作：《艺术史方法与理论》（达勒瓦，2009）、《新艺术史批评导论》（乔纳森·哈里森，2010）、《视觉研究：怀疑式导读》（詹姆斯·埃尔金斯，2010）等。

[439] 上海人民美术出版社出版。该系列目前已出版十余本。包括对西方艺术史学和艺术评论名家理论研究的《理想与偶像：价值在历史和艺术

图 6-31
"与后殖民说再见"
展览外观

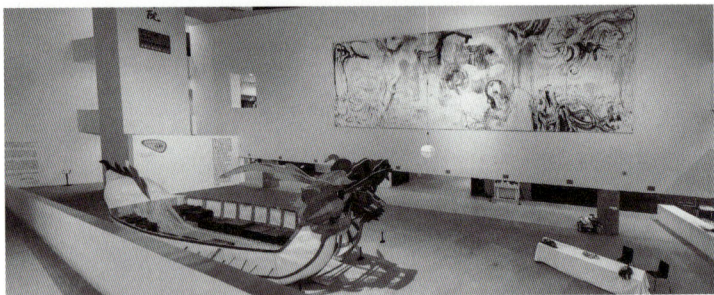

图 6-32
"超有机／一个独特研究视角
和实验"展览现场

并对一些国际学者的中国研究进行翻译以开阔视野，如《20 世纪中国艺术与艺术家》（Michael Sullivan 著）[452] 等。

在展览实践方面，一些艺术博物馆应用了新的策划理念。中国美术馆、上海美术馆、国际艺苑美术馆等在新世纪前后举办了若干女性艺术家展览（比如中国美术馆的 "97 联展" 展出中国与香港女艺术家作品二百余件，上海美术馆在 2001 年举办的 "与性别无关" 展览展出了青年女艺术家的作品，国际艺苑美术馆始终关注中国女性艺术，举办了 "世纪·女性" 和 "女画家的世界" 系列展览，等等）。2003 年今日美术馆策划了 "二手现实" 展览，关注首届北京国际美术双年展中较少

中的地位》（贡布里希，1989）、《点·线·面：抽象艺术的基础》（康定斯基，1988）、《艺术和思想》（威廉·弗莱明，2000）等。

440 江苏凤凰美术出版社出版。目前该系列已出版二十余本。包括国际艺术理论和艺术评论的诸多重要著作和新作：《另类准则：直面 20 世纪艺术》（列奥·施坦伯格，2011）、《艺术与物性》（迈克尔·弗雷德，2013）、《弗莱艺术批评文选》（罗杰·弗莱，2013）。最近几年还对女权主义理论著作进行了翻译：《分殊正典：女性主义欲望与艺术史写作》（格里塞尔达·波洛克，2016）、《女性制作艺术：历史，主体，审美》（玛莎·麦斯基蒙，2017）

441 曹意强：《美术博物馆学导论》，杭州：中国美术学院出版社，2008。

442 张子康、罗怡：《美术馆》，北京：中国青年出版社，2009。

443 卢炘：《中国美术馆学概论》，上海：上海书画出版社，2008。

444 王璜生：《作为知识生产的美术馆》，北京：中央编译出版社，2012。

445 《美术馆》为广东美术馆馆刊，创办于 2001 年。其办刊宗旨为：基于美术馆研究体系的建立、拓展以及人文框架下对美术馆文化的探讨——一方面试图着力于美术馆文化理论的研究探索，一方面密切关注广义美术空间及相关领域的前沿动态（参考《美术馆》创刊号介绍）。在近十年的发行出版过程中，该刊翻译了大量前沿文章，也成为新世纪国内美术馆学者发表观点、进行交流的有益平台。

446 《大学与美术馆》2010—2016 年期间为中央美术学院美术馆馆刊，

図 6-33 ▶
"自我画像：女性艺术在中国（1920—2010）"展览现场

図 6-34 ▶
"自我画像：女性艺术在中国（1920—2010）"展览现场

提及的当代艺术在公共空间的形式多样的展示。上海双年展对城市发展和社会转型的问题进行持续探讨，2008 年的第七届展览以"快城快客"讨论城市转型中人的多元身份，2012 年的第九届展览以"重新发电"关注资源如何改变人类的生存方式。2008 年的第三届广州三年展"与后殖民说再见"（图 6-31）从后殖民理论的角度对个体的生存境遇与艺术的创造性问题进行了探讨。中央美术学院美术馆在 2011 年的首届 CAFAM 双年展"超有机"（图 6-32）关注了艺术如何作为一种创造新的知识方式的系统来应对全球化的文化政治问题。这些展览都没有延续中国近现代艺术史正典中的发展路线，而是应用了一些当代文化研究理论，对艺术和社会生态进行重新考察与辨识。

以上的理论基础和展览实践推动了藏品陈列中出现对陈列模式思辨的新维度，一些艺术博物馆对本土模式中的艺术史正典、意识形态进行了有批判意味的试水。它们有的关注少数群体艺术在陈列中的比重问题。中央美术学院美术馆 2010 年的藏品研究展"自我画像：女性艺术

创办于 2010 年。其办刊宗旨为：一方面希望以美术馆为基点，探讨研究美术馆的内在结构和动力因素，从文化原则、藏品特色、公共诉求、教育方式及管理运作模式等方面，探讨其与现代社会、现代教育体制、现代文明交流与传播之间的关系；另一方面，希望从大学及现代文化教育的视点，以现代的文化理念、文化教育的事业，以及学术科学方式及新的知识结构，将美术馆置于大的社会背景和文化场域之中，从而探讨美术馆开阔的可能性。参见王璜生：《作为知识生产的美术馆》，北京：中央编译出版社，2012，第 150~151 页。

447 陶咏白、李湜：《失落的历史·中国女性绘画史》，长沙：湖南美术出版社，2000。

448 万青力：《并非衰落的百年：19 世纪中国绘画史》，桂林：广西师范大学出版社，2008。

449 尹吉男、王璜生、曹庆晖：《"北平艺专与民国美术"学术研讨会论文集》，北京：人民美术出版社，2016。（该研讨会举办于 2013 年，是当时国内规模较大的民国艺术史研讨会，参会学者 27 位，均提交了新晋研究论文。）

450 郑朝：《国立艺专往事》，杭州：中国美术学院出版社，2013。

451 水天中：《"国立艺术院"画家集群的历史命运》，参见水天中：《历史·艺术与人》，南宁：广西美术出版社，2001。

452 [英] 迈克尔·苏立文：《20 世纪中国艺术与艺术家》，陈卫和、钱

在中国（1920—2010）"（图6-33、6-34）从馆藏女性艺术家（萧淑芳、赵瑞英、喻红、姜杰、向京、胡明哲、宁方倩、夏俊娜等）的作品出发，邀请了包括中国美术馆、安徽美术馆等机构的藏品参加。策展团队[453]关注了20世纪美术史中较少被提及的女性艺术家及艺术创作中的女性形象。展览按照各时期特点将女性艺术分为六个部分："民国时期中国女性美术图示的形成""女性的可见与不可见：1950—70年代的'铁姑娘'形象及其自我画像意味""关于成长的故事：1980—90年代女性的自我凝视及作为历史参与者的叙述""复制的'自我'：卡通时代的女性体验""从宏大叙述到个人叙述：共和国60年女性的自我塑像""材料的隐喻：2000年以后的一种女性表达"。展览并不仅仅自安于提供女性艺术史的角度，还特别关注了"自画"和"自我形象"在中国女性艺术发展过程中的特殊含义：一方面"自画像"的内倾性、自恋性、自传性与中国女性在漫长的历史格局和自然生存格局中形成的人格心理相契合；另一方面，这种自画像的提法与一种男性主导的宏大历史和群像场面形成了鲜明对比，以潘玉良、张倩英的个人画像打开的展览开端，是另一部更为个人化的艺术史叙事，而观察这些女性如何从表情凝重的坐像到劳动的身影（王霞《海岛姑娘》、温葆《四个姑娘》、赵友萍《女委员》、邵晶坤《铁姑娘》、王玉珏《山村医生》），再到夸张卡通的自嘲形象（刘虹、杨帆、沈娜、熊莉钧、杨纳、陆煜玮、李虹、汤延），一部女性艺术从觉醒到自我的历程被徐徐展开。

也有艺术博物馆对革命现实主义主导的近现代艺术展示和艺术史书写的艺术史正典作为叙事的唯一主线表示了质疑，它们提出这些组成艺术史正典的艺术家还构成了其他的艺术史。2013年上海美术馆举办的藏品展览"上海与巴黎之间——中国现当代艺术展"从馆藏近现代作品出

岗南译，北京：世纪文景文化传播公司，2013。

[453] 策展团队：总策划为朱青生和王璜生，策展人为姚玳玫、齐鹏、滕宇宁。展览内容参见中央美术学院美术馆官网数字美术馆资料：
https://www.chinatmic.com/vrtmic/0-cafa/self_image/pc/。

图 6-35 ▶
"上海与巴黎之间——中国现
当代艺术展"展览现场

发，邀请了刘海粟美术馆、昊美术馆等机构的藏品[454]。展览选取了一批耳熟能详的艺术家，以东西方文化比较的方式来展示两个城市的艺术关联。在馆内已经有两个符合中国美术馆开创的本土陈列模式的常设陈列，并且在馆藏中部分艺术家后来也投身革命现实主义创作的前提下，策展人卢缓关注了他们的留洋身份，着眼于法国对于 20 世纪中国艺术产生的影响（图 6-35）。在展览的前两个单元"大师与益友""从海上出发"中，对中国现代派艺术家产生影响的法国艺术家费尔南德 · 柯罗蒙、阿尔伯特 · 贝纳尔、帕斯卡 · 达仰、奥东 · 弗里茨、让 · 杜拜、安德烈 · 洛特、让 · 苏弗尔皮的作品与中国艺术家林风眠、刘海粟、吴冠中、滑田友、贺慕群、赵无极、朱德群等人的作品在展厅中以对话的形式展出。并且展览没有简单地停留在东西比较、西方影响东方这样的观点上，在展览的第三单元"全球化力量"

454 策展人卢缓提供的资料。

图 6-36
"中央美术学院美术馆藏：
国立北平艺专精品陈列（西
画部分）"展览现场

中，还聚焦 20 世纪 90 年代以来的当代艺术家重新对旅法经历的理解与再创作。中央美术学院美术馆从 2012 年至 2017 年举办的以"北平艺专与民国艺术"为专题的藏品陈列也是如此[455]，它从馆藏特色入手试图构建另一种历史叙事逻辑。在这个逻辑里，一方面为在近现代美育和艺术思想上有卓越影响但面孔破碎的北平艺专拨开云雾、钩沉历史；更为重要的是，在策展人王璜生和曹庆晖看来，艺专里那些近代艺术史的重要人物不仅参与了民族形式的建构（比如董希文创作了《开国大典》、刘开渠等人联合创作了《人民英雄纪念碑浮雕》），他们还构成了一些别样的历史——如第一回陈列"西画部分"讨论的"20 世纪西画如何引入中国"的历史（图 6-36）[456]。该馆还关注在政治主题创作的同时是否存在另一种去政治的艺术面貌——第四回的陈列[457]讨论在 20 世纪五六十年代"二为"和"双百"方针的偏政治的文艺环境下，艺专如何通过临摹古代壁画和收购宋元明清卷轴画的方式，传递一种对待传统的既符合政策要求又保留个性的态度。

还有一些更为激进的方式，譬如提出去结构、去叙事的陈列理念，广东美术馆 2018 年围绕馆藏影像作品策划的展览"脚本"（图 6-37、6-38）[458]，内容为 20 世纪 80 年代以来的影像作品。策展人吕子华没有

---

[455] 展览内容参见该馆官网：https://www.cafamuseum.org.

[456] 曹庆晖：《主线、主流及其他——看中央美术学院美术馆藏北平艺专西画精品想到的》，《美术研究》2013 年第 1 期，第 28~45 页。

[457] 第四回陈列为："传统的维度——20 世纪五六十年代中央美术学院对民族艺术传统的学习和转化"（2015 年 12 月 9 日—2016 年 4 月 24 日），参见官网介绍：https://www.cafamuseum.org/exhibit/detail/572.

[458] 该展发生在美国斯坦福大学艺术空间，参见该馆官网介绍：http://www.gdmoa.org/Media_Center/News/2018/201807/t20180731_15441.shtml.

◀ 图 6-37
"脚本"展览现场

◀ 图 6-38
"脚本"展览现场

采取在藏品展示中常用的年代分期和作品类型的办法，而是采用了一个"虚构故事"的方式，根据作品的直观内容，以第三人称角度叙事，重新将作品与作品置于一个新的故事中。梁钜辉、黄小鹏、蒋志、曹斐等艺术家的作品脱离了固有的创作背景，成为整个美术馆由藏品搭建起的"戏剧"中的一个个"角色"。不过即便如此，因为这些作品多基于城市、边界、时间等话题展开，所以展览也没有完全脱离作品所表达的含义，反倒在一定程度上放大了不同创作语言中的同一主题。

不过，这些试水还没有产生广泛的影响，也没有激发占据主导地位的陈列模式予以积极回应。从总体上来看，符合中国陈列模式的藏品陈列和展览仍占据极大比重。在 2013 至 2019 年文旅部"全国美术馆馆藏精品展出季"的藏品展览中，以陈列模式为参考作为策划逻辑的展览占据百分之八十以上。在一定程度上，以上的思辨型藏品展览还是个案，但这些从博物馆内部发生的、带有反思意味的思辨表现出了一种进步，也预示着中国的艺术博物馆在陈列的方法论摸索中正积极地迈出第二步。

小结与思考

　　本章从中国艺术博物馆的特点入手，分析了中国艺术博物馆陈列的三个阶段，分别是学习阶段、本土化阶段和思辨阶段。其中可以看到前几章总结的陈列模式的身影在这些阶段中都有出现。如果将国际的陈列方法论形成的过程套用到中国陈列身上，可以进一步总结为：早期对国际陈列的学习奠定了中国陈列的思想基础，新时期陈列从艺术史内容、意识形态到建筑空间的三位一体的本土化变化是中国陈列模式的建构过程。新世纪以来，一些艺术博物馆在理论与实践的基础上开始对陈列模式进行思辨，并出现了中国的陈列在思辨中形成自己的方法论的可能和预兆。

　　但是，在第一步并没有广泛推行、第二步还是少数个案的情况下，这个方法论的形成与推行还需要实践和时间检验。从中国艺术博物馆的历史特殊性和目前它所承担的展览任务来看，藏品展览的形式将会继续代替长期固定的陈列存在一段时间，因此形成个性化、品牌化的藏品陈列对中国的艺术博物馆来说将会是一种有效的策略，比如中央美术学院美术馆的"北平艺专与中央美术学院系列研究陈列"[459]、北京画院美术馆的"齐白石专题研究系列陈列"等[460]。这样的系列化陈列首先与本馆的收藏特色和定位保持了一致，使其在未来可以实现延续和发展，并与本馆的扩藏和研究互相推动；同时，在系列的基础上提出"专题"，也使系列陈列能够在连贯的前提下不断深入，让系列陈列之间形成连续性叙事，而不是孤立的个体展览，最终使其在一个更长远的时空中获得"长期性"。

　　另外，值得注意的是，近年来修建和翻新的许多艺术博物馆，展示

---

[459] 中央美术学院美术馆从 2012 年起针对北平艺专与中央美术学院时期的近现代美术发展举办专题陈列，每年一次，已针对西画、国画、临摹壁画、木刻等与大主题相关的子主题举办过六次陈列。
在策划该系列陈列时，该馆从其作为学院美术馆的身份出发，它的发展规划始终与学院的过去和未来息息相关，因此学院前身"北平艺专"是切入点。主策展人王璜生认为这样可以通过重新关照美院的发展历史引发多种讨论，让美术馆在藏品与校史之间建立起脉络（甚至在一定程度上也与该馆80年代最初的艺专陈列构成了关联）。参见该馆官网：https://www.cafamuseum.org/exhibit/newsdetail/978.

[460] 北京画院美术馆自 2005 年起针对馆内齐白石作品举办专题陈列，每年一次，针对齐白石作品的主题、类型以及人生步履展开。2005—2020 年的主题分别是草虫、人物、山水、梅兰竹菊、水族、花卉、书法、蔬菜、石印、手札、人生之道、与徐悲鸿的关系、书法、人物神情、中国哲思。参见该馆官网：http://www.bjaa.com.cn/exhibit.html?hcs=11&-clg=163。
在策划该系列陈列时，该馆没有选择宏大叙事，把齐白石符号化成一个伟大人物那样去做名人纪念性陈列，而是从点入手，不仅从齐白石艺术的局部出发，还把齐白石置入 20 世纪美术发展的大背景下。主策展人吴洪亮以"一叶知秋"对这样的策划方式予以总结。参见吴洪亮。

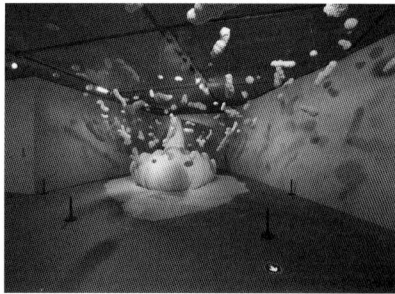

条件和空间面积都有极大改善，不仅为下一步的藏品陈列提供了必要保障，还增加了具有公共性的附加空间，以至于许多建筑本体也如第五章所提的国际艺术博物馆的情况一样成了城市景观的一分子。不过，这些建筑的修建并没有特别考虑陈列与空间之间的关联，目前对陈列方法的思辨也较少涉及空间权力的层面，对空间在新时期与公共性、权力生产和削减之间的探讨更多地还是发生在临时展览中，比如中央美术学院美术馆 2015 年举办的展览"空间协商"就是围绕美术馆空间民主化的实验展开（图 6-39、6-40）。如果中国的陈列也依循着方法论所指，那么就要重视空间在陈列中的作用——对中国陈列的讨论要始终将它与建筑和空间作为一个整体，通过关注旧的藏品如何与空间形成新的结合促成知识的再生产，这样中国的艺术博物馆才能够更为有效地、持续地生产知识，陈列也得以获得新的活力。

《一叶知秋——北京画院美术馆以齐白石陈列为中心的研究与展览》，
《大学与美术馆》2015 年第 6 期，第 42 页。

结语

艺术藏品陈列可以作为探索艺术博物馆立场、动机和空间意义的一条线索，毕竟没有无缘无故的排列，无论是对艺术史的选择还是对反艺术史的包容，是对意识形态的维护还是对多元文化的接纳，是对空间的仪式化还是去权威化，陈列都不是简单地对艺术史进行视觉呈现，其背后裹挟着复杂的社会文化历史环境和不同立场对话语权的争夺。但这也不表示陈列由此被简化为一种政治工具或是权力产物，从它自身的逻辑来看，陈列有来源于物品陈列史丰厚的思想积淀，有环环相扣的方法推演过程，有能够自省思辨和在其中进步的能力，这些支撑了它自身形成一种方法论的可能性。

在前两章对陈列理念来源和模式建构的梳理过程中，艺术史正典、意识形态、空间权力在陈列方法论中的基石身份呼之欲出，陈列有选择地对珍奇屋的世界观、分类法和空间功能进行了巧妙地挪用，使它们成为塑造一个符合当时意识形态要求的艺术史空间的基础。从某种程度上来说，艺术博物馆的陈列模式似乎成了一个放大版的珍奇屋，虽然排列作品的话语权被掌握在了新制度手中，但依然是保存、构造和继承文明的"方舟"。如果到此为止的话，那么讨论的只是陈列的策划方法、思想理念，它也只是许多种方法中的一种，甚至也有被其他方法代替的可能。这种方法最终能成为一种自成理论并影响其他艺术博物馆方法论的关键在于第二步"思辨"，第三章至第五章阐释了陈列如何对方法中的三个要素进行思辨性的批判和实践，尽管这种思辨也不完全是从内部自发进行的，譬如对意识形态正确性的思辨就是多元文化不断从外部施加压力所致。但从结果来看，这种应对和思辨的过程维持了第二章建立的陈列模式的稳定性，也为陈列形成自己的方法论扣上了最后一环。而当将这个方法论套用到中国语境时，虽然在惯常认知里中国艺术博物馆的发展情况与国际相比还有一定差异，但令人惊叹的是，中国的陈列发展道路是一个与之相似的过程。第六章具体梳理了这一过程：早期在学习国际经验中奠定思想基础，中华人民共和国成立初期建立了自己的艺术史、意识形态和空间权力三位一体的本土陈列模式，新世纪以来出现了对模式进行思辨的尝试——这也印证了陈列方法论所具有的普遍性。至此，如果再回到开篇对陈列的系列提问，可以用"陈列的方法论"来作为回答，并且这不是一个单一的描述性理论，而是对一系列方法的有逻辑的组合，能够经历时间和地域的检验。

不过，陈列的方法论自身包含思辨的一环，也预示着在未来这样的思辨还将继续。方法论中的陈列模式将不断应对各种质疑和挑战，主动或被动地以内容的调整和重置进行回应。本书在绪论中引用了以赛亚·伯林在《决定论、相对主义和历史的判断》中的一段话来提出陈列中存在固定模式的可能性。如果再回到伯林的观点，剧烈的争论不会动摇历史中已经存在的模式，提出彻底推翻陈列模式的假设在伯林看来也是"空洞的"。这些批判、责备要基于首先有一个模式存在，而人们对艺术、陈列、艺术博物馆的认知也是基于陈列模式在历史中塑造而来，"我们的精神范畴终究不比我们的物质范畴有更大的灵活性……我们思维用的符号深深地包藏在我们的世界观中，以致无法做出强烈的突破"。当然，伯林的观点也提示，不能因此将陈列模式当作是完全正确的理论来谈论，有特殊和意外存在，也有变化和冲击发生。因此，陈列的方法论始终处于不完全正确和不断矫正的来回拉锯中，陈列在此成为能够激发争论和讨论的对象，刺激艺术博物馆重新定义自己在文化和变革中的角色身份，也推动公众在不断客观化和清晰化的艺术史和文化史图景中获得真正的知识。

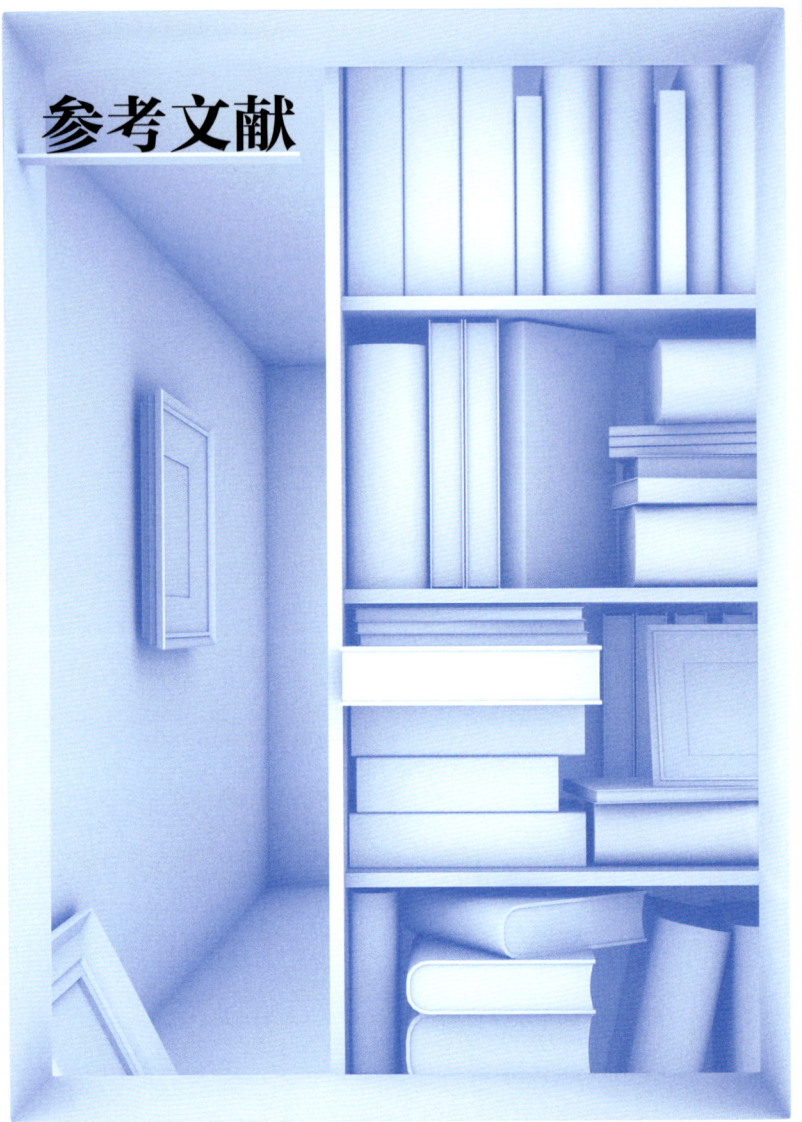

参考文献

一、著作

1. 中文著作（以文中顺序排列）：

徐坚：《名山：作为思想史的早期中国博物馆史》，北京：科学出版社，2016

李万万：《美术馆的历史：中国近现代美术馆发展之研究（1840—1949）》，南昌：江西美术出版社，2016

齐珏编著：《丹青碎影：严智开与天津市立美术馆》，天津：天津古籍出版社，2015

陆兴华：《艺术展示导论》，北京：商务印书馆，2019

王嵩山：《文化传译：博物馆与人类学想象》，台北：稻香出版社，1992

王嵩山：《想象与知识的道路：博物馆、族群与文化资产的人类学书写》，台北：稻香出版社，2005

张婉真：《当代博物馆展览的叙事转向》，台北：远流出版公司，2014

孔令伟、吕澎：《中国现当代美术史文献》，北京：中国青年出版社，2013

严建强：《博物馆的理论与实践》，杭州：浙江教育出版社，1998

王宏钧：《中国博物馆学基础》，上海：上海古籍出版社，2001

张子康、罗怡：《艺术博物馆——理论与实务》，北京：文化艺术出版社，2017

中国大百科全书总编辑委员会《文物 · 博物馆》编辑委员会：《中国大百科全书 · 文物、博物馆》，北京：中国大百科全书出版社，1993

韦诚：《方法论系统引论》，合肥：安徽大学出版社，1999

王国轩译注：《大学、中庸》，北京：中华书局，2006

李军：《可视的艺术史：从教堂到博物馆》，北京：北京大学出版社，2016

王路：《德国当代博物馆建筑》，北京：清华大学出版社，2002

南京博物院编：《曾昭燏文集 · 博物馆卷》，北京：文物出版社，2009

苏东海：《博物馆的沉思：苏东海论文选》，北京：文物出版社，1998

章咸，张援编：《中国近现代艺术教育法规汇编（1840—1949）》，北京：教育科学出版社，1997

中国博物馆协会编：《中国博物馆一览》，北平：中国博物馆协会出版社，1936

周矩敏主编：《沧浪一页：纪念苏州美术馆建馆80周年》，合肥：安徽美术出版社，2006

钱伯城：《观景楼杂著》，沈阳：辽宁教育出版社，1998

陶思炎主编：《江苏特色文化》，南京：南京师范大学出版社，2009

王栋云主编：《南通博物苑2006年论文集》，扬州：广陵书社，2007

宋伯胤：《博物馆人丛语：宋伯胤博物馆学论著选》，西安：陕西人民出版社，2002

汤志钧、祖恩编：《中国近代教育史资料汇编：戊戌时期教育》，上海：上海教育出版社，1993

蔡元培：《中国人道德修养读本》，南昌：江西教育出版社，2018

朱伯雄、陈瑞林编著：《中国西画五十年》，北京：人民美术出版社，1989

国家知识产权局直属机关党委编著：《伟大的中国力量》，北京：知识产权出版社，2016

《中国人民政治协商会议共同纲领》，北京：中华书局，1952

中华全国文学艺术工作者代表大会宣传处编：《中华全国文学艺术工作者代表大会纪念文集》，北京：新华书店，1950

张炯编：《中国新文艺大系：（1949—1966）理论史料集》，北京：中国文联出版公司，1994

陈鹂编：《第二届全国美术展览会的国画》，北京：朝花美术出版社，1957

水天中：《历史·艺术与人》，南宁：广西美术出版社，2001

梁思成：《梁思成全集》第五卷，北京：中国建筑工业出版社，2001

《辽宁美术馆藏画集》，沈阳：辽宁美术出版社，2011

山东省地方史志编纂委员会、《山东年鉴》编辑部编：《1988 年山东年鉴》，北京：世界知识出版社，1989

曹意强：《美术博物馆学导论》，杭州：中国美术学院出版社，2008

张子康、罗怡：《美术馆》，北京：中国青年出版社，2009

卢炘：《中国美术馆学概论》，上海：上海书画出版社，2008

王璜生：《作为知识生产的美术馆》，北京：中央编译出版社，2012

陶咏白、李湜：《失落的历史·中国女性绘画史》，长沙：湖南美术出版社，2000

万青力：《并非衰落的百年：19 世纪中国绘画史》，桂林：广西师范大学出版社，2008

尹吉男、王璜生、曹庆晖：《"北平艺专与民国美术"学术研讨会论文集》，北京：人民美术出版社，2016

郑朝：《国立艺专往事》，杭州：中国美术学院出版社，2013

2. 中文译著（以文中顺序排列）：

[英] 汤因比等：《历史的话语：现代西方历史哲学译文集》，张文杰编，桂林：广西师范大学出版社，2002

[英] 大卫·休谟：《人类理智研究》，吕大吉译，北京：商务印书馆，1999

[德] 康德：《未来形而上学导论》，庞景仁译，北京：商务印书馆，1978

中共中央马克思恩格斯列宁斯大林著作编译局：《马克思恩格斯选集》第三卷，北京：人民出版社，1995

[英] 斯图尔特·霍尔编：《表征：文化表征与意指实践》，徐亮、陆兴华译，北京：商务印书馆，2013

[英]蒂莫西·阿姆布罗斯、克里斯平·佩恩：《博物馆基础》，郭卉译，南京：译林出版社，2016

[德]弗德里希·瓦达荷西：《博物馆学：德语系世界观点》，曾于珍等译，台北：五观艺术管理有限公司，2005

[美]爱德华·P.亚历山大、玛丽·亚历山大：《博物馆变迁：博物馆历史与功能读本》，陈双双译，南京：译林出版社，2014

[德]黑格尔：《逻辑学》上卷，杨一之译，北京：商务印书馆，1982

[法]笛卡尔：《谈谈方法》，王太庆译，北京：商务印书馆，2000

[德]康德：《康德历史哲学文集》（注释版），李秋零译，北京：中国人民大学出版社，2016

[德]康德：《纯粹理性批判》，邓晓芒译，北京：人民出版社，2004

[法]克里斯蒂娜·达韦纳：《珍奇屋：收藏的激情》，董莹译，北京：生活·读书·新知三联书店，2017

[古希腊]柏拉图：《斐多：柏拉图对话录之一》，杨绛译，沈阳：辽宁人民出版社，2000

[古希腊]亚里士多德：《形而上学》，吴寿彭译，北京：商务印书馆，2017

[美]休·吉诺韦斯、玛丽·安妮·安德列编：《博物馆起源：早期博物馆史和博物馆理念读本》，路旦俊译，南京：译林出版社，2014

[法]米歇尔·福柯：《词与物：人文科学考古》，莫伟民译，上海：上海三联书店，2001

[美]乔治·库布勒：《时间的形状：造物史研究简论》，郭伟其译，北京：商务印书馆，2019

[德]温克尔曼：《希腊人的艺术》，邵大箴译，桂林：广西师范大学出版社，2001

[古希腊]赫西俄德：《工作与时日·神谱》，张竹明、蒋平译，北京：商务印书馆，2009

[英]格里塞尔达·波洛克：《分殊正典：女性主义欲望与艺术史书写》，胡桥、金影村译，南京：江苏凤凰美术出版社，2016

[法]雅克·朗格：《新卢浮宫之战：卢浮宫浴火重生记》，董强译，北京：中央编译出版社，2014

[苏]苏联博物馆学科学研究所编：《苏联博物馆学基础》，博物馆科学工作研究所筹备处编译，北京：文物出版社，1957

[德]汉斯·贝尔廷：《现代主义之后的艺术史》，洪天富译，南京：南京大学出版社，2014

[法]米歇尔·福柯：《知识考古学》，谢强、马月译，北京：生活·读书·新知三联书店，2007

[日]渡边公三：《列维-斯特劳斯：结构》，周维宏、李巍、翁春、吴怡译，石家庄：河北教育出版社，2002

[法]列维-斯特劳斯：《结构人类学》，陆晓禾、黄锡光等译，北京：文化艺术出版社，1989

[英]E.H.贡布里希：《瓦尔堡思想传记》，李本正译，北京：商务印书馆，2018

[英]简·基德：《新媒体环境中的博物馆：跨媒体，参与及理论》，胡芳译，上海：上海科技教育出版社，2017

[德]瓦尔特·本雅明：《机械复制时代的艺术作品》，王才勇译，北京：中国城市出版社，2001

［苏］米哈依洛夫斯卡娅 A.И.：《博物馆陈列的组织与技术》，宋惕冰译，北京：文物出版社，1959

［美］汉娜 · 阿伦特：《人的境况》，王寅丽译，上海：上海人民出版社，2009

［英］迈克尔 · 苏立文：《20 世纪中国艺术与艺术家》，陈卫和、钱岗南译，北京：世纪文景文化

传播公司，2013

3. 外文著作（以文中顺序排列）：

Andrew McClellan, *Inventing the Louvre: Art, Politics, and the Origins of the Modern Museum in Eighteenth-Century Paris*, Cambridge: Cambridge University Press, 1994

John Elsner and Roger Cardinal (eds.), *The Cultures of Collecting*, London: Reaktion Books L.t.d Press, 1997

David Murray, *Museums, Their History and Their Use* (Published By James Maclehose and Sons, Glasgow, 1904), Lexington: Ulan Press, 2012

Susan M. Pearce, *Museums, Objects, and Collections*, London: Leicester University Press, 1992

Oliver Impey and Arthur Macgregor, *The Origins of Museums: The Cabinet of Curiosities in Sixteenth and Seventeenth Century Europe*, Oxford: Ashmolean Museum Reprint, 2018

Patrick Mauriès, *Cabinets of Curiosities*, London: Thames & Hudson, 2011

Katherine Wodehouse, *The Ashmolean Museum: Crossing Cultures, Crossing Time*, Oxford: Ashmolean Museum Press, 2015

Sharon Macdonald (ed.), *The Politics of Display: Museums, Science, Culture*, Oxon: Routledge, 1998

Ivan Karp and Steven D. Lavine (eds.), *Exhibiting Cultures: The Poetics and Politics of Museum Display*, Washington: Smithsonian Books, 1991

Emma Barker (ed.), *Contemporary Culture of Display*, Yale: Yale University Press, 1999

Jennifer Tyburczy, *Sex Museums: The Politics and Performance of Display*, Chicago: University of Chicago Press, 2016

ICOFOM, *Museology: Back to Basics*, Published on Behalf of the ICOM's International Committee for Museology, 2009

Mark Meadow and Bruce Robertson (eds.), *The First Treatise on Museums: Samuel Quiccheberg's Inscriptiones, 1565*, Los Angeles: Getty Research Institute, 2013

John Elsner and Roger Cardinal, *The Cultures of Collecting*, London: Reaktion Books L.t.d Press, 1997

Ceruto Benedicto, *Musaeum Franc. Calceolari iun. Veronensis*, Veronae: Apud Angelum Tamum, 1622

Brian Vickers (ed.), *Francis Bacon: The Major Works*, Oxford: Oxford University Press, 2002

John Tradescant the Younger, *Museum Tradescant Anum: Or, A Collection of Rarities Preserved at South-Lambeth neer London*, London: John Grismond, 1656

Simon J. Knell, Suzanne Macleod and Sheila Watson (eds.), *Museum Revolutions: How Museums Change and are Changed*, London: Routledge, 2007

Paul Lacroix, *Revue universelle des arts*, Vol. 18, Pairs: Veuve Jules Renouard and Bruxelles: A. mertens ET fils, 1863

Douglas Crimp, *On the Museum's Ruins*, Boston: The MIT Press, 1995

Susan Pearce and Kenneth Arnold (eds.), *The Collector's Voice: Early Voice*, Vol.2, Aldershot: Ashgate, 2000

Ferrante Imperato, *Dell'historia naturale*, Napoli: Nella stamparia à Porta Reale per Costantino Vitale,1599

Keith Christiansen, *The Renaissance Portrait: From Donatello to Bellini*, New York: Metropolitan Museum of Art, 2011

Julius von Schlosser, *Die Kunst- und Wunderkammern der Spätrenaissance: ein Beitrag zur Geschichte des Sammelwesens*, Leipzig: Klinkhard & Biermann, 1908

Ferdinando Cospi and Lorenzo Legati, *Museo Cospiano annesso a quello del famoso Ulisse Aldrovandi e donato alla sua patria*, Bologna: Per Giacomo Monti Publish, 1677

Athanasius Kircher, *Romani Collegii Societatis Jesu Musaeum celeberrimum*, Amstelodami: Ex Officina Janssonio-Waesbergiana, 1678

Paolo Maria and Terzago, etc., *Museo, ò Galeria, adunata dal sapere e dallo studio del sig. canonico Manfredo Settala nobile Milanese*, Tortona: Per li figliuoli del qd. Eliseo Viola,1666

Ole Worm, etc., *Museum Wormianum, seu, Historia rerum rariorum : tam naturalium, quam artificialium, tam domesticarum, quam exoticarum, quae Hafniae Danorum in aedibus authoris servantur,* Leiden: Lugduni Batavorum, 1655

Robert Hewison, *The Heritage Industry: Britain in a Climate of Decline*, London: Methuen, 1987

Karsten Schubert, *The Curator's Egg: The Evolution of the Museum Concept from the French Revolution to the Present Day*, London: Ridinghouse, 2009

Johann Joachim Winckelamann, *History of the Art of Antiquity*, Harry F. Mallgrave (trans.), Los Angeles: Getty Research Institute, 2006

Ronald Paulson (ed.), *William Hogarth, The Analysis of Beauty* (1753), Yale: Yale University Press, 1997

Christian von Mechel, *Catalogue des tableaux de la Galerie impériele et royale de vienne*, Basle: Chez L'Auteur, 1781

Édourd Pommier, *L'art de la liberté: Doctrines et débates de la Révolution Française*, Paris: Gallimard, 1991

T. Besterman (ed.), *The Printed Sources of Western Art*, Vol.8, Linda Walsh (trans.), Ljubljana: Collegium Graphicum, 1972

Carol Duncan, *Civilizing Rituals: Inside Public Art Museums*, London: Routledge, 1995

Education, Fine Art, Vol.4, Shannon: Irish University Press Reprint, 1970

Education, Fine Art, Vol.3, Shannon: Irish University Press Reprint, 1970

Pierre Bourdieu, Alain Darbel and Dominique Schnapper, *The Love of Art: European Art Museums and their*

Public, Caroline Beattie and Nick Merriman (trans.), Cambridge: Polity Press, 1991

Steve Edwards (ed.), *Art and Its Historys: A Reader,* Yale: Yale University Press, 1999

James Cuno (ed.), *Whose Muse? : Art Museums and the Public Trust,* Princeton: Princeton University Press, 2004

Abbé Grégoire, *Rapport sur les destructions opérés par le Vandalisme, et sur les moyens de le réprimer,* Paris: De l'Imprimerie nationale, 1794

Hooper Greenhill, *Museums and Shaping of Knowledge,* London and New York: Routledge, 1992

Michaela Giebelhause (ed.), *The Architecture of the Museum-Symbolic Structures, Urban Contexts,* Manchester: Manchester University Press, 2003

Jean-Nicolas-Louis Durand, *Précis des leçons d'architecture données à l'École polytechnique,* Paris: Chez l'Auteur, 1805

Marjorie Caygill, *The Story of the British Museum,* London: British Museum Publications, 1981

Steven Mcleod Bedford, *John Russell Pope: Architect of Empire,* New York: Rizzoli, 1998

R. W. Flint (ed.), *Marinetti. Selected Writings,* London: Secker and Warburg, 1972

Maura Reilly, *Curatorial Activism: Towards an Ethics of Curating,* London: Thames & Hudson, 2018

Charles Baudelaire, *Art in Paris 1845-1862. Salons and Other Exhibitions,* Jonathan Mayne (trans.), London: Phaidon Press, 1965

Hans Rudolf Reust, *Aus dem Musée éclaté an den Ort des Werks, Kunsthalle Bern 1969-1993,* Bern: Stamofli+Cie AG, 1993

Tate Modern (ed.), *Tate Modern: The Handbook,* London: Tate Publishing, 2016

Alex Potts, *Flesh and the Ideal: Winckelmann and Origins of Art History,* Yale: Yale University Press, 1994

Art Documentation. Bulletin of the Art Libraries Society of North America, Vol.II, 1992

Roland Barthes, *On Racine,* New York: Hill and Wang Press, 1964

Claude Lévi-Strauss, *Structural Anthropology,* New York and London: Basic Books, 1973

Roland Barthes, *Mythologies,* London: Paladin, 1973

Roland Barthes, *Critical Essays,* Richard Howard (trans.), Evanston: Northwestern University Press, 1985

Edward W. Said, *Culture and Imperialism,* New York: Vintage, 1994

Linda Nochlin, *Women, Art and Power and Other Essays,* London: Thames and Hudson, 1989

Griselda Pollock, *Differencing the Canon: Feminist Desire and the Writing of Art's Histories,* London: Routledge, 1999

Jacqueline Rose, *Sexuality in the Field of Vision,* London& New York: Verso, 1986

Romane Bearden and Harry Henderson, *A History of African-American Artists from 1972 to the Present,* New York: Pantheon Books, 1993

Amelia Jones, *Sexual Politics: Judy Chicago's Dinner Party in Feminist Art History,* California: University of California Press, 1996

Maura Reilly, *Curatorial Activism: Towards an Ethics of Curating,* London: Thames & Hudson, 2018

Nina Simon, *The Participatory Museum*, California: Museum 2.0, 2010

Edward W. Soja, *Third Space*, Oxford: Blackwell, 1996

Henri Lefebvre, *The Production of Space*, Oxford: Blackwell, 1991

Araújo Marcelo Mattos and Bruno Maria Cristina Oliveira (eds.), *A memória do pensamento museológico contemporâneo: documentos e depoimentos*, São Paulo: Comitê Brasileiro do ICOM, 1995

Manuel Castells, *The Rise of the Network Society*, Oxford: Blackwell, 2000

André Malrausx, *The Voice of Silence*, Gilbert Stuart (trans.), New York: Doubledeay and Company, 1953

Miriam Drake (ed.), *Encyclopedia of Library and Information Science* (Second Edition), Vol.3, Boca Raton: CRC Press, 2003

Christina Riggs, *Ancient Egyptian Art and Architecture: A Very Short Introduction*, Oxford: Oxford University Press, 2014

David Harvey, *The Urban Experience*, Oxford: Blackwell, 1989

Guy Debord, *The Society of the Spectacle* (1967), Donald Nicolson- Smith (trans.), New York: Zone Books, 1995

二、文章

1. 中文文章（以文中顺序排列）：

瑞子：《中国美术馆专家委员会成立暨研讨会综述》，《中国美术馆》2005 年第 2 期

余有辉、黄河：《实证主义如何失去其历史性维度——再认识孔德的实证主义》，《前沿》2012 第 21 期

徐坚：《走出收藏史，走向思想史》，《中国博物馆》2015 年第 4 期

张斌贤：《全面危机中的外国教育史学科研究》，《高等师范教育研究》2000 年第 4 期

朱燕楠：《北宋宫廷书画收藏与流转机制考察》，《美术学报》2016 年第 3 期

孔令伟：《博物学与博物馆在中国的源起》，《新美术》2008 年第 1 期

崔国芳：《中国古代文献收藏活动与文化价值观的关系分析》，《江西图书馆学刊》2009 年第 4 期

刘丽斌、杜玉荣：《文化价值观影响下的中国古代文献收藏活动》，《兰台世界》2009 年第 15 期

李军：《晚清时期教育博物馆的开设》，《东南文化》2017 年第 5 期

张长虹：《近代上海美术展览与"美术馆"观念的兴起——以 1929 年"第一次全国美术展览会"为中心》，《美术学报》2012 年第 5 期

李军：《地域的中心化：卢浮宫与普世性博物馆的生成》，《文艺研究》2008 年第 7 期

鲁迅：《拟播布美术意见书》，《教育部编纂处月刊》第 1 卷第 1 册，1913 年 2 月

《建筑美术馆》，《时报图画周刊》，1923 年 4 月 2 日

马鸿增：《我国美术馆事业面临的难题与展望》，《美术观察》2000 年第 2 期

李舒桐：《新时代博物馆陈列设计发展趋势研究》，《广西师范学院学报（哲学社会科学版）》

2018 年第 5 期

李军：《佛罗伦萨"乌菲奇画廊"与美术博物馆生成考》（一、二），《美术研究》2008 年第 2、3 期

杨瑾：《新全球史观下的博物馆藏品研究》，《自然科学博物馆研究》2019 年第 4 期

彼得·费希万、诺琳·费希万、爱格尼丝·蒂瓦里、费利克斯·尤恩：《作为普遍人类现象

的批判性思维——中国和美国的视角》，《北京大学学报（哲学社会科学版）》2009 年 1 月，第

46 卷第 1 期

何云峰：《论批判性思维》，《社会科学辑刊》2000 年第 6 期

刘二爽：《公共性观念下西方美术馆空间形态演变研究》，《南方建筑》2018 年第 6 期

高宣扬：《缅怀结构主义大师列维 - 斯特劳斯》，《经济观察报》2009 年 11 月 20 日

鲍里斯·格罗伊斯：《论"新"》，陈旷地译，《大学美术馆》2012 年第 3 期

新华社：《习近平对文物工作作出重要指示》，2016 年 4 月 12 日

文化和旅游部办公厅：《文化和旅游部办公厅关于印发 <2019 年全国美术馆藏精品展出季活动

方案 > 的通知》，2019 年 3 月 18 日

《徐悲鸿君学术研究之谈话》，《时报》1926 年 3 月 7 日

缦郎：《美术馆之建设》，《湖南教育》1930 年第 19 期

于坚：《故宫博物院的历史和发展》，《故宫博物院院刊》1986 年第 1 期

蔡元培：《美育实施的方法》，《教育杂志》1922 年第 14 卷第 6 期

《河南美术馆章程》，《河南教育》1929 年第 2 卷第 1 期

《市立美术馆成立六周年》，《大公报（天津）》1936 年 9 月 30 日

严智开：《天津美术馆美术丛刊创刊号序》，《美术丛刊》1931 年创刊号

《市美术馆九月底完成初步计划》，《大公报（天津）》1931 年 7 月 27 日

王勇：《苏州美术馆——中国美术史上第一馆》，《美术大观》2006 年第 12 期

陈济龚：《苏州美术馆一瞥》，《京沪沪杭甬铁路日刊》1937 年第 1796 期

艾姝：《民国时期天津美术馆收藏诸问题》，《博物馆学刊》2014 年第 5 辑

林风眠：《美术馆之功用》，《美术丛刊》1932 年第 2 期

艾姝：《民国时期天津市立美术馆展览的视觉逻辑》，《美术馆》2020 年第 3 期

蔡元培：《美术的起源》，《绘学杂志》1920 年第 1 期

潘元牧：《天津美术馆缘起》，《美术丛刊》1931 年创刊号

吕澂、陈独秀：《美术革命》，《新青年》1919 第 6 卷第 1 期

陈师曾：《文人画的价值》，《绘学杂志》1921 年第 2 期

陈师曾：《中国画是进步的》，《绘学杂志》1921 年第 3 期

徐悲鸿：《中国画改良论》，《绘学杂志》1920 年第 1 期

颜文樑：《十年回顾》，《艺浪》1932 年第 8 期（十周年纪念号）

梁吉生：《中国博物馆协会及其学术活动》，《中国文化遗产》2005 年第 4 期

李瑞年：《欧美博物馆及美术馆陈列之法演进》，《中国博物馆协会会报》1935 年第 1 卷 1 期

毅行：《美术馆参观记》，《益世报（天津版）》1933 年 7 月 17 日

艾姝：《民国时期天津美术馆研究组的教育理念与实践》，《西南民族大学学报（人文社会科学版）》
2014 年第 6 期

《第二届全国美术展览会征集办法》，《美术》1954 年第 2 期

王朝闻：《关于学习年画的旧形式》，《美术》1950 年第 2 期

江丰：《美术工作的重大发展》，《美术》1954 年第 10 期

《人民美术的重大发展——第二届全国美术展览会在京开幕》，《美术》1955 年第 3 期

朱京生：《中国美术学 70 年回望 · 近现代美术篇》，《美术观察》2019 年第 10 期

位育：《故宫博物院纪念古代十大画家展览简目》，《文物》1961 年第 6 期

《中国美术馆纪事》，《大地》2005 年第 12 期

林早：《中国美术馆：历史缘起、命名定位与文化精神》，《贵州大学学报（艺术版）》2016 年
第 2 期

戴念慈：《中国美术馆设计介绍》，《建筑学报》1962 年第 8 期

安万青：《美术馆的收藏与陈列》，《艺术广角》2007 年第 4 期

张千鹰：《阔步前进的上海美术馆》，《上海艺术家》1997 年第 Z1 期

曹庆晖：《美术馆叙事待完善》，《人民日报》2014 年 5 月 4 日

王端廷：《中国美术学 70 年回望 · 外国美术篇》，《美术观察》2019 年第 10 期

曹庆晖：《主线、主流及其他——看中央美术学院美术馆藏北平艺专西画精品想到的》，《美术研
究》2013 年第 1 期

吴洪亮：《一叶知秋——北京画院美术馆以齐白石陈列为中心的研究与展览》，《大学与美术馆》
2015 年第 6 期

2. 外文文章（以文中顺序排列）：

Robin Pogrebin, "Money Tight, Museums Mine Their own Collections" , *The New York Times* (2011.4.12)

Jacqueline Ridge, "The Tate Brand: Its Consequences for the Care and Presentation of Tate Collections",
Studies in Conservation, Vol. 51 (2006)

Julia Halperin and Charlotte Burns, "African American Artists are More Visible than Ever. So Why are
Museums Giving Them Short Shrift? ", *artnet* (2018.9.20)

Randy Kennedy, "Black Artists and the March into the Museum", *The New York Times* (2015.11)

Kimberly Bradley, "Why Museums Hide Masterpieces Away", *BBC Culture Website* (2015.1.23)

"Orsay as We See it, Krysztof Pomian Interview with Francoise Cachin", *Le Débat*, No.44, March-May (1987)

Carol Duncan and Alan Wallach, "The Universal Survey Museum", *Art History Vol. 3*, No.4, Dec. (1980)

Émile-Mâle, Gilberte, "Jean-Baptiste Pierre Lebrun (1748–1813). Son rôle dans l'histoire de la restauration des tableaux du Louvre.", *Mémoires de la Fédération des sociétés historiques et archéologiques de Paris et de l'Île-de-France*. No. VIII (1956)

Jean Cailleux and Marianne Roland Mihel, "From the 'Museum' to the Musée du Louvre: Schemes and Transformations in Connexion with Two Paintings by Hubert Robert", *The Burlington Magazine*, Vol. 105, No. 720 (1963)

Andrew Cusack, "Evolution of a Napoleonic Parliament", from his website, (2014.3.4)

Anne Crane, "Louvre Buys Sketches Showing Napoleon's Seizure of Art during Prussian", *Antiques Trade Gazette* (2019.10.8)

Roxana Azimi, "Seeing Warhol in Tehran? The Saga of Iran's Modern Art Museum", *Worldcrunch* (2017.3.20)

Robert Hobbs, "Museum Under Siege", *Art in America*, Vol.69 (1981)

Robert Tait, "The Art No One Sees: A Basement That Symbolises Cultural Isolation", *The Guardian* (2007.10.29)

Helmut Seling, "The Genesis of the Museum", *The Architectural Review*, No.141 (1967)

"The Orsay Project: Interview with Michel Laclotte", *Le Débat*, No.44. March-May (1987)

"«Kapital» von Joseph Beuys verlässt Schaffhausen", *news.ch* (2015.2.20)

David Batchelor, "Unpopular Culture", *Frieze*, Jan-Feb. (1995)

Eleanor Heartney, "A Turbo-Powered Tate", *Art in America*, Vol.88 (2000)

Inés Gutiérrez, "Theme versus Time: Tate Modern's Display of its Permanent Collection", *Vastari* (2013.4.3)

Claire Richard: "« Le Mur », l'expo dont le commissaire était un algorithme". *L'Obs* (2016.11)

Diane Poirier, "la Maison Rouge, tout sur le Mur", *Sacreé Parisienne* (2014.6.7)

Henry Adams, "What Happened to the Blockbuster Art Exhibition?", *The Conversation* (2014.12.2)

Tim Barringer and Marisa Bass, "Surveys and Undergraduate Art History at Yale", from Yale website

Maura Reily, "Challenging Hetero-centrism and Lesbo-/Homo-phobia: A History of LGBTQ Exhibitions in the U.S.", *On Curating Issue 37: Queer Curating Paperback*, Jun (2018)

Pensky Nathan, "Race in the Art World: The Many Faces of Joe Scanlan", *The Daily Dot* (2014.6.20)

Michael Brenson, "Is 'Quality' An Idea Whose Time Has Gone?", *The New York Times* (1990.7.22)

Matt Reynolds, "36% of Artists on Display At New Tate Modern Will Be Female", *Wired,* Apr (2016)

Frances Morris , "What's Next for Women Artists, Curators, and Practitioners?", from Tate website

Sarah Cascone: "MoMA's Top-to-Bottom Overhaul Aims to Diversify the Canon, Embrace the Present, and Show 1,000 More of Its Artworks", *artnetnews* (2019.2.5)

Mary Carole Mccauley, "Baltimore Museum of Art will only Acquire Works from Women Next Year: 'You Have to do Something Radical'", *The Baltimore Sun* (2019.11.15)

E-J Scott, "A Queer Walk Through British Art", from Tate website

Mdhs Library Dept, "Return of the Whipping Post: Mining the Museum", from Maryland Historical Society website (2013.10.10)

Garfield Donald, "Making the Museum Mine: An Interview with Fred Wilson", *Museum 1.News,* May/June (1993)

"Go See – Paris: 'Elles@Centrepompidou' At Pompidou Center from May 27, 2009.6.1", *Art Observed* (2009.6.1)

Mary Carole Mccauley, "Baltimore Museum of Art will only Acquire Works from Women Next Year: 'You Have to do Something Radical'", *The Baltimore Sun* (2019.11.15)

Lucjan Strzyga, "Wystawa Ars Homo Erotica, czyli sztuka zorientowana płciowo" , *Wiadomości Warszawa* (2010.6.9)

Tomasz Kitlinski, "Promoting Human Rights", *Souciant* (2011.11.14)

"'elles' Prove Popular at the Pompidou", *Artforum* (2010.2.9)

Germaine Greer, "Why the World doesn't Need an Annie Warhol or a Francine Bacon", *The Guardian Weekly* (2010.6.17)

Maurice Berger, "Are Art Museums Racist?", *Art in America,* Sep. (1990)

Susan Hardy Aiken, "Women and the Question of Canonictity", *College English,* Vol.48, March (1986)

John George Wood, "The Dullness of Museums", *The Nineteenth Centuray,* No.21 (1987)

Round Table Santiago do Chile ICOM (1972), *Cadernos de Sociomuseologia,* Vol. 38 (2010)

"Declaration of Quebec – Basic Principles of a New Museology (1984) ", *Cadernos de Sociomuseologia,* Vol. 38 (2010)

Silverman, L. , "Vistor Meaing - Making in Museum for a New Age", *Curator,* 38(3)(1995)

Geraldine Fabrikant, "The Good Stuff in the Back Room", *The New York Times* (2009.3.12)

Donald Judd, *On Architecture,* 1985, from Judd Foundation website

Donald Judd, *Marfa, Texas,* 1985, from Judd Foundation website

"The Future of Art Museums", *Invaluable* (2016.7.10)

Alan Riding, "Dressing up Museums' Collections", *The New York Times* (2006.7.25)

Sarah Cascone, "MoMA's Top-to-Bottom Overhaul Aims to Diversify the Canon, Embrace the Present, and Show 1,000 More of Its Artworks", *artnetnews* (2019.2.5)

Sotheby's, "Warhol, Kline & More Contemporary Works from The Baltimore Museum of Art", from

Sotheby's Website

Mary Carole Mccauley, "Baltimore Museum of Art to Sell Works by Masters such as Andy Warhol, will Aim to Improve Artist Diversity", *The Baltimore Sun* (2018.4.13)

Deborah Solomon, "Forget the Art -- It's All About the Building", *The New York Times* (2001.12.9)

"Personality of the Year: Neil MacGregor, Director, the National Gallery", *Apollo*, Dec (1996)

三、学位论文（以文中顺序排列）：

文嘉琳：《中国近现代美术展览会研究》，华南师范大学硕士学位论文，2007

周进：《我国博物馆陈列设计思想发展研究》，复旦大学博士学位论文，2013

张英剑：《个案研究——中国美术馆收藏与管理》，中央美术学院硕士学位论文，2007

刘希言：《北京地区艺术博物馆长期陈列研究》，中央美术学院硕士学位论文，2013

Stephanie Jane Bowry, *Re-thinking the Curiosity Cabinet: A Study of Visual Representation in Early and Post Modernity*, MA paper of University of Leicester, 2015

艾姝：《民国时期天津美术馆视觉文化研究》，四川大学博士学位论文，2014

徐梦可：《空间建立与体制生成——以中国美术馆建馆为中心（1949—1963）》，中央美术学院博士学位论文，2018

四、报告、年鉴等其他资料（以文中顺序排列）：

Max Placnk Institute for the History of Science Research Report 2010-2012, 2012

Le Langage De L'exposition, 1991.10

中央美术学院美术馆编：《中央美术学院美术馆 2010 年鉴》

中央美术学院美术馆编：《中央美术学院美术馆 2011 年鉴》

山东省美术馆建馆 20 周年纪念册编辑委员会编：《美的历程：山东美术馆建馆二十周年（1977—1997）》

图片来源

第一章

图 1-1　弗朗切斯科 · 卡尔佐拉里的珍奇屋图录封面，图片来源于：Ceruto Benedicto, *Musaeum Franc. Calceolari iun. Veronensis*, Veronae: Apud Angelum Tamum, 1622

图 1-2　乔纳 · 海因茨，《一个收藏家的珍奇柜》，图片来源于：https://www.rct.uk/collection/400918/a-collectors-cabinet

图 1-3　小约翰 · 特雷德斯坎特的珍奇屋出版物封面及其分类介绍，图片来源于：John Tradescant the Younger, *Museum Tradescant Anum: Or, A Collection of Rarities Preserved at South-Lambeth neer London*, London: John Grismond, 1656

图 1-4、1-5　《自然简史》中的珍奇屋插图及局部，图片来源于：Ferrante Imperato, *Dell' historia naturale*, Napoli: Nella stamparia à Porta Reale per Costantino Vitale,1599

图 1-6　弗朗切斯科一世的珍奇屋，图片来源于：https://en.wikipedia.org/wiki/Studiolo_of_Francesco_I

图 1-7　费迪南德 · 斯托弗的《维也纳帝国收藏中的黑色珍奇柜》，图片来源于：https://www.habsburger.net

图 1-8　古斯塔夫 · 阿道夫的珍奇柜，图片来源于：https://miss-mary-quite-contrary.tumblr.com/post/615222249#top

图 1-9　费迪南多 · 科斯皮的珍奇屋出版物插图，图片来源于：Ferdinando Cospi and Lorenzo Legati, *Museo Cospiano annesso a quello del famoso Ulisse Aldrovandi e donato alla sua patria*, Bologna: Per Giacomo Monti Publish, 1677

图 1-10　罗马学院珍奇屋出版物插图，图片来源于：Athanasius Kircher, etc., *Romani Collegii Societatis Jesu Musaeum celeberrimum*, Amstelodami: Ex Officina Janssonio-Waesbergiana, 1678

图 1-11　马尔普拉凯之家，图片来源于：https://www.bibleofbritishtaste.com/wp-content/uploads/2016/02/P1140847.jpg

图 1-12　奥勒 · 沃姆的珍奇屋出版物插图，图片来源于：Ole Worm, etc., *Museum Wormianum, seu, Historia rerum rariorum: tam naturalium, quam artificialium, tam domesticarum, quam exoticarum, quae Hafniae Danorum in aedibus authoris servantur*, Leiden: Lugduni Batavorum, 1655

图 1-13　罗莎蒙德 · 珀塞尔，《Wormianum 的珍奇屋》，图片来源于：https://www.atlasobscura.com/articles/ole-worm-cabinet

图 1-14　波士顿艺术博物馆的 "1550—1700 年间的绘画和银器" 展厅，图片来源于：https://www.mfa.org/collections/featured-galleries/european-painting-1550-1700-and-hanoverian-silver

图 1-15　莫伊兰德城堡艺术博物馆的博伊斯作品展厅，图片来源于：https://www.n-tv.de/panorama/Beuys-Werke-vernachlaessigt-article572466.html

第二章

图 2-1　《维也纳帝国皇家美术馆目录》中的画派分类，图片来源于：https://books.google.
co.uk/books?id=4YKQFbYgYL8C&printsec=frontcover&source=gbs_book_other_versions_r&redir_
esc=y#v=onepage&q&f=false

图 2-2　本杰明 · 奇克斯，《国王和皇后在晚间参观卢浮宫》，图片来源于：https://www.louvre.fr/
en/mediaimages/benjamin-zix-emperor-and-empress-making-torchlight-visit-musee-du-louvre-inv-33406

图 2-3　于贝尔 · 罗贝尔，《卢浮宫四季展厅》，图片来源于：http://cartelfr.louvre.fr/cartelfr/
visite?srv=car_not_frame&idNotice=5721

图 2-4、2-8　本杰明 · 奇克斯，《拿破仑一世和玛丽 · 路易丝穿过卢浮宫举行婚礼》，图片来源于：
https://collections.louvre.fr/en/ark:/53355/cl020584008

图 2-5　于贝尔 · 罗贝尔，《卢浮宫大画廊》，图片来源于：https://collections.louvre.fr/en/
ark:/53355/cl010065669

图 2-6　朱塞佩 · 加布里埃利，《英国国家美术馆 32 展厅》，图片来源于：https://artuk.org/
discover/artworks/room-32-in-the-national-gallery-london-28225

图 2-7　纽约大都会艺术博物馆平面图，图片来源于：https://maps.metmuseum.org/

图 2-9　阿波罗展厅的门楣文字，图片来源于：张林淼拍摄

图 2-10　19 世纪的拿破仑会议厅，图片来源于：https://www.andrewcusack.com/2014/salle-des-etats-
louvre/

图 2-11　"我们在哪里"展厅，图片来源于：笔者拍摄

图 2-12　贾斯培 · 琼斯，《三面旗帜》，图片来源于：https://whitneymedia.org/assets/
artwork/1060/137538.jpeg

图 2-13　本杰明 · 奇克斯，《搬走卡塞尔博物馆的雕塑》，图片来源于：https://www.
antiquestradegazette.com/news/2019/louvre-buys-sketches-showing-napoleon-s-seizure-of-art-during-
prussian-campaign/

图 2-14　本杰明 · 奇克斯，《1806 年 10 月 18 日破坏罗斯巴赫纪念碑》，图片来源于：http://arts-
graphiques.louvre.fr/detail/oeuvres/0/626071-La-destruction-de-la-colonne-de-Rosbach-le-18-octobre-1806

图 2-15　法拉赫 · 巴拉维在德黑兰当代艺术博物馆，图片来源于：https://newsoholic.com/iran-
modern-empress-of-art-abc/5/

图 2-16　穆斯林女性在利希滕斯坦作品前，图片来源于：https://www.pri.org/stories/2015-11-27/some-
worlds-greatest-modern-art-has-been-kept-vault-tehran

图 2-17　布雷，《理想博物馆设计图》，图片来源于：http://image.slideserve.com/641161/slide4-l.jpg

图 2-18　杜兰德，《理想博物馆设计图》，图片来源于：Jean-Nicolas-Louis Durand, *Précis des leçons d'architecture données à l'École poly- technique*, Paris: Chez l'Auteur, 1805

图 2-19　慕尼黑雕塑美术馆，图片来源于：https://commons.wikimedia.org/wiki/File:Glyptothek_in_M%C3%BCnchen_in_2013.jpg

图 2-20　慕尼黑古物博物馆，图片来源于：http://www.antike-am-koenigsplatz.mwn.de/en/state-collections-of-antiquities-munich.html

图 2-21　苏格兰国家美术馆，图片来源于：https://www.free-city-guides.com/edinburgh/national-gallery/

图 2-22　罗伯特·拉施卡，《1891 年维也纳艺术史博物馆开馆》，图片来源于：https://www.habsburger.net/en/media/robert-raschka-opening-court-museum-art-history-emperor-franz-joseph-i-17-october-1891

图 2-23　茨温格宫外景，图片来源于：https://en.wikipedia.org/wiki/Semper_Gallery

图 2-24　茨温格宫的历代大师美术馆，推开大门后在视线中心的《西斯廷圣母》，图片来源于：笔者拍摄

图 2-25　文化广场建筑群外景，图片来源于：笔者拍摄

图 2-26　展厅平面图，图片来源于：笔者翻拍于柏林绘画美术馆手册

图 2-27、2-28　1861 年的瓦尔拉夫 - 里夏茨艺术博物馆和 1957 年瓦尔拉夫 - 里夏茨艺术博物馆的新建筑，图片来源于：https://www.wallraf.museum/en/the-museum/history/

图 2-29　纽约现代艺术博物馆举办的纪念其创办人莉莉·布利斯的藏品展览，图片来源于：https://www.moma.org/calendar/exhibitions/1707/installation_images/12349

图 2-30　沙夫豪森当代艺术博物馆展示博伊斯的装置《资本论》，图片来源于：https://raussmueller.org/?page_id=30

第三章

图 3-1、3-2　泰特现代美术馆陈列的"开始"单元，图片来源于：笔者拍摄

图 3-3　莫奈，《睡莲》，图片来源于：https://www.tate.org.uk/art/artworks/monet-water-lilies-l01903#

图 3-4　波洛克，《夏季：9A 号》，图片来源于：https://www.tate.org.uk/art/artworks/pollock-summertime-number-9a-t03977

图 3-5　安娜·卢帕斯展厅，图片来源于：笔者拍摄

图 3-6　爱德华·克拉辛斯基展厅，图片来源于：笔者拍摄

图 3-7　纽曼，《亚当》，图片来源于：https://www.tate.org.uk/art/artworks/newman-adam-t01091

图 3-8　埃斯沃兹·凯利的白色扇形作品与卡普尔的作品在第四次陈列中并置，图片来源于：笔者拍摄

图 3-9 至 3-12　"无限的蓝色"陈列现场，图片来源于：笔者拍摄及 https://www.brooklynmuseum.org/exhibitions/infinite_blue

图 3-13 至 3-18　"墙面"陈列方案图与现场图，图片来源于：https://archives.lamaisonrouge.org/en/exhibitions-past-detail/activities/le-mur-works-from-the-collection-of-antoine-galbert/

第四章

图 4-1　Yams，《平面图上的好股票：一出歌剧》截图，图片来源于：https://arts.uchicago.edu/howdoyousayyaminafrican

图 4-2　艾尔·纳萨，《溅墨 II》，图片来源于：笔者拍摄

图 4-3　肖鲁，《对话》，图片来源于：笔者拍摄

图 4-4　路易斯·布尔乔亚，《牢房》，图片来源于：https://www.icaboston.org/collection/barbara-lee-collection

图 4-5　哈伊姆·施泰因巴赫，《再次问好》，图片来源于：https://www.moma.org/calendar/exhibitions/5170?slideshow=526&slide=2

图 4-6　戈什卡·马库加，《展览 M》，图片来源于：https://www.moma.org/calendar/exhibitions/5170?slideshow=524&slide=0

图 4-7　安德烈·马尔罗，"想象的艺术博物馆"，图片来源于：https://amusearte.hypotheses.org/files/2017/07/andre-malraux.jpeg

图 4-8　"穿越英国艺术的酷儿漫步"参观介绍，图片来源于：https://www.tate.org.uk/visit/tate-britain/queer-walk-through-british-art

图 4-9　弗雷德里克·莱顿，《与海蛇搏斗的人》，图片来源于：https://www.tate.org.uk/visit/tate-britain/queer-walk-through-british-art

图 4-10　"挖掘博物馆"现场，图片来源于：https://www.jstor.org/stable/25007622?refreqid=excelsior%3A5e2668c0434418700c0615c1a3bf999d&seq=1

图 4-11　"挖掘博物馆"现场，图片来源于：https://bordercrossingsmag.com/images/made/images/articles/_resized/Wilson8_1000_786_90.jpg

图 4-12、4-13　"蓬皮杜中的她"展览宣传片截图，图片来源于：https://www.centrepompidou.fr/cpv/agenda/event.action?param.id=FR_R-28334c6bee53a6e8533a4449ae55394e&param.idSource=FR_E-dc64d3ee3d83d6d265be583d2a67d238

图 4-14　"蓬皮杜中的她"在博物馆外的大型海报，图片来源于：https://tickets.co.uk/tickets/centre-pompidou-tickets/

图 4-15　"蓬皮杜中的她"展览现场，图片来源于：http://www.du-ma.fr/en/pages/ellescentrepompidou-en

图 4-16　"同性爱的艺术"展览现场，图片来源于：http://souciant.com/2011/11/promotinghumanrights/

图 4-17　费德里科·塞维利，《戴安娜和卡利斯托》，图片来源于：https://commons.wikimedia.org/wiki/File:Cervelli_Diana_and_Callisto.jpg

图 4-18　亚历山大·基塞列夫，《雅辛托斯之死》，图片来源于：https://commons.wikimedia.org/wiki/File:Kiselev_Death_of_Hyacinth.jpg

图 4-19、4-20　"同性爱的艺术"展览现场，图片来源于：https://cafebabel.com/en/article/ars-homo-erotica-exhibition-shakes-up-poland-8-images-5ae005d4f723b35a145dfa74/

图 4-21　克日什托夫·马莱茨，《大卫》，图片来源于：http://art-pride.blogspot.com/2010/05/krzysztof-malec.html

图 4-22、4-23　大卫·沃纳洛维奇，《我的腹中之火》（截图），图片来源于：https://www.moma.org/collection/works/142928；https://www.youtube.com/watch?v=gHRCwQeKCuo

第五章

图 5-1　德国汉堡美术馆，图片来源于：https://www.kaercher.com/de/inside-kaercher/unternehmen/sponsoring/kultursponsoring/galerie-der-gegenwart-hamburg-deutschland.html

图 5-2　美国圣路易斯当代艺术博物馆的咖啡厅，图片来源于：https://camstl.org/visit/cafe/

图 5-3　马尔罗正在用照片排列"想象的艺术博物馆"，图片来源于：https://neatlyart.wordpress.com/2013/05/30/andre-malraux-chez-lui-maurice-jarnoux-over-the-last/

图 5-4　谷歌线上美术馆中的乌菲齐美术馆虚拟展厅，图片来源于：https://artsandculture.google.com/partner/uffizi-gallery

图 5-5　Getty Asher 和 Henry Hopkins 在鲁沙的作品前，图片来源于：https://blogs.getty.edu/pacificstandardtime/explore-the-era/archives/i158/

图 5-6　美国纽约古根海姆美术馆内部空间，图片来源于：笔者拍摄

图 5-7　唐纳德·贾德，《100 件铝制物体作品》，图片来源于：https://www.chinati.org/collection/donaldjudd

图 5-8　田岛征三，《绘本美术馆》，图片来源于：笔者拍摄

图 5-9　沃尔特 · 德 · 玛利亚，《360°易经 / 64 雕塑》，图片来源于：笔者拍摄

图 5-10　迈克尔 · 海泽，《北、东、南、西》，图片来源于：笔者拍摄

图 5-11、5-12、5-13　霍姆布洛伊希岛艺术博物馆，图片来源于：https://www.inselhombroich.de/

图 5-14　卡斯滕 · 霍勒，《试验场地》，图片来源于：https://www.tate.org.uk/whats-on/tate-modern/exhibition/unilever-series/unilever-series-carsten-holler-test-site

图 5-15　托马斯 · 萨拉切诺，《在轨道上》，图片来源于：https://www.kunstsammlung.de/en/exhibitions/tomas-saraceno-in-orbit-en

图 5-16　美国旧金山艺术博物馆藏品数据库检索页面，图片来源于：https://art.famsf.org/

图 5-17　美国库珀 · 休伊特国立设计博物馆的数字笔，图片来源于：https://news.microsoft.com/transform/museums-and-machines-curating-tech-to-democratize-art-culture-history-and-science/

图 5-18　里山当代艺术博物馆的中庭在冬季堆雪成为社区雪场，图片来源于：https://tw.bring-you.info/echigo-tsumari-smcak

图 5-19　圣路易斯当代艺术博物馆的表演空间被租赁给情侣举办婚礼，图片来源于：https://camstl.org/event-rentals/

图 5-20　扩建后的纽约现代艺术博物馆效果图，图片来源于：https://dsrny.com/project/the-museum-of-modern-art?index=false&section=projects&search=moma

图 5-21　"联系"项目中研究欧洲雕塑与装饰艺术的丹妮尔 · 基斯卢克策划的"树"线上展览的展示，图片来源于：https://www.metmuseum.org/connections/trees

图 5-22　"苏富比拍卖"官网上对巴尔的摩艺术博物馆送拍藏品的新闻，图片来源于：https://www.sothebys.com/en/articles/warhol-kline-more-contemporary-works-from-the-baltimore-museum-of-art

图 5-23　巴尔的摩艺术博物馆送拍其收藏的安迪 · 沃霍尔作品《氧化绘画》的线上拍卖展示，图片来源于：http://www.sothebys.com/en/auctions/ecatalogue/2018/contemporary-art-evening-auction-n09858/lot.22.html

图 5-24　意大利二十一世纪当代艺术博物馆，图片来源于：https://www.maxxi.art/en/progetto-architettonico/

图 5-25　西班牙毕尔巴鄂古根海姆艺术博物馆，图片来源于：https://www.guggenheim-bilbao.eus/en

图 5-26　以色列特拉维夫艺术博物馆新区，图片来源于：https://tamuseum.org.il/en/about/buildings-and-architecture/amir-building/#gallery/page/385

第六章

图 6-1　天津美术馆雕塑《维纳斯》，图片来源于：《美术丛刊》第二期（1932）

图 6-2 詹博洛尼亚，《维纳斯》，图片来源于：http://www.thais.it/scultura/image/ALTE/SB_414.htm

图 6-3 苏州美术馆石膏室，图片来源于：《沧浪一页：纪念苏州美术馆建馆 80 周年》（合肥：安徽美术出版社），第 16 页

图 6-4 天津美术馆接收海关扣留的走私中国古代石刻，图片来源于：艾姝，《民国时期天津美术馆收藏诸问题》，第 60 页

图 6-5 《美术丛刊》创刊号封面，图片来源于：《美术丛刊》创刊号，1931

图 6-6 天津美术馆第一次展览会国画陈列室之一部，图片来源于：《美术丛刊》创刊号，1931

图 6-7 天津美术馆绘画陈列室内景，图片来源于：艾姝，《民国时期天津美术馆视觉文化研究》，第 26 页

图 6-8 陈济龚在《苏州美术馆一瞥》一文中的插图，图片来源于：《京沪沪杭甬铁路日刊》1937年第 1796 期，第 128 页

图 6-9 莱昂 · 博纳，《乔布》，图片来源于：https://zh.wikipedia.org/wiki/File:L%C3%A9on_Bonnat_-_Job.jpg

图 6-10 苏州美术馆外观，图片来源于：《沧浪一页：纪念苏州美术馆建馆 80 周年》（合肥：安徽美术出版社），第 15 页

图 6-11 苏州美术馆陈列部拱廊，图片来源于：《沧浪一页：纪念苏州美术馆建馆 80 周年》（合肥：安徽美术出版社），第 16 页

图 6-12 黑田纪念馆，图片来源于：https://www.culture.city.taito.lg.jp/bunkatanbou/culture/kuroda/chinese_gb/page_01.html

图 6-13 天津美术馆主楼，图片来源于：艾姝，《民国时期天津美术馆视觉文化研究》，第 147 页

图 6-14 天津美术馆内部展陈，图片来源于：艾姝，《民国时期天津市立美术馆展览的视觉逻辑》，第 33 页

图 6-15 天津美术馆展览会雕刻陈列室之一部，图片来源于：《美术丛刊》第一期，1931 年

图 6-16 天津美术馆邮票研究会成立当日合影，图片来源于：《大公报（天津）》 1932 年 7 月11 日

图 6-17 天津美术馆西画研究所学员习作，图片来源于：《美术丛刊》第二期，1932 年

图 6-18 宗其香，《突破碾庄围圩》，图片来源于：http://www.namoc.org/xwzx/xw/xinwen_2017/201712/t20171201_313483.htm

图 6-19 李可染，《劳动模范游园大会》，图片来源于：http://www.namoc.org/zsjs/gczp/cpjxs/201304/t20130417_222947.htm

图 6-20 杨之光，《一辈子第一回》，图片来源于：《第二届全国美术展览会的国画》，1957 年

图 6-21 邓耀平，《夏收的午后》，图片来源于：《第二届全国美术展览会的国画》，1957 年

图 6-22 胡一川，《月夜破路》，图片来源于：http://www.namoc.org/zsjs/gczp/cpjxs/201304/

t20130417_220607.htm

图 6-23　黄宾虹，《棲霞山居》，图片来源于：http://www.namoc.org/zsjs/gczp/cpjxs/201304/

t20130417_219783.htm

图 6-24　皮影作品《社火》（局部），图片来源于：http://www.namoc.org/zsjs/gczp/

cpjxs/201304/t20130416_218442.htm

图 6-25　梁思成对未来民族形式建筑的想象图之一，图片来源于：林早，《中国美术馆：历史缘起、命名定位与文化精神》

图 6-26　中国美术馆外景，图片来源于：http://www.gov.cn/lssdjt/content_1535066.htm

图 6-27　辽宁美术馆，图片来源于：https://www.sohu.com/a/246499292_181389

图 6-28　云南美术馆，图片来源于：https://baike.baidu.com/item/ 云南美术馆 /4899669?fr=aladdin

图 6-29　上海美术馆"名家艺术陈列"，图片来源于：https://www.artmuseumonline.org/art/art/

zlgz/zl/zlyg/2012/10/01/8a807cb86850d41d0168694db4dc1041.html

图 6-30　上海美术馆"江山如此多娇——中国艺术的文心与诗意"陈列现场，图片来源于：

https://www.artmuseumonline.org/360/2017/vtour0m/pano.html

图 6-31　"与后殖民说再见"展览外观，图片来源于：王璜生

图 6-32　"超有机／一个独特研究视角和实验"展览现场，图片来源于：中央美术学院美术馆

图 6-33、6-34　"自我画像：女性艺术在中国（1920—2010）"展览现场，图片来源于：中央美术学院美术馆

图 6-35　"上海与巴黎之间——中国现当代艺术展"展览现场，图片来源于：卢缓

图 6-36　"中央美术学院美术馆藏：国立北平艺专精品陈列（西画部分）"展览现场，图片来源于：中央美术学院美术馆

图 6-37、6-38　"脚本"展览现场，图片来源于：吕子华

图 6-39、6-40　"第三届 CAFAM 双年展——空间协商：没想到你是这样的"展览现场，图片来源于：中央美术学院美术馆

后记

2005 年进入北京求学之时，从未想过艺术博物馆、美术馆、藏品、展览、陈列这些字眼，会成为我日后工作与研究中的关键词。在我成长的北方小城，博物馆和美术馆曾是稀罕之物，当时培养起我对艺术和博物馆认知的，是画册中的彩色图片、书本文字提供的某种想象，或是电影里主人公偶然穿过挂着画的展厅的片段——不论哪个，它都不是作为实物的作品与空间。这种认知首先带来一种不确定性，在视觉上对物的短暂占有的不确定；另一方面，又始终有一种隐约的确定性，对这一承载物的载体的莫名崇拜。

时至今日，我已经想不起第一次走进一座艺术博物馆具体看了些什么，唯记得那种体验所带来的震颤与迷惑。所谓的震颤倒不至于是司汤达那般热烈，只是首次直面实物的历史感与美感后的一般冲击。而更多的还是迷惑：为什么是眼前的这些作品被收藏？谁排列了它们？排列和作品的关系是谁大于谁？个体在知识获取之外的情感舒适或是不适又是怎样造成的？这些在当时还理顺不清的问题一步步激发了我这十几年来对收藏史、博物馆史、展览史的兴趣，也敦促我阅读、观展、策展。

在这个过程中，喜悦与困扰并存的感受始终萦绕着我——美术馆发展和策展理念的更新让我总有学无止境之感，但它们同时在差异性、公共性、历史维度等方面抛给我更多的问题。我曾在研究初期落脚到中国的艺术博物馆陈列藏品的方法，艺术史的展示逻辑解答了我的部分困惑，但依然留给我诸多新的问题，比如这种艺术史的陈列方式背后是否裹挟着意识形态的意图和叙事话语的争夺、如何与国际的陈列经验在借鉴和互动中相互增益等。几年前，当我的博士导师王璜生教授与我重新讨论我的这些迷惑与思考时，我向他展示了这些年积攒的大量记录着陈列案例、文化研究方法的"线团"，它们结实有趣又有些杂乱无章，我知道它们可能存在价值，却不知如何将它们利用，至少是不至于乏味地利用起来。王璜生教授这位巧手的"匠人"，于此时向我递来了新美术馆学的框架思考作为引线，他建议我跳出对线团本身的关注以及务必要织成一件衣服的惯常思路，鼓励我以"物与人、权力、空间、制度和制度批判"的维度做新针，借鉴跨学科、文化研究的编织方法，关注过程而不是结果，讨论方法而不是对象。至于结论，他认为这将有可能超越于指导某个具体实践，而在参与前沿文化探讨、推动学科发展等方面存在一定意义。

我的新研究起步于此，不敢妄言会对学科、陈列实践有何意义，但在这个打破、重组、建构、思辨的过程中，我个人对于艺术博物馆和藏品陈列的理解获得了丰富与深入。当这些线团重新在我脑海中的研究空间中排列缝织时，似乎也在时间地域之上组合成了一个新的空间环境，我在其中兴奋地摸索、穿行、观察、总结。回看这条我走过的路径，尽管斗折蛇行，却似乎已将许多线团微妙地链接在一起，终成此书。不过，我仍不能确定这条路径、这个编织成果，就是那些迷惑的解答。我将它们记录下来的目的，更多是期待与研究路上的同人分享、交流。正如"新美术馆学"所强调的，其提出和发声是在一个变化着的、不稳固的社会语境中，结论并不是唯一的，答案也不总是固定的，始终批判追问，始终重新编织，才是研究和将研究落于实践的动力所在。

郑重感谢伴我一路整理思路、头脑风暴和收集文献资料的诸位良师益友：首先感谢王璜生教授在选题视角、研究方法、成书框架等方面的专业引导，以及对我行文措辞、案例增补这些具体问题上的悉心指点；感谢李军教授在 12 年前启发了我对博物馆与陈列展示的研究兴趣，并以其丰厚的早期艺术博物馆研究成果指引了我；感谢范迪安教授、余丁教授、张子康教授、王春辰教授和黄小峰教授在研究结构方面的学术建议；感谢徐梦可、艾姝毫无保留地与我分享了自己还未出版的研究成果；感谢张林淼、郑伊看、徐卉、徐琪歆、栾志超、高高、岳君瑶、李垚辰、王小丽、沈森、吴鹏、陈淑君、张芬、丁雅力、卢缓、闫冰、马学东、宋金明、郭怀宇、郭龙、段牛斗、孙骞谦、李浩然和李星为我提供了美术史与博物馆方面的文本与图像资料。感谢张明、黄安然、王淼在此书出版规范上的严格把关，曹群和赵格在书籍设计上的精彩创意。感谢李曼曼、张昕、孟德慧、曲冰、汪娅星、杨菲菲、陈安琪、张仝、郑姝、马佳伟、孙博、赵娟和郭欣在我求学研究期间对我的鼓励和帮助。

最后，感谢我父母的理解、包容与支持。拙作成稿之际恰值2020年特殊的疫情期，我一度困顿、焦虑，甚至也对做此研究的意义产生了质疑，愧自己在大变之际毫无作为。年迈的父母在这个阶段以自己的方式勉励着我，不止是悉心照料，还在于他们对生活和美的乐观信念。去年春天的某个上午，我父亲这样跟我说："花又开了，真好，和往年一样，美术馆也会开放的，我盼望着到时和你一起去看看。"

刘希言
（艺术学理论博士，中央美术学院美术馆学术部主任）

建构与思辨：艺术博物馆陈列方法论研究
JIANGOU YU SIBIAN·YISHU BOWUGUAN CHENLIE FANGFALUN YANJIU

出版统筹：张　明
责任编辑：王　淼　黄安然
书籍设计：曹　群　赵　格（北京看好艺术设计）
责任技编：伍先林

图书在版编目（CIP）数据

　建构与思辨：艺术博物馆陈列方法论研究 / 刘希言
著. --桂林：广西师范大学出版社，2021.9
　（新美术馆学研究丛书 / 王璜生主编）
　ISBN 978-7-5598-4137-7

　Ⅰ. ①建… Ⅱ. ①刘… Ⅲ. ①艺术馆－陈列设计－研
究 Ⅳ. ①G265

　中国版本图书馆 CIP 数据核字（2021）第 161641 号

广西师范大学出版社出版发行

（广西桂林市五里店路 9 号　邮政编码：541004）

　网址：http://www.bbtpress.com

出版人：黄轩庄

全国新华书店经销

北京雅昌艺术印刷有限公司印刷

（北京市顺义区高丽营镇金马园达盛路 3 号　邮政编码：101300）

开本：787 mm × 1 092 mm　1/16

印张：15.75　　字数：350 千

2021 年 9 月第 1 版　　2021 年 9 月第 1 次印刷

定价：78.00 元